A VERDADEIRA ESSÊNCIA DA ILUMINAÇÃO

Osho

A VERDADEIRA ESSÊNCIA DA ILUMINAÇÃO

A Diferença Fundamental Entre
Psicologia, Terapia e Meditação

Tradução
Denise de Carvalho Rocha

Editora Cultrix
SÃO PAULO

Título do original: *Enlightenment is Your Nature.*

Copyright © 2010, 2016 Osho International Foundation, Suíça, www.osho.com/copyrights.

Copyright da edição brasileira © 2020 Editora Pensamento-Cultrix Ltda.

1ª edição 2020.

O material que compõe este livro foi selecionado a partir de várias palestras dadas por Osho a uma plateia ao vivo. Todas as palestras de Osho foram publicadas na íntegra em forma de livro e também estão disponíveis em gravações originais. As gravações e os arquivos de textos completos podem ser encontrados na **OSHO** Library, em www.osho.com.

OSHO® é uma marca registrada da **OSHO** International Foundation (www.osho.com/trademarks)

Todos os direitos reservados. Nenhuma parte desta obra pode ser reproduzida ou usada de qualquer forma ou por qualquer meio, eletrônico ou mecânico, inclusive fotocópias, gravações ou sistema de armazenamento em banco de dados, sem permissão por escrito, exceto nos casos de trechos curtos citados em resenhas críticas ou artigos de revistas.

A Editora Cultrix não se responsabiliza por eventuais mudanças ocorridas nos endereços convencionais ou eletrônicos citados neste livro.

Editor: Adilson Silva Ramachandra
Gerente editorial: Roseli de S. Ferraz
Gerente de produção editorial: Indiara Faria Kayo
Editoração eletrônica: Join Bureau
Revisão: Erika Alonso

Dados Internacionais de Catalogação na Publicação (CIP)
(Câmara Brasileira do Livro, SP, Brasil)

Osho, 1931-1990
    A verdadeira essência da iluminação: a diferença fundamental entre psicologia, terapia e meditação / Osho; tradução Denise de Carvalho Rocha. – 1. ed. – São Paulo: Editora Pensamento Cultrix, 2020.

    Título original: Enlightenment is your nature.
    ISBN 978-65-5736-003-3

    1. Autoajuda – Aspectos religiosos 2. Espiritualidade 3. Iluminação 4. Meditação 5. Psicologia 6. Terapia alternativa 7. Osho – Ensinamentos I. Título.

20-35920   CDD-299.93

Índices para catálogo sistemático:
1. Iluminação: Ensinamentos de Osho: Religiões de natureza universal 299.93
Maria Alice Ferreira – Bibliotecária – CRB-8/7964

Direitos de tradução para o Brasil adquiridos com exclusividade pela EDITORA PENSAMENTO-CULTRIX LTDA., que se reserva a propriedade literária desta tradução.
Rua Dr. Mário Vicente, 368 — 04270-000 — São Paulo, SP
Fone: (11) 2066-9000
http://www.editoracultrix.com.br
E-mail: atendimento@editoracultrix.com.br
Foi feito o depósito legal.

Sumário

Prefácio: Sobre a Neurose de se Tornar Humano 7

Parte I
O Que é Iluminação?

Paraíso Recuperado 19

Descasque a Cebola da Personalidade: Compreenda o
    seu Condicionamento 41

Dentro e Fora da Caixa 73

O Despertar do Sonho 87

Agora ou Nunca 103

Parte II
Diálogos e Definições: Em Busca de uma Ciência da Alma

Sua Mente Não é Sua 109

Limitações da Abordagem Científica 137

Apenas Ser Normal Não Basta 145

Consciência, Inconsciência e Totalidade 161

Parte III
A Psicologia dos Budas em Ação

A Consciência é a Chave 187

Métodos para a Atualidade 199

Esqueça a Iluminação 231

Epílogo: Relaxe e a Iluminação Acontece 249

Apêndice 259

Prefácio

Sobre a Neurose de se Tornar Humano

Por que o homem moderno é tão neurótico? Porque o homem moderno está, pela primeira vez, se tornando um ser humano. O passado da humanidade não é de seres humanos. Antes, as pessoas só existiam como agrupamento, como massa, não como indivíduos; o homem só existia como coletividade. O indivíduo está nascendo agora, por isso o homem moderno é tão neurótico. É um bom sinal; esta é uma grande revolução pela qual a consciência humana está passando.

O que é, na verdade, a neurose? A neurose é um estado indefinido da mente; um estado de indecisão, incerteza. Sou isso ou sou aquilo? Todas as definições externas desapareceram, todas as "escoras" foram retiradas. A identidade de uma pessoa é muito frágil, todo mundo sabe disso.

No passado, era muito fácil responder à pergunta "Quem sou eu?". Hindus, cristãos, muçulmanos, indianos, chineses, tibetanos, brancos/ negros, homens/mulheres... As questões eram mais claras, as pessoas sabiam quem eram. Agora nada está muito claro, todos esses rótulos desapareceram. Todo mundo está nu, sem rótulos, o que provocou uma grande ansiedade. Todo mundo tem que se definir.

Antes, a tarefa de se definir era realizada pelas outras pessoas – pais, professores, padres, políticos. Elas eram as autoridades, as autoridades infalíveis. Era fácil se tornar dependente; você não precisava pensar nas coisas. Tudo era mastigado e entregue a você; davam tudo na sua boca.

Agora o ser humano está se tornando adulto, maduro. Você tem que se esforçar para construir sua própria identidade. Isso não é tão fácil; só as pessoas muito inteligentes vão conseguir escapar da neurose. Será preciso uma inteligência absoluta; um grande silêncio, uma grande capacidade de sair da mente e das suas armadilhas serão necessários no futuro. E será preciso cada vez mais.

No passado, não se dava muito valor à inteligência. Na realidade, ser medíocre valia mais a pena. A pessoa medíocre sempre se ajustava à sociedade, e a pessoa talentosa era sempre meio desajustada. Nenhuma sociedade no passado apreciava pessoas geniais, porque os gênios criam problemas.

Um Buda vivo sempre é um incômodo. Sua inteligência genuína perturba a mente medíocre; sua inteligência absoluta perturba as pessoas obtusas. A individualidade, a liberdade, a rebelião da pessoa inteligente afeta profundamente a mente da coletividade, porque a coletividade não quer individualidade. A coletividade não quer singularidade, ela quer simplesmente pertencer a um grupo. Simplesmente não quer ser responsável por nada. Quer fazer parte de uma grande multidão, para que a responsabilidade sempre seja do outro. O Papa decide, o presidente decide, você não precisa se preocupar com nada. Não cabe a você perguntar por quê; você tem apenas que cumprir o que lhe mandaram fazer e depois morrer.

Na mente moderna, surgiu o primeiro vislumbre da individualidade; por isso a neurose. No passado, todas as respostas eram preestabelecidas; não era necessário procurar respostas. Deus existia, o céu existia, a teoria do karma existia, tudo estava muito claro; você podia viver com todas essas formulações muito facilmente. Agora você não sabe; nada mais é uma certeza. Uma grande paralisia está acontecendo. Essa paralisia pode aniquilar a humanidade ou se tornar um grande salto quântico, capaz de transformá-la.

Ouvi dizer que, num experimento bem conhecido no campo da teoria da aprendizagem, os ratos eram treinados para pular de uma plataforma, na direção de duas cartas. Havia uma carta branca fixa no lugar – se os ratos saltassem em direção a ela, caíam no chão. Mas, se os ratos saltassem na direção da outra carta, uma carta preta, a carta cairia e os ratos poderiam comer a comida que o experimentador tinha colocado atrás dela. Os ratos aprenderam facilmente a identificar cada carta. Se trocassem as cartas de lugar, eles aprendiam a saltar na direção da carta preta, onde quer que ela estivesse.

Porém, na etapa seguinte do experimento, a carta branca e a preta foram substituídas por cartas de uma cor que ia se aproximando cada vez mais de um cinza neutro. Num dado momento, as tonalidades de cinza foram se tornando tão parecidas que os ratos não conseguiam mais distinguir uma da outra. Nessa situação ambígua, eles se recusavam a saltar; ficavam quase paralisados, tensos e neuróticos.

Essa é a situação do ser humano – uma situação com muito potencial, cheia de significado. Se as pessoas forem como os ratos, vão ficar realmente neuróticas e cometerão suicídio.

Mas o ser humano não é simplesmente um rato. Apesar do que B. F. Skinner e outros supostos psicólogos dizem, o homem não é como um rato. Se existir a possibilidade de as pessoas aceitarem esse desafio e se tornarem mais integradas, a neurose delas surgirá apenas nesse intervalo. Mais cedo ou mais tarde, elas saberão como lidar com isso. Sem autoridades, sem Deus, sem Bíblias e Vedas, elas cairão em si e agirão de acordo com a própria consciência. Começarão a viver espontaneamente, um dia de cada vez, sem respostas prontas. Então a neurose vai desaparecer – e não apenas a neurose, mas também a mentalidade de manada. Pela primeira vez, haverá beleza, grandeza, dignidade.

No passado, o ser humano não tinha uma vida digna. Sim, de vez em quando acontecia de nascer um Buda, de vez em quando um Cristo caminhava pela Terra, mas isso era apenas de vez em quando. E os milhões de pessoas que viveram e morreram sem sentir o gosto da liberdade? Sem nunca saber quem elas eram? Acreditavam que eram judias e morriam; acreditavam que eram hindus e morriam. Acreditavam que eram apenas um corpo e morriam. Nunca souberam quem realmente eram, nunca exploraram o espaço interior. A menos que se depare com esse espaço interior, você viverá uma vida indigna. Você viverá como um rato e morrerá como um cão.

"Ser" um ser humano é arriscado. O risco é que você terá que enfrentar algum tipo de neurose. Antes que possa se centrar em seu próprio ser, você terá que passar por uma espécie de "descentralização". Os zen budistas dizem: antes de você começar a meditar, montanhas são montanhas e rios são rios. Quando você medita, quando se aprofunda na meditação, as montanhas deixam de ser montanhas e os rios deixam de ser rios. Mas, se você continuar, se persistir e atingir o pico mais alto da meditação, então as montanhas novamente serão montanhas e os rios serão rios.

Essa é uma das afirmações mais significativas que alguém já se fez. No meio, tudo fica confuso.

Este é um século de grandes transformações. O ser humano vai retroceder... e isso está acontecendo. É por isso que Adolf Hitler, Joseph Stalin, Benito Mussolini, Mao Zedong e pessoas como eles se tornam tão importantes. Por quê? Porque eles são autoritários, eles dizem: "Você não sabe quem você é? Nós vamos lhe dar respostas". São pessoas infalíveis, que sabem tudo. Adolf Hitler está absolutamente certo; as pessoas começam a se sintonizar com ele e começam a segui-lo.

Os velhos deuses desapareceram. É muito fácil para Joseph Stalin, ou Mao Zedong, liderar as pessoas, porque elas não podem viver sem deuses, elas não podem viver sem padres. As pessoas não conseguem viver por conta própria, esse é o problema. Por isso, nas últimas décadas, o homem viu duas coisas acontecendo: muito poucas pessoas elevaram-se na direção da individualidade e tornaram-se picos, como o Everest. Mas muitas retrocederam, regrediram e se tornaram fascistas, comunistas, religiosas, fundamentalistas... e existem tantos rótulos por aí...

E sempre que um país está muito confuso, alguém como Adolf Hitler acaba aparecendo. Não foi por acidente que a Alemanha foi vítima desse homem – um dos países mais intelectualizados do mundo, um país de professores e estudiosos, pensadores e cientistas. Por que um país com tantas pessoas inteligentes se tornou vítima desse louco? A razão é que essas pessoas inteligentes – professores, filósofos – não conseguiam oferecer respostas prontas. Elas eram muito instruídas, muito hesitantes, muito humildes, muito inteligentes. Não podiam gritar, apenas sussurrar – e as pessoas precisavam de *slogans*, não de sussurros.

Adolf Hitler gritou dos telhados. Ele não estava sussurrando. Ele fornecia *slogans*, claros e bem definidos. Nada do que ele oferecia fazia sentido, mas a questão não é essa. As pessoas não estão preocupadas em saber se as coisas fazem sentido ou não, tudo o que elas querem é alguém que grite com tanta confiança que elas possam seguir essa pessoa sem hesitar, sem causar tumulto em seu próprio ser. Elas seguiram Adolf Hitler.

Isso acontece repetidamente na história do homem; as pessoas inteligentes seguem líderes muito pouco inteligentes. E isso tem sido um problema para os psicanalistas: por que isso acontece? Existe uma razão. Pessoas que pensam, quanto mais elas pensam, mais hesitantes se tornam. Elas começam a falar em possibilidades e impossibilidades; tornam-se humildes. Mas as pessoas não querem declarações humildes. Para a mente comum, uma pessoa que faz uma declaração humilde passa a impressão de que não tem certeza, que não sabe de nada.

Por isso, na Índia, Mahavira não conseguiu muitos seguidores – e ele foi uma das pessoas mais inteligentes que já caminhou sobre a

Terra. Por que não conseguia atrair seguidores? Comparadas a ele, pessoas muito comuns acumulavam grandes massas de seguidores. O que aconteceu a Mahavira? O problema era que ele era muito humilde. As declarações dele sempre começavam com "talvez". Se você perguntasse a ele "Deus existe?", ele dizia: "Talvez". Quem seguiria um homem como esse? Você acharia que ele próprio não sabia. "Talvez... pode ser". Quem vai seguir um homem assim? Você pergunta a ele: "A alma existe?", e ele diz: "Pode ser que exista". O natural é que você pense que ele mesmo não sabe.

A realidade é exatamente o contrário disso. Ele sabe, e ele sabe muito bem que essa resposta só pode ser expressa por um "talvez", um "pode ser". Ela é tão vasta que seria estupidez dizer sim ou não – isso seria reduzir a resposta a uma declaração muito comum; isso a tornaria política. Ela não teria a elevação e a plenitude de uma experiência filosófica.

"Sim, Deus existe e Deus não existe. Deus é as duas coisas e não é nenhuma delas." Dessa maneira, Mahavira costumava conversar. Se você lhe fizesse uma pergunta, ele a responderia de sete maneiras diferentes. Ele usaria todas as categorias da lógica para responder à sua pergunta, mas você ficaria mais intrigado do que antes. Você chegaria com uma pergunta e iria embora com sete mil perguntas. Quem seguiria esse homem?

Adolf Hitler diz, em sua autobiografia *Mein Kampf* [Minha Luta], que há apenas uma diferença entre a verdade e a mentira, e essa diferença é a repetição. Se você continuar repetindo uma mentira em voz alta, energicamente, ela se tornará uma verdade. Ele fez essa experiência com uma ideia e provou a milhões de pessoas que era verdade. Algo que era o mais puro absurdo, mas ele continuou repetindo aquilo, até que lentamente as pessoas começaram a acreditar nele. Elas precisavam de um líder.

Nietzsche disse que Deus não existe mais. Mas as pessoas não podem viver sem Deus – elas se sentem muito instáveis. Então são estas as duas possibilidades: ou o ser humano sucumbirá e cairá nessa armadilha e será vítima de algum tipo de fascismo, nazismo, comunismo ou..., ou a segunda possibilidade, na qual estou trabalhando: o ser humano usará essa imprecisão, que parece uma neurose, como um trampolim. Ele pode se libertar de todo o passado, dar um salto quântico para o futuro e começará a viver sem líderes, sem apegos, sem qualquer tipo de sentimento de pertencimento.

A terra inteira é sua, ela não precisa ser dividida. Cristo, Buda e Krishna são todos seus, você não precisa ser cristão, hindu ou muçulmano. Todo o passado é seu: use-o, mas não seja usado por ele. Use-o e siga em frente. Use Buda e Cristo e Krishna e Zaratustra e Lao Tzu, mas não se restrinja a eles. Você tem que seguir em frente. Existe muito mais nesta vida, ainda existem realidades inexploradas. O mistério é infinito.

O ser humano está vivendo uma espécie de neurose. Essa é uma situação cheia de possibilidades: ou você recua ou salta para frente. Não recue. E recuar também não irá satisfazê-lo. Apenas o crescimento satisfaz – o retrocesso, nunca. Mesmo que sua infância pareça muito linda, você não vai ficar satisfeito se for criança novamente. Você ficará infeliz, porque já conheceu a juventude, a liberdade da juventude e a aventura que ela representa. Ser criança novamente, no antigo sentido de que você foi criança um dia, não vai lhe trazer felicidade. Você se sentirá reduzido, não realizado.

O ser humano está numa espécie de neurose, porque o acesso à realidade, quando negado, sempre produz insanidade. Se colocarmos pessoas normais numa situação anormal, isso resultará num comportamento anormal. O homem moderno é um motor acelerado, mas sem embreagem, rodas ou destino. Destinos antigos não são mais relevantes.

E o ser humano agora tem que aprender algo absolutamente novo, que nunca conheceu antes. O ser humano agora tem que aprender a viver no aqui e agora. Sim, é necessário um senso de direção, mas não uma meta fixa. É necessário um significado, mas não que ele seja definido. Não é necessário um destino – é preciso dignidade, liberdade. O homem tem que explorar sua liberdade e decidir por conta própria.

Lembre-se: não existe um significado específico, este é o problema. No passado, havia um determinado significado, diziam a você qual era o significado da vida. Agora ninguém lhe diz qual é o significado da vida – você precisa criá-lo.

Pela primeira vez, alguém está prestes a se tornar um criador. Até agora você tem sido uma criatura – agora você será o criador. A história está mudando, você está no limiar de uma nova consciência.

Até agora o homem viveu como uma criatura – Deus era o criador e o homem era a criatura. Deus era quem decidia e o homem era quem obedecia. Agora não será mais esse o caso. Agora o homem é o criador, não mais a criatura. Agora o homem tem que decidir o significado da sua própria vida, ele tem que *dar* significado à sua própria vida, usando sua criatividade. Você não pode emprestar, não pode implorar, não pode barganhar isso. Você terá que criar o significado... e isso é realmente um problema! Para criar significado, é preciso uma grande inteligência, para criar significado é preciso muita consciência, para criar significado é preciso um grande empenho.

As pessoas aprenderam um truque simples: pedir. Alguém lhe dará um significado – seu pai, sua mãe ou Deus Pai, Todo-Poderoso. Ele lhe dará significado, você apenas terá que rezar.

Buda Gautama nasceu 25 séculos antes do seu tempo. Agora é o tempo dele, porque ele acredita na liberdade, ele acredita na individualidade. Ele não acredita que você é uma criatura, ele acredita que você é um criador. Buda vai se tornar cada vez mais relevante à medida que o tempo passar.

Crie a si mesmo. Dê forma e molde seu ser. Pinte a sua vida, esculpa-a. Seja o que for, o trabalho é você quem fará. Não é o destino – você é o responsável.

As pessoas não querem ser responsáveis; elas têm medo de responsabilidade. Elas querem que alguém cuide delas, sempre precisam de guardiões. Essas são as pessoas que estão ficando neuróticas, porque não existem mais guardiões. Na realidade, eles nunca existiram; você acreditou neles e eles existiam apenas *porque* você acreditava neles. Agora que a crença desapareceu, eles também desapareceram. Eles eram criados pela sua crença.

O ser humano tem que aprender a viver por si mesmo. Esta é uma ótima oportunidade, não encare isso negativamente, caso contrário você irá parar num manicômio. Encare positivamente, aceite o desafio e você será um dos primeiros seres humanos de verdade na face da Terra.

Parte I

O Que é Iluminação?

Iluminação é simplesmente o processo de tomar consciência das camadas inconscientes da sua personalidade e de soltar essas camadas. Elas não são você; elas são rostos falsos. E, pelo fato de serem rostos falsos, você não consegue descobrir qual é o seu rosto original.

A iluminação nada mais é do que a descoberta do rosto original – a realidade essencial que você trouxe consigo e a realidade essencial que você terá que levar consigo quando morrer. Todas essas camadas acumuladas entre o nascimento e a morte serão deixadas aqui e ficarão para trás.

O homem que atingiu a iluminação faz exatamente o que a morte faz a todo mundo, mas ele faz isso a si mesmo. Ele morre de certa maneira e renasce, morre de certa maneira e ressuscita. E sua originalidade é luminosa, porque faz parte da vida eterna.

Trata-se de um processo simples de autodescoberta.

Você não é o contêiner, mas o conteúdo.

Descartar o contêiner e descobrir o conteúdo é no que consiste todo o processo de iluminação.

Paraíso Recuperado

Você pode viver de duas maneiras: do jeito natural e do jeito antinatural. O antinatural desperta uma grande atração, porque é novo, desconhecido, aventureiro. Por essa razão, toda criança tem que deixar de lado sua natureza e viver de um jeito que não é natural. Nenhuma criança pode resistir a essa tentação. Resistir a essa tentação é impossível; o paraíso tem que ser perdido. A perda do paraíso é uma condição; não pode ser evitada, é inevitável. E, claro, apenas o ser humano pode perdê-lo. Esse é o êxtase e a agonia do ser humano, seu privilégio, sua liberdade e sua queda.

Jean-Paul Sartre está certo quando diz que o ser humano está "condenado a ser livre". Por que condenado? Porque, com a liberdade, vem a escolha – a escolha de ser natural ou de ser antinatural. Quando não há liberdade, não há escolha. Os animais ainda vivem no paraíso; eles nunca o perdem. Mas pelo fato de nunca o perderem, não podem ter consciência dele; não conseguem saber onde estão. Para saber onde você está, você precisará perder o paraíso primeiro. É assim que o conhecimento se torna possível – perdendo-o.

Você só descobre uma coisa depois que a perde. Se nunca a perdeu, se ela sempre esteve ao alcance das suas mãos, você naturalmente deixa de dar valor a ela. Ela se torna tão óbvia que você se esquece dela. As árvores ainda estão no paraíso, e as montanhas e as estrelas, mas elas não sabem onde estão. Só o ser humano pode saber. A árvore não pode se tornar um buda – não que haja alguma diferença entre a natureza interior de um buda e uma árvore, mas a árvore não pode se tornar um buda. A árvore já é um buda! Para se tornar um buda, a árvore primeiro tem que perder sua natureza; tem que se afastar dela.

Você só pode ver as coisas de uma certa perspectiva. Se está muito perto delas, você não consegue vê-las. O que o Buda viu, nenhuma árvore jamais viu. Está à vista das árvores e dos animais, mas apenas Buda torna-se consciente disso – o paraíso é recuperado. O paraíso existe apenas quando é recuperado. As belezas e os mistérios da natureza são revelados apenas quando você volta para casa. Quando você vai contra a sua natureza, quando se distancia de si mesmo, é aí que se inicia a jornada. Quando você fica sedento da sua natureza, quando começa a morrer de tanta falta que sente dela, aí você começa a voltar.

Essa é a queda original. A consciência do ser humano é a queda original, seu pecado original. Mas, sem o pecado original, não há possibilidade de que surja um Buda ou um Cristo.

A primeira coisa a ser entendida é que você pode escolher. O ser humano é o único animal desta existência que pode escolher, que pode fazer coisas que não são naturais, que pode fazer coisas que não deveriam ser feitas, que pode ir contra si mesmo e contra a existência, que pode destruir a si mesmo e toda a sua felicidade – que pode criar o inferno. Ao criar o inferno, o contraste é criado – e então ele pode ver o que é o céu. Somente por meio do contraste existe a possibilidade de saber.

Então, lembre-se: existem duas maneiras: o ser humano pode viver de maneira natural ou pode viver de maneira não natural.

Quando digo que ele pode viver de maneira natural, quero dizer que pode viver sem melhorar a si mesmo de algum modo. Pode viver na confiança – é assim que a natureza é. Pode viver com espontaneidade. Pode viver sem ser alguém que faça as coisas. Pode viver na inação, o que os taoistas chamam de *wei-wu-wei*, ação por meio da inação. Natureza significa que você não deve fazer nada; pois as coisas já estão acontecendo. Os rios estão fluindo – mas não que eles estejam fazendo alguma coisa. E as árvores estão crescendo – não que elas tenham que se preocupar com isso, não que precisem consultar um guia para isso. As árvores estão florescendo – não que tenham que pensar e planejar as flores, de que cor deveriam ser, de que forma. Está tudo acontecendo. A árvore está florescendo em mil flores sem uma única preocupação, sem um único pensamento, sem uma única projeção, sem ter nenhum modelo. Está simplesmente florescendo! Assim como o fogo é quente, a árvore cresce. Isso é natural. Faz parte da própria natureza das coisas. A semente se torna o broto e o broto se torna a planta e a planta se torna a árvore e a árvore um dia está cheia de folhas e depois, noutro dia, começam a surgir os botões e as flores e os frutos. E tudo isso está simplesmente *acontecendo*.

A criança que cresce no ventre da mãe não está fazendo nada. Ela está em *wei-wu-wei*. Mas não que nada esteja acontecendo. Na verdade, tanta coisa está acontecendo que nunca mais, na vida dessa criança, tanta coisa estará acontecendo. Esses nove meses no útero materno contêm tantos "acontecimentos" que, nem se você viver noventa anos, vai ver tanta coisa acontecer. Milhões de coisas estão acontecendo. A criança é concebida apenas como uma célula invisível e, então, as coisas começam a acontecer, as coisas começam a explodir. A criança não fica sentada ali, naquela pequena célula, como um adulto em miniatura, pensando e planejando e se preocupando e sofrendo de insônia. Não há ninguém ali!

Entender isso é entender um homem como Buda – é entender que as coisas podem acontecer sem você jamais ter se preocupado com elas. As coisas sempre estiveram acontecendo. E, mesmo quando você se torna um agente, alguém que faz alguma coisa, você se torna isso apenas na superfície. No fundo, as coisas continuam acontecendo.

Quando está dormindo profundamente, você acha que fica tentando respirar? A respiração está acontecendo. Se uma pessoa tivesse que respirar, teria que permanecer constantemente consciente da respiração, ninguém jamais conseguiria viver, nem mesmo por um único dia. Um instante que você se esquecesse e morreria. Você se esquece de respirar e tudo acaba! Então, como poderia dormir?

Você teria que ficar constantemente alerta; teria que acordar muitas vezes durante a noite para ver se ainda estava respirando ou não.

Você come e depois se esquece de que comeu. Mas milhões de coisas estão acontecendo: a comida está sendo digerida, quebrada em pedacinhos, destruída, alterada, transformada quimicamente. Ela se torna seu sangue, seus ossos, sua medula. O trabalho continua. O sangue circula continuamente, jogando todas as células mortas para fora do corpo.

Quanta coisa está acontecendo dentro de você sem que você tenha que fazer nada?

O fazer acontece apenas na superfície. Você pode viver na superfície, de uma maneira artificial, mas lá no fundo, no âmago do seu ser, você sempre vai ser natural. Sua artificialidade se torna simplesmente uma camada que encobre a sua natureza. Mas essa camada fica a cada dia mais espessa – mais pensamentos, mais planos, mais atividade, mais ação. Mais do agente, do ego... e se forma uma crosta. E essa é a crosta que Buda chama de *samsara*, o mundo.

O fenômeno do agente, do ego... Você está perdendo a sua natureza, indo contra a sua natureza, se afastando da sua natureza. Um dia você se distancia tanto que começa a se sentir sufocado. Você foi tão longe que um tipo de esquizofrenia surge em seu ser. Sua circunferência começa a desmoronar a partir do centro. Esse é o ponto de conversão, o ponto em que a religião se torna relevante. O ponto em que você começa a procurar uma saída. O ponto em que você começa a pensar: "Quem sou eu?". O ponto em que você começa a olhar para trás: "De onde eu estou vindo? Qual é o meu rosto original? Qual é a minha natureza?

Eu fui longe demais e agora é hora de voltar. Mais um passo e vou desmoronar. Eu rompi toda a minha ligação, só resta uma pequena ponte".

Toda neurose nada mais é do que isso. É por isso que a própria Psicologia não consegue curar a neurose. Pode lhe dar belas explicações sobre isso, pode satisfazê-lo, consolá-lo, confortá-lo; pode ensiná-lo a viver com sua neurose; pode ajudar você a não se preocupar muito com isso. Pode lhe dar um padrão de vida em que a neurose pode existir e você também pode existir – pode lhe ensinar um tipo de coexistência. Mas não pode dissolvê-la – somente a meditação pode dissolvê-la. E a menos que a Psicologia dê um salto quântico e se torne um apoio para a meditação, ela vai continuar sendo parcial.

Por que a meditação pode curar a neurose? Por que a meditação pode curar a esquizofrenia? Porque pode fazer de você um todo, uma totalidade. A circunferência não está mais contra o centro; eles estão de mãos dadas, estão se abraçando. Eles são um só. Funcionam num único ritmo, vibram numa única vibração. Isso é saúde de verdade – e inteireza e santidade. É aí que surge o estado búdico – a pessoa se tornou sã novamente.

A menos que você seja um buda, continuará insano, num grau maior ou menor. A loucura é obrigada a continuar sendo uma parte do seu ser. Você pode conseguir viver com ela de certa forma, mas será apenas "de certa forma". Você estará só tentando controlar as coisas, não vai conseguir relaxar.

Você já percebeu? Todo mundo tem medo de enlouquecer. A pessoa tenta manter o controle, mas o medo está sempre presente: "Se algo der errado, se algo mais der errado, talvez eu não consiga me controlar mais". Todo mundo está à beira do caos. As pessoas têm 99% de chance de enlouquecer. Um por cento a mais, qualquer coisinha, a última gota d'água – o banco vai à falência, seu parceiro abandona você e vai embora com outra pessoa –, e você enlouquece, perde toda a sanidade. Devia ser só uma fachada, você perdeu a sanidade muito fácil. Ela devia ser muito superficial, muito frágil.

Na verdade, essa sanidade nem existia.

A diferença entre uma pessoa comum e uma pessoa louca está somente na quantidade, não na qualidade. A menos que você se torne um Buda ou um Cristo ou um Krishna – todos esses são nomes do mesmo estado de consciência, no qual o centro e a circunferência vivem numa dança, numa sinfonia. A menos que essa sinfonia surja, você continuará sendo um impostor, continuará sendo falso, continuará arbitrário, não terá uma alma de fato. E não é que você não *possa* tê-la – ela sempre será sua; basta pedir que você a terá. Jesus diz: "Bata e a porta será aberta. Peça e lhe será dado"– basta pedir e você receberá.

Mas há uma grande atração pelo antinatural, porque o antinatural é estranho, o antinatural é o oposto de você, e o oposto sempre atrai. O oposto sempre intriga, o oposto sempre representa um desafio. Você gostaria de saber como ele é...

É por isso que um homem se interessa por uma mulher, uma mulher se interessa por um homem. É assim que as pessoas se sentem interessadas e atraídas umas pelas outras, porque o outro é o oposto. E a mesma regra funciona lá no fundo do seu ser. Seu ser natural parece já ser seu, então qual é o sentido de estar de posse dele, de sê-lo? A pessoa quer algo novo.

Você perde todo o interesse por aquilo que já tem. É por isso que está perdendo a sua religiosidade, porque religiosidade você já tem e já não está mais interessado nisso. Está interessado no mundo, no dinheiro, no poder e no prestígio – essas coisas você não tem. A religiosidade já lhe foi concedida – e quando digo religiosidade estou me referindo à natureza. Quem se importa com a natureza? Por que pensar nela se você já a tem? Estamos interessados naquilo que ainda não temos, e o antinatural nos atrai. A pessoa se concentra no antinatural e no artificial, e corre para isso. De um estilo de vida antinatural para outro estilo de vida antinatural.

E lembre-se, não são apenas as chamadas pessoas mundanas que são antinaturais, os chamados religiosos também são. Esse é o grande entendimento que Buda traz ao mundo – e esse entendimento se tornou uma fruta madura no Zen. Essa é a contribuição fundamental de Buda.

O homem permanece artificial no chamado mundo – ganhando dinheiro, poder, prestígio. E então um dia ele se torna religioso, mas só está passando para outro tipo de artificialidade. Agora ele pratica yoga, fica de cabeça para baixo – e todas esse tipo de bobagem. O que você está fazendo aí, de ponta-cabeça? Não pode ficar de pé? Mas ficar em pé parece tão natural que não exerce atração nenhuma.

Quando vê alguém de ponta-cabeça, você pensa, "Sim, ele está fazendo alguma coisa. Eis aí um homem de verdade". Você se sente atraído – deve estar ganhando algo que você não tem ainda e você também gostaria de ter. As pessoas começam a fazer todo tipo de idiotice, mas não fazem nada de muito diferente. O padrão é o mesmo, a *gestalt* é a mesma. A mudança é muito pequena. A qualidade é a mesma.

Você estava ganhando dinheiro, mas agora está mais interessado no céu, na vida após a morte. Você estava interessado no que as pessoas pensavam de você, mas agora está mais interessado no que Deus pensa de você. Você estava interessado em fazer uma linda casa aqui, mas agora está mais interessado em fazer uma linda morada no paraíso, no outro mundo. Você estava sendo antinatural, estava comendo demais, mas agora você começou a fazer jejum.

Veja só como a pessoa muda de uma atitude antinatural para outra atitude antinatural. Você estava comendo demais, estava obcecado por comida, estava o tempo todo se empanturrando, então um dia você fica farto disso – literalmente fica farto –, então começa a jejuar. Mais uma vez, sente uma emoção dentro de você. Agora você pode ter esperança de que alguma coisa vá acontecer. E você pode levar o jejum ao extremo, o que é tão contra a sua natureza quanto comer demais.

Ser natural está justamente no meio. Buda chamou isso de O Caminho do Meio, porque o natural existe exatamente no meio-termo entre os extremos opostos.

Você passou vida toda atrás de mulheres e, um dia, decide se tornar celibatário e se mudar para um mosteiro católico ou se tornar um monge hindu e ir para o Himalaia. Essa é a mesma pessoa que passou a vida toda atrás de mulheres; agora você está cansado disso, agora quer abandonar totalmente esse hábito. Quer seguir na direção contrária, fugir para um mosteiro. Agora impõe o celibato a si mesmo, que é tão antinatural quanto a primeira atitude. Mas uma falta de naturalidade leva à outra e você pode ficar andando em círculos... Cuidado com isso.

Ser natural não tem atrativo nenhum, porque ser natural significa que seu ego não ficará satisfeito de forma alguma. E um homem como Buda está pregando apenas uma coisa: seja comum, seja um joão-ninguém, seja natural.

A pessoa natural é a pessoa iluminada. Ser natural é ser iluminado. Ser tão natural quanto os animais e as árvores e as estrelas, não fazer nenhuma imposição a si mesmo, não ter nenhuma ideia de como se deve ser, isso é ser iluminado. A iluminação é um estado de ser natural. Não é uma conquista ou algo assim.

Quando você pensa na iluminação, sempre pensa nela como uma conquista. As pessoas vêm até mim e perguntam: "Osho, como vamos alcançar a iluminação?". Ela não é um estado de conquista, porque tudo o que você consegue conquistar ou pode conquistar será artificial. O natural não precisa ser alcançado: ele já é seu! Nunca deixou de ser.

Você não vai alcançar a iluminação, você precisa simplesmente abandonar a mente que quer alcançar. Você tem que relaxar. Ficar disponível – desde o início, ficar disponível. Relaxar.

A pessoa iluminada não é alguém que alcançou um pináculo, que atingiu o degrau mais alto da escada. Todo mundo está subindo escadas. Você precisa de uma escada – pode estar no mercado ou no mosteiro, não faz diferença, você precisa de uma escada. Você carrega sua escada com você. Onde quer que encontre um lugar, simplesmente arma sua escada e começa a subir. Ninguém nem pergunta: "Onde você vai? Para onde essa escada vai levar você?". Mas depois de um degrau, há outro degrau, e você fica curioso: "Talvez exista algo lá em cima!". Então sobe mais um. Outro degrau está esperando por você e você fica curioso e começa a subir.

É assim que as pessoas vivem no mundo do dinheiro, é assim que as pessoas vivem no mundo da política. E você não só precisa avançar, porque muitas pessoas estão na mesma escada que você, mas também tem que puxá-las para trás. Tem que puxá-las pelas pernas, tem que encontrar um lugar para si mesmo, tem que abrir espaço; tem que ser agressivo, violento. E, quando há tanta violência e tantas pessoas brigando, quem se incomoda em saber para onde está indo? Você precisa ir para *algum lugar,* já que tantas outras pessoas estão interessadas em ir para lá.

E, se você ficar fazendo perguntas demais, perderá a corrida. Portanto, não há tempo para pensar sobre isso, para perguntar, "Qual é o sentido de tudo isso?". Os que fazem perguntas são uns perdedores, assim, não há tempo para pensar. É preciso apenas correr e continuar correndo. E a escada não tem fim, é só degrau depois de degrau. A mente pode continuar projetando novos degraus. E, quando você muda para um mosteiro, continua a mesma coisa. Agora existe uma hierarquia espiritual e você começa a subir nessa hierarquia. Você se torna uma pessoa muito séria e continua na mesma competitividade.

Isso é apenas um jogo do ego. E o ego pode jogar apenas onde existe algo artificial. Onde quer que você veja uma escada, cuidado! Você está caindo na mesma armadilha!

A iluminação não é o último degrau de uma escada. A iluminação está descendo a escada, descendo para sempre e para nunca mais pedir uma escada; está se tornando natural.

Eu tenho que usar o termo "se tornando", que não traduz a verdade. Ele não deveria ser usado, mas a linguagem é assim, é feita por aqueles que sobem escadas. Você não pode se tornar natural porque tudo o que você *se tornar* não será natural. *Tornar-se* é antinatural, *ser* é natural. Então, me perdoe por ter que usar essa mesma linguagem, uma linguagem que não deveria ser usada para algo natural. Então você tem que entender. Não se deixe enganar pelas palavras.

Quando digo tornar-se natural, estou simplesmente dizendo para parar de se tornar alguma coisa e largar tudo, relaxar no seu ser. Você já é!

Por que as pessoas continuam se movendo em círculos?

Primeiro, elas se tornaram muito hábeis nisso. E ninguém quer largar a habilidade que tem, porque a habilidade lhe dá uma sensação de confiança, ela lhe dá uma sensação de força. Existem milhões de pessoas no mundo que seguem a mesma rotina todos os dias, porque elas se tornaram hábeis nisso. Se mudarem, no novo espaço podem não ser tão hábeis – com certeza não serão. Então continuam correndo em círculos – e continuam entediadas, cada vez mais entediadas. Mas, quanto mais se movem em círculos, mais habilidosas elas ficam. E não conseguem parar. Não conseguem parar por causa dos outros também, porque os outros estão correndo também. Se pararem, vão se sentir derrotadas. É realmente um mundo muito louco.

A pessoa também se sente bem repetindo a mesma coisa muitas e muitas vezes sem se dar conta. A monotonia traz um certo consolo. As pessoas que ficam desnorteadas e assustadas com muitas mudanças encontram alívio na monotonia. É por isso que os adolescentes gostam da batida de certos tipos de música, e pessoas com problemas mentais repetem o mesmo gesto ou palavra, várias e várias vezes. Se você observar pessoas internadas num manicômio, vai ficar surpreso ao perceber que muitos loucos têm seus mantras. Um fica lavando as mãos continuamente, dia após dia, só lavando as mãos. É o mantra dele. Isso o mantém entretido, o mantém ocupado, o mantém afastado do medo. E ele sabe como fazer isso; é um gesto simples. Se para de fazê-lo, fica assustado, passa a não ter nada em que fixar a atenção. Se para de lavar a mão, ele fica vazio; não tem nada em que se agarrar. Se para de repetir esse gesto, não sabe quem ele é. A identidade dele é a de lavador de mãos. Ele se conhece perfeitamente bem quando está lavando as mãos, ele sabe quem ele é. Quando para, surgem as dificuldades.

No manicômio, essas pessoas que criaram seus próprios mantras – com gestos, palavras – estão apenas consolando a si mesmas. Esse é todo o segredo da meditação transcendental e do sucesso que ela faz nos Estados Unidos. Os Estados Unidos é hoje um grande asilo de loucos. É preciso algo para repetir, monotonamente, o tempo todo. Isso ajuda as pessoas – exatamente o mesmo gesto, a mesma postura, o mesmo mantra. Você conhece esse território muito bem; você continua circulando dentro ele e isso o mantém longe de si mesmo.

A meditação transcendental não é meditação e também não é transcendental. É só um consolo. Mantém você inconsciente da sua insanidade. Somente uma pessoa insana pode ser convencida a ficar repetindo um mantra; caso contrário, isso não aconteceria.

Por isso as pessoas continuam fazendo a mesma coisa que fizeram ao longo de muitas eras, de muitas vidas. Veja você mesmo: você se apaixona por uma pessoa, depois por outra, depois por outra... Isso é meditação transcendental, o mesmo ato. E você sabe que da primeira vez se frustrou, da segunda vez se frustrou também, da terceira vez idem – e já sabe que da quarta vez também vai se frustrar. Mas você não quer ver, não quer olhar para isso, porque, se olhar, vai ficar sozinho e sem nada para fazer.

O ato de se apaixonar mantém você entretido, mantém você na corrida, mantém você em movimento. Pelo menos consegue evitar a si mesmo, consegue fugir de si mesmo. Você não precisa se voltar para a questão mais profunda: quem é você? Você sabe que é um grande amante, então continua contando com quantas mulheres já se envolveu. Há pessoas que ficam contando; não param de contar: 360, 361, 362. Não amaram uma só mulher. E há pessoas que ficam contando seus mantras, quantas vezes repetem o mesmo mantra. Há quem fique escrevendo em seus livros: *Rama, Rama, Rama...* Ficam o tempo todo escrevendo.

Uma vez fiquei hospedado na casa de um homem. Fiquei surpreso, porque a casa toda era uma grande biblioteca. Perguntei a ele: "Que tipo de escrituras você tem aqui?".

Ele disse: "Apenas um tipo de escritura: fico escrevendo continuamente "Rama, Rama, Rama", esse é o meu mantra. Da hora em que acordo até à noite faço apenas uma coisa: escrevi milhões de vezes, e esses são todos os meus registros". E esse homem era muito respeitado na cidade dele. Ora, ele é apenas um homem louco, totalmente louco! Se o impedirem de fazer essa bobagem, ele vai enlouquecer no mesmo instante. Essa maluquice era o que o mantinha, de alguma forma, são.

Noventa e nove por cento das religiões não passam de um artifício para mantê-lo, de alguma forma, são.

Um buda é um tipo totalmente diferente de pessoa. Ele é o arqui-inimigo do *showbiz*, do mundo do entretenimento. É alguém que quer dizer a verdade e quer dizer a verdade *do jeito que ela é*. Ele destrói todo lixo das ideologias religiosas. Ele simplesmente choca você até as raízes. E, se você for receptivo, ele pode se tornar uma porta, uma porta de volta para casa; uma porta, um limiar, que pode torná-lo capaz de voltar à natureza.

Em toda cultura complicada, em toda civilização complicada, existem mentirosos profissionais e "contadores de verdades" profissionais, mas eles não são muito diferentes; são as mesmas pessoas. Os mentirosos profissionais são chamados de advogados, e os contadores de verdades profissionais são conhecidos como sacerdotes. Eles simplesmente repetem as escrituras.

O buda não é nem um mentiroso nem um contador de verdades profissional. Ele simplesmente deixa o coração disponível às pessoas; ele quer compartilhar. Portanto, todo o sacerdócio indiano era contra

Buda Gautama. Ele foi expulso do seu próprio país. Seus templos foram queimados, suas estátuas foram destruídas. Muitas escrituras budistas estão disponíveis agora apenas em chinês ou tibetano. Os originais estão perdidos, devem ter sido queimados.

Milhares de budistas foram mortos na Índia, o país da não violência. Eles foram queimados vivos. Buda chocou profundamente os contadores de verdades profissionais. Ele provavelmente ia destruir todo o negócio deles. Simplesmente revelou o segredo deles.

Ouça estas palavras de Ikkyu. Elas descrevem com profundidade a abordagem do Buda.

> Do céu ou do inferno não temos
> lembranças nem conhecimento.
> Temos de nos tornar o que éramos
> Antes de termos nascido.

Tudo um dia retorna à sua fonte. Essa é a lei da natureza. A natureza se move num círculo perfeito, por isso tudo tem que retornar à sua fonte. Conhecendo a fonte, você pode conhecer o objetivo, porque o objetivo nunca pode ser diferente da fonte.

Você planta uma semente e a árvore nasce. Anos se passarão e a árvore espalhará seus ramos em direção ao céu e conversará com as estrelas e viverá uma vida longa... E, por fim, o que acontece? A árvore produz sementes outra vez e as sementes caem na terra e novamente nascem novas árvores. É um movimento simples.

A fonte é o objetivo!

Seu corpo cairá de volta na terra e se tornará parte da terra, porque ele vem da terra. Sua respiração vai desaparecer no ar, porque ela vem do ar. A água que está em seu corpo voltará para o mar; é dele que ela vem. O fogo que está em você voltará para o fogo. E a consciência que está em você vai se fundir com a consciência do todo. Tudo volta à sua fonte.

Esse princípio tem de ser lembrado, porque, conhecendo-o, entendendo-o, você abandona todos os outros objetivos, pois todos os outros são arbitrários.

Alguém diz: "Eu quero ser médico, engenheiro, cientista, poeta", todos esses objetivos que você estabeleceu para si mesmo são superficiais. O objetivo natural é a inocência que você tinha no ventre da sua mãe. Ou vá ainda mais fundo... O nada de onde você veio, esse é o objetivo natural. E viver naturalmente significa saber disso; caso contrário, você é obrigado a criar algum objetivo artificial.

Alguém quer se tornar iluminado, esse é um objetivo artificial. Eu não estou dizendo que as pessoas não se tornem iluminadas, estou dizendo para você não fazer disso um objetivo. Pessoas só se tornam iluminadas quando voltam à sua fonte original; quando elas se tornaram naturais, estão iluminadas.

Se isso for entendido por meio de meditações, por meio da sua própria busca interior, você nunca escolherá nenhum objetivo artificial. Todos os objetivos artificiais serão um desvio. Portanto, a pessoa começa relaxando na sua própria natureza, ela se torna sua natureza original; torna-se a sua originalidade. E, nessa originalidade, nessa naturalidade comum, está o estado búdico, a iluminação.

> *Uma vez perguntaram a Shunryo Suzuki, um dos primeiros mestres zen que morou e ensinou no Ocidente, por que ele nunca falava muito sobre satori, a iluminação. O mestre riu e respondeu: "A razão pela qual não falo sobre satori é porque nunca o tive". O que ele quis dizer?*

O Zen no Ocidente opera num contexto muito estranho. O mestre de quem você está falando, Shunryo Suzuki, deve ter sentido imensa dificuldade para se expressar, porque o Zen tem uma linguagem própria. Tem um clima diferente de qualquer outro clima que existe no planeta.

Levar o Zen para qualquer país é uma tarefa difícil. É preciso estar preparado para ser mal interpretado. A declaração de Suzuki parece clara, e quem lê não parece ter nenhuma dificuldade para entendê-la. Mas o que quer que a pessoa entenda vai estar equivocado.

Perguntaram ao mestre: "Por que você não fala sobre *satori*?". Essa é a palavra japonesa para iluminação. E Suzuki respondeu da maneira que um mestre zen deve responder, sabendo perfeitamente bem que não poderia ser compreendido, que estava fadado a ser incompreendido. Ele disse: "A razão pela qual não falo sobre *satori* é porque nunca o tive".

A afirmação é clara; linguisticamente não há problema nenhum, parece não haver nada de obscuro nisso. Suzuki está dizendo: "Eu nunca falei sobre isso porque nunca tive". Agora vou ter que dar a você todo o contexto, a atmosfera em que o significado da sentença se transforma exatamente no oposto do que você entende.

O Zen tem certeza absoluta de que ninguém pode ter *satori* ou a iluminação; você pode ter *coisas*. Você pode ter dinheiro, pode ter poder, pode ter o mundo inteiro, mas não pode ter a iluminação.

A iluminação não é uma coisa; não é possível possuí-la. Quem diz que tem, não tem – as pessoas não entendem nem o fundamento disso. *Tornar-se* iluminado – é o que Suzuki está dizendo. Não existe uma distinção entre o "eu" e a iluminação, então como posso *tê-la*? O "eu" desaparece completamente na iluminação, como uma gota de orvalho desaparecendo no oceano. A gota de orvalho pode dizer: "Eu tenho o oceano?". A gota de orvalho *é* o oceano; não é uma questão de tê-lo. Essa é a primeira coisa a ser muito bem entendida.

Suzuki era um mestre iluminado, por isso ele negou. Se ele não fosse iluminado, mas apenas um estudioso, versado no Zen, ele poderia ter se sentido constrangido em negar. Ele poderia, em vez disso, ter mentido e ninguém seria capaz de detectar a mentira dele. Ele poderia ter dito: "Eu tenho *satori*, mas a experiência é inexprimível; foi tão simples, é por isso que nunca falo sobre isso". Mas o ser humano, *na realidade*, o tem. Realmente *tê-lo* significa que você não pode tê-lo; você desaparece.

Enquanto você tiver um "eu", não há iluminação.

No momento em que há iluminação, você não tem mais um "eu". Você desaparece, assim como a escuridão desaparece quando há luz. A escuridão não pode possuir a luz e você não pode possuir a iluminação.

Eu não acho que a declaração da Suzuki tenha sido compreendida pelas pessoas que fizeram a pergunta e receberam a resposta certa. É preciso um contexto totalmente diferente para entender.

A educação ocidental é mais um alimento para o ego. Na realidade, a psicologia ocidental apoia a ideia de que a pessoa deva ter um ego muito claro – poderoso, agressivo, ambicioso; caso contrário, não conseguirá sobreviver na luta da existência. Para sobreviver, primeiro você precisa ser. E você não deve apenas ser defensivo, ensina-se que o caminho certo da defesa é ofender, atacar. Antes que alguém o ataque, você deve atacar. Você deve ser o primeiro, não o segundo, porque se ficar na defensiva já estará perdendo a batalha.

Por causa da psicologia ocidental, todo o sistema educacional apoia a ideia de que o ser humano amadurece quando conquista um ego cada vez mais cristalizado. Isso vai contra a experiência de todos os budas, de todos os que despertaram. E nenhum desses psicólogos ou educadores têm alguma ideia do que seja o despertar, do que seja a iluminação.

Aqueles que se tornaram iluminados concordam, sem nenhuma exceção, que o ego tem que desaparecer. Ele é falso, é criado pela sociedade; não é o seu rosto original, não é você. O falso deve desaparecer para que o real exista.

Portanto, lembre-se destas etapas: primeiro, o falso precisa desaparecer para o real existir; e depois, o real tem que desaparecer para se tornar o real absoluto. As pessoas estão vivendo tão longe do seu lar definitivo... – ele não é nem real, que dirá "definitivo"! Para isso, elas precisam primeiro se afastar do ego. Têm que vivenciar, na meditação, seu próprio centro.

Mas esse não é o fim. A meditação é apenas o começo da jornada. No final, o buscador se dissolve no que estava buscando, o conhecedor no que é conhecido, o experimentador na experiência. Quem vai ter *satori*? Você está ausente; você não existe quando a iluminação explode. Sua ausência é uma necessidade absoluta para a iluminação acontecer.

Suzuki está absolutamente certo: "A razão pela qual não falo sobre *satori* é porque nunca o tive". E estou absolutamente certo de que aqueles que o ouviram provavelmente pensaram que ele não tinha passado pela experiência do *satori*. Esse é simplesmente o significado literal do que ele está dizendo. A menos que houvesse alguém na plateia que tivesse vivenciado a ausência de ego, e, por fim, a ausência do eu, Suzuki estava fadado a ser incompreendido.

Mas ele foi um homem de imensa ousadia, de grande coragem, para introduzir o Zen no Ocidente. Não foram muitas pessoas que ficaram impressionadas. Várias certamente se divertiam com as declarações de Suzuki, com as suas historietas dos anais do Zen. Elas pensavam que eram piadas estranhas. Mas havia algumas que entendiam não o que o homem estava dizendo, mas o próprio homem. Ele despertava algumas pessoas; ele tem a mesma distinção de Bodhidharma, que plantou as sementes do Zen na China.

Suzuki pode ser comparado a Bodhidharma. Ele plantou as sementes no Ocidente e o Zen se tornou, na atmosfera e na mente ocidental, uma nova moda. Suzuki ficou muito incomodado com isso. Ele não estava introduzindo uma nova moda, ele estava introduzindo uma nova revolução e um novo modo de ser. Mas o Ocidente entende as coisas apenas dessa maneira... A cada dois ou três anos é necessário uma nova moda; as pessoas ficam entediadas com as antigas.

Suzuki foi recebido com alegria, porque trouxe algo que nenhum cristão ou judeu era capaz de compreender. Ele atraiu muitas pessoas da nova geração e algumas permaneceram fiéis ao mestre até o final. Muitas viajaram para o Japão apenas por causa de Suzuki. Centenas de clássicos Zen foram traduzidos para os idiomas ocidentais por causa de Suzuki. Agora é possível falar sobre o Zen e ainda ser entendido, e todo o crédito vai para um único homem, Shunryo Suzuki.

Nunca se pode esquecer que as palavras não existem sem contexto. Se você esquecer o contexto, o que entenderá vai estar errado. Se você entender o contexto, é impossível entender mal.

> Berkowitz estava atravessando a Washington Avenue, em Miami Beach, quando foi atropelado por um automóvel que passava. Vários transeuntes o acudiram e o deitaram num banco. Uma senhora gentil, de cabelos prateados, se aproximou dele e perguntou: "Você está confortável?".
>
> "É...! Dá pra sobreviver...", suspirou Berkowitz.

Em seu próprio contexto, Berkowitz não conseguia entender a palavra "confortável" em qualquer sentido que não fosse o de viver com conforto. Ele sofreu um acidente, mas não conseguia entender a palavra "confortável" nesse contexto. Talvez estivesse morrendo, talvez estivesse gravemente ferido, mas seu contexto permanecia dentro da sua velha mente.

É preciso lembrar disso quando você estudar o Zen – as diferenças de contexto.

> *Eu entendo que você diz que a iluminação é a transcendência da mente – consciente, inconsciente, subconsciente – e que a pessoa se dissolve no oceano da vida, no universo, no nada. Eu também ouvi você falando sobre a individualidade dos seres humanos. Como pode a individualidade de uma pessoa iluminada se manifestar se ela se dissolver no todo?*

O ser humano comum, inconsciente, não tem individualidade; ele só tem uma personalidade.

Personalidade é aquilo que os outros lhe deram. Os pais, os professores, o padre, a sociedade, o que quer que eles tenham dito sobre você. E você queria ser respeitável, ser respeitado, então você foi fazendo coisas que eram apreciadas, e a sociedade continuou recompensando você, respeitando você cada vez mais. Esse é o método de criação de uma personalidade.

Mas a personalidade é muito superficial, muito à flor da pele. Não é a sua natureza. A criança nasce sem personalidade, mas nasce com uma individualidade em potencial. Individualidade em potencial significa simplesmente a singularidade de qualquer pessoa – ela é diferente.

Portanto, primeiro lembre-se de que individualidade não é personalidade. Quando você abandona a personalidade, descobre sua individualidade. E somente o indivíduo pode se tornar iluminado. O falso não pode se tornar a realização definitiva da verdade. Só o verdadeiro pode se encontrar com o verdadeiro, só o igual pode se encontrar com o igual. Sua individualidade é existencial; portanto, quando a sua individualidade floresce, você se torna uno com o todo. Eis aqui a questão: se você se torna uno com o todo, então como pode permanecer individual?

O problema é simplesmente um não entendimento. A experiência de se tornar o todo é da consciência, e a expressão disso ocorre através do corpo, através da mente. A experiência está além da estrutura corpo-mente. Quando a pessoa se torna absolutamente silenciosa, entra em *samadhi*, alcança o quarto estágio ... ela não é o corpo, ela não é a mente. Eles estão todos silenciosos – ela está bem acima deles. Ela é pura consciência.

Essa consciência pura é universal, assim como a luz de todas as lâmpadas de uma sala é uma só, mas pode ser expressa de modos diferentes. A lâmpada pode ser azul, a lâmpada pode ser verde, a lâmpada pode ser vermelha; a forma da lâmpada pode ser diferente. O corpo-mente ainda está lá, e, se o homem de experiência quer expressar sua experiência, ele precisa usar o corpo-mente, não há outro caminho. E seu corpo-mente é único – apenas ele tem essa estrutura, ninguém mais tem.

Então ele experimentou o universal, ele se tornou o universal, mas, para o mundo, para os outros, ele é um indivíduo único. Sua expressão vai ser diferente da expressão de outras pessoas realizadas. Não é que ele queira ser diferente; ele tem um mecanismo diferente, e só pode passar a você esse mecanismo.

Existiram pintores iluminados. Eles nunca falavam porque a palavra não era a arte que dominavam, mas eles pintavam. E suas pinturas eram totalmente diferentes das pinturas comuns, mesmo em relação à dos grandes mestres. Até os maiores mestres da pintura são pessoas inconscientes; o que eles pintam reflete sua inconsciência.

Mas, se um homem realizado pinta, então sua pintura tem uma beleza diferente. Não é apenas uma pintura, é uma mensagem também. Ela tem um significado a ser descoberto. O significado está codificado, porque o homem era capaz apenas de pintar, então sua pintura é um código. Você precisa descobrir o código, só assim a pintura revelará imensos significados. Quanto mais fundo você for nesses significados, mais você encontrará. As outras pinturas são simplesmente planas, podem ter sido feitas por mestres, mas são planas. As pinturas feitas por um homem realizado são multidimensionais, não são planas. Elas querem dizem algo a você. Se o homem é poeta, como Kabir, então ele canta, e sua poesia é o modo de ele se expressar.

Se o homem é articulado ao falar o indizível, então ele fala; mas suas palavras terão um impacto totalmente diferente. As mesmas palavras são usadas por todos, mas elas não têm o mesmo impacto, porque não carregam a mesma energia, não vêm da mesma fonte. Um homem de experiência infunde suas palavras com sua experiência – elas não são estéreis, não são as palavras de um orador ou palestrante. Ele pode não conhecer a arte da oratória, mas nenhum orador pode fazer o que ele faz com as palavras. Ele pode transformar as pessoas apenas falando com elas. Apenas por estar na presença dele, apenas deixando suas palavras se derramarem sobre você, uma transformação acontecerá em seu interior: um novo ser nasce em você, você renasce.

Então, quando digo que mesmo as pessoas iluminadas têm individualidade, quero dizer que elas permanecem únicas – pela simples razão de que têm uma estrutura corpo-mente única, e qualquer coisa que chega até você tem que passar por essa estrutura.

Buda fala de uma maneira, Mahavira fala de outra. Chuang Tzu conta histórias absurdas – ele é um ótimo contador de histórias –, mas as histórias dele, lado a lado, ficam brincando com o seu coração. As histórias são tão absurdas que sua mente não consegue fazer nada com elas. Essa é a razão pela qual ele escolhe histórias absurdas, para que a mente não possa interferir. Com as histórias absurdas, ele paralisa sua mente e depois disso a presença dele fica disponível a você e ao seu coração; você pode beber o vinho que ele lhe oferece. E ele coloca sua mente de lado contando uma história absurda. A mente fica confusa e para de funcionar.

Muitas pessoas se perguntam por que Chuang Tzu escreve essas histórias absurdas, mas ninguém é capaz de explicar o fato pela simples razão de que as pessoas que estão pensando no motivo pelo qual ele escreve essas histórias não fazem ideia de que essa é uma estratégia para fazer a mente parar de funcionar – e você fica disponível, totalmente disponível, a partir do coração. Ele pode entrar em contato com você dessa maneira.

Mas Buda não pode contar uma história absurda. Ele usa parábolas, mas elas são muito significativas. Ele não quer evitar a mente... essas são as singularidades das pessoas. Ele quer que a mente seja convencida e depois, por meio dessa convicção da mente, ele quer chegar no seu coração. Se a mente estiver convencida, ela cede. E as parábolas de Buda, seus discursos, são todos lógicos; a mente tem que ceder mais cedo ou mais tarde.

Mestres diferentes... Por exemplo, Jalaluddin Rumi não fazia nada além de girar. Ele ficou iluminado depois de 36 horas de giro contínuo, sem parar... Girou sem parar. Na verdade, toda criança gosta de girar. Os pais não deixam, eles dizem: "Você vai cair. Pode ter um ataque ou pode se machucar. Não faça isso". Mas todas as crianças do mundo adoram girar, porque de alguma forma, enquanto a criança está girando, ele encontra seu centro. Sem encontrar o centro, você não pode girar. O corpo continua girando, mas o turbilhão tem que acontecer num centro; muito lentamente ele vai se tornando consciente do centro.

Depois de 36 horas de giro contínuo, Rumi ficou absolutamente consciente do seu centro. Essa foi a experiência dele do supremo, do quarto estágio. Depois disso, ele não fez outra coisa na vida a não ser ensinar as pessoas a girar. Isso pode parecer absurdo para um budista, parecerá absurdo para alguém de qualquer outra religião, porque o que você pode conseguir girando? Esse é um simples método, o mais simples de todos, mas pode ser bom para você ou não.

Por exemplo, para mim, não é bom. Não consigo me sentar num balanço, fico enjoado. E o que dizer sobre me sentar num balanço? Eu não consigo nem ver alguém balançando! Isso é suficiente para me dar náuseas. Ora, Rumi não é para mim. E pode haver muitas pessoas para quem girar dará náusea, vômitos. Isso significa que girar não é para elas.

Somos individualmente diferentes. E não há nenhuma contradição nisso. A pessoa pode experimentar o universal e, ainda assim, quando surge a questão da expressão, ela precisa ser individual.

Descasque a Cebola da Personalidade

Compreenda o seu Condicionamento

O ser humano é como uma cebola, exatamente como uma cebola, com camadas e camadas de personalidade. E por trás de todas essas camadas, está escondida a essência. Essa essência é como o vazio, o vácuo. É mais como um "não ser" do que como um "ser", porque o ser tem uma limitação, uma fronteira que o cerceia. Mas esse núcleo mais íntimo não tem limites, não tem nenhuma limitação, é apenas liberdade, um fluxo livre de energia, infinito em suas dimensões.

A menos que a pessoa descasque as camadas da personalidade até o fim e redescubra a essência, ela vai continuar mentalmente doente. A doença da mente está encalacrada em algum lugar, congelada em algum lugar. Ser mentalmente doente é estar bloqueado. Ela é um impasse – é exatamente como a palavra "impasse" soa: você não consegue passar, ir além. Você está bloqueado. Não tem a liberdade de fluir, de ser e de não ser. Você é forçado a ser "alguma coisa". Você é mais como uma rocha sólida do que como um rio.

Liberdade é saúde. Estar bloqueado, preso, é ter uma mente doentia – e todo mundo, quase todo mundo, está mentalmente doente. Raramente acontece de alguém reunir coragem para penetrar o núcleo mais íntimo do não ser. Depois disso a pessoa se torna um buda – inteiro, saudável, santificado.

Temos que entender essas camadas de personalidade porque o próprio entendimento é uma força de cura. Se você entende exatamente onde está bloqueado, os bloqueios começam a derreter. Esse é o milagre de se entender uma coisa, o próprio entendimento ajuda a derreter. Nada mais precisa ser feito. Se você realmente souber, se souber identificar onde está bloqueado, onde está congelado, onde o impasse existe, então, apenas estar consciente desse bloqueio, conhecer isso em sua totalidade, é o que basta para o bloqueio começar a derreter. A tomada de consciência é uma força de cura, e, depois que o bloqueio começa a derreter, você volta novamente para o fluxo. Você se torna fluido.

A primeira camada da sua personalidade é a mais superficial. É a camada das formalidades, do verniz social. Ela é necessária, não há nada errado com isso. Você encontra uma pessoa na rua, um conhecido. Se você não disser nada e ela também não disser nada, se nenhuma formalidade social for cumprida, vocês dois se sentirão constrangidos. Algo tem que ser feito. Não que você queira dizer alguma coisa. Mas trata-se de um lubrificante social, por isso a primeira camada eu chamo de camada do lubrificante. Ela ajuda nos relacionamentos. É a camada do "Bom dia, como vai você? Muito bem! Tudo ótimo! Que lindo dia! Que bom ver você". Essa camada é boa, não há nada de errado com ela; se você usá-la, ela é bonita. Mas, se você for *usado* por ela e estiver congelado nela e perder todo o contato com o seu ser interior, se nunca ultrapassar essa camada, então você está travado. Está mentalmente doente.

É lindo dizer "bom dia" a alguém, mas uma pessoa que nunca diz mais do que isso está doente. Ela não tem contato com a vida. Na realidade, essas formalidades não são um lubrificante para ela; pelo contrário, tornam-se um meio de afastamento, uma fuga. Você vê alguém e diz "bom dia" para evitar a pessoa, de modo que possa seguir o seu caminho em paz e escapar dela.

Milhões de pessoas estão congeladas nessa formalidade social; vivem nessa camada e nunca vão além dela. Etiqueta, boas maneiras, formalidades, bate-papos, sempre na superfície – elas falam para não se comunicar, falam para evitar a comunicação. Falam para evitar a situação embaraçosa na qual encontram o outro. São pessoas fechadas. Se a vida delas é uma tristeza, não é de admirar. Se vivem num inferno, isso não surpreende. Na realidade, são pessoas mortas.

O fundador da gestalterapia, Fritz Perls, costumava chamar essa camada de camada da "titica de galinha"; ela é morta, seca. Muitas pessoas vivem na titica de galinha. Toda a vida delas é apenas uma formalidade inútil. Elas não vão a lugar algum, estancaram na porta; não entraram nos salões da vida. A vida tem muitos salões e elas estão paradas na porta, nos degraus. Degraus são bons se você subi-los; são perigosos se você começar a se apegar a eles.

Então, lembre-se, uma pessoa saudável usa a camada da formalidade social; nesse caso, é um lubrificante, é bonito. Uma pessoa doente faz isso a vida toda – sorri sem querer sorrir, ri sem vontade de rir. Se alguém morre, ela fica triste, chora, até lágrimas escorrem dos seus olhos... Mas é tudo falso! Ela não sentiu nada daquilo. Nunca sente nada. Vive o tempo todo só se exibindo, se mostrando. Toda a vida dela é apenas uma exposição. Ela não consegue se divertir, porque não consegue se voltar para dentro.

A formalidade não é um relacionamento. Pode ajudar ou pode atrapalhar. Uma pessoa saudável a usa para ir além dela; uma pessoa doentia fica presa a ela. Você pode ver essas pessoas por aí, sorrindo... em Lions Clubs, Rotary Clubs. Pessoas titica de galinha – sempre bem vestidas, arrumadas, tudo parecendo muito bem, mas, na realidade, está tudo absolutamente errado. Elas estão completamente doentes, nem um pouco saudáveis, e apenas apresentando um espetáculo. Isso se torna um padrão fixo com elas. Quando retornam de seus passeios, conversam com os filhos, mas no mesmo nível. Fazem amor com o cônjuge, mas no mesmo nível. Toda a vida delas é uma série de maneirismos. Livros sobre boas maneiras são suas Bíblias, Gitas e Corões, e elas acham que, se cumprirem tudo o que a sociedade exige delas, vão conseguir alguma vantagem.

Essa camada precisa ser rompida. Fique alerta para não ser pego por ela. Fique alerta e, se estiver preso nesse nível, tome consciência disso – a própria consciência ajudará o bloqueio a derreter, a evaporar, e a energia estará disponível para você entrar na segunda camada.

A segunda camada é a dos papéis e jogos sociais. A primeira camada não tem contato com a vida. A segunda camada às vezes pode ter vislumbres dela. Na segunda camada, "Eu sou o marido, você é a esposa". Ou: "Eu sou a esposa, você é o marido". "Eu sou o pai, você é o filho". Ou: "Eu sou o presidente dos Estados Unidos, a rainha da Inglaterra". Todos os políticos do mundo vivem na segunda, a camada que consiste da representação de um papel. Todo mundo vive achando que ele ou ela é o melhor do mundo – o melhor homem do mundo, o maior poeta, o maior filósofo, o maior isso e aquilo...

A camada do ego é a segunda camada. Você continua desempenhando papéis e tem continuamente que mudar de papel. Você está sentado no seu quarto e o seu criado entra; você muda para o papel de patrão, de chefão. Você olha para o criado como se ele não fosse um ser humano. Você é o chefe, e o servo é uma nulidade. Então *seu* chefe entra – de repente o papel muda. Agora você não é ninguém, você está abanando o rabo; o chefe chegou e você fica de pé para cumprimentá-lo. Continuamente, 24 horas por dia, em cada relacionamento, você tem um papel diferente a desempenhar. Não há nada de errado nisso, é um belo drama – se você não estiver preso nele. Ele precisa ser encenado, a vida *é* um ótimo drama. No Oriente, chamamos de *leela*, a peça do divino. É uma peça; é preciso desempenhar muitos papéis, mas é preciso não se fixar em nenhum papel.

A pessoa precisa viver sempre livre de todos os papéis; papéis devem ser como roupas – você pode a qualquer momento saltar fora deles. Se essa capacidade for mantida, então você não fica preso; você pode desempenhar um papel – não há nada de errado com os papéis! Tanto quanto se pode ver, desempenhar um papel é algo belo, mas, se isso se torna sua vida e você não sabe fazer nada além disso, então é perigoso. Porque você continua fazendo mil e um joguinhos na vida e nunca entra em contato com a própria vida.

Fritz Perls chama isso de "camada do besteirol". É uma camada muito grande. Muitas pessoas estão presas nela; estão com besteiras até o pescoço, cheias delas. Elas carregam todo o fardo do mundo, como se o mundo todo dependesse delas. Se não existirem, o que acontecerá com o mundo? Será o caos! Tudo será destruído se elas não estiverem lá – elas é que mantêm tudo no lugar. Essas pessoas estão doentes.

Pessoas do primeiro tipo, que vivem apenas na primeira camada, são absolutamente doentes, mas não são muito perigosas. As pessoas da segunda camada não estão tão doentes, mas são mais perigosas, porque se tornam políticos, generais, detentores de poder, milionários. Elas acumulam dinheiro, poder e prestígio e isso e aquilo, e fazem muitos jogos de poder. Por causa delas, milhões de pessoas não têm nem um vislumbre da vida; milhões são sacrificados por causa dos seus jogos.

Se você estiver preso na segunda camada, fique alerta. Lembre-se de que sempre há duas possibilidades em todos os níveis. A primeira camada é um lubrificante para quem a entende; não existe nada de errado nisso, ela ajuda. Melhora a capacidade de vivermos neste mundo. Milhões de pessoas vivem neste mundo, existe muito conflito. Isso é inevitável e, se você é um pouco formal com as pessoas e sabe como se comportar, isso ajuda. Ajuda você e ajuda os outros também; não há nada errado nisso. Mas, se essa primeira camada é tudo o que existe, então tudo dá errado. Então o medicamento se torna um veneno. Essa distinção tem que ser lembrada continuamente em todos os níveis.

No segundo nível, se você está apenas gostando do jogo, ciente de que isso é um jogo e você não o está levando a sério... No momento em que você o leva a sério, não é mais um jogo; tornou-se realidade e então você é pego na armadilha. Se você gosta da diversão, então é perfeitamente bom! Aproveite e ajude os outros a se divertirem; o mundo inteiro é um ótimo palco, mas não leve isso a sério. A seriedade significa que a doença entrou em seu ser. Agora você acha que isso é tudo, que se tornar presidente dos Estados Unidos é tudo. Você se sacrifica e sacrifica os outros e usa de todos os artifícios para atingir esse fim... E, quando o atinge, você descobre que não atingiu coisa nenhuma! Porque isso estava apenas na camada do jogo, era como um sonho e, quando você acorda, fica profundamente frustrado – a vida toda se foi, nada foi alcançado.

Essa é a frustração das pessoas ricas. Essa é a frustração dos países ricos. Essa é a frustração de todos aqueles que se tornam bem-sucedidos. Quando conquistam o sucesso, de repente percebem que fracassaram. Aí eles ficam frente a frente com o fato de que desperdiçaram a vida num jogo. Lembre-se, fique alerta – caso contrário, se não estiver preso na primeira camada, poderá ficar preso na segunda.

Depois, há uma terceira camada, a camada do caos. Por causa dessa terceira camada, as pessoas têm medo de se voltar para dentro; por isso elas ficam presas na segunda camada.

Na segunda camada, tudo está limpo, cristalino. As regras são conhecidas, porque todo jogo tem suas regras. Se você conhece as regras, pode entrar no jogo. Nada é misterioso na segunda camada. Dois mais dois sempre são quatro na segunda camada – não é assim na terceira. A terceira não é como a segunda, ela é o caos – uma energia tremenda, sem regras. Você fica com medo. A terceira camada lhe dá medo.

É por isso que, quando você começa a meditar e cai da segunda para a terceira camada, você sente um caos. De repente não sabe mais quem você é! O mundo do *Who's Who** é a segunda camada, a camada do besteirol. Se você quiser saber sobre a segunda, consulte o *Who's Who*. Essa publicação existe no mundo todo e os nomes que incluem são de pessoas da segunda camada.

Na terceira camada, você de repente percebe que não sabe mais quem você é. A identidade se perde, as regras desaparecem, surge um imenso caos, um vasto oceano numa tempestade. É lindo, se você conseguir entender. Se não conseguir, é realmente terrível. Essa terceira camada – se bem entendida, e se você conseguir se manter atento – lhe dará o primeiro vislumbre, o primeiro vislumbre importante da vida. Caso contrário, você ficará neurótico.

Na terceira camada, as pessoas enlouquecem. Elas são mais honestas do que as pessoas que pertencem à primeira e à segunda camadas – uma pessoa que enlouqueceu simplesmente abandonou as formalidades, parou de desempenhar papéis e permitiu que o caos a envolvesse. Ela é melhor que seus políticos; pelo menos é mais sincera e mais fiel à vida.

Eu não estou dizendo para você se tornar neurótico, para enlouquecer, mas a loucura acontece na terceira camada. Todos os grandes artistas pertencem à terceira camada e todos os grandes artistas tendem a enlouquecer. Um Van Gogh enlouquece; por quê? Artistas, músicos, poetas, pintores – eles pertencem à terceira camada. Eles são pessoas sinceras, mais sinceras que os políticos, que os chamados monges, papas, mahatmas – todos eles pertencem à segunda camada, desempenhando um papel, por exemplo, de ser um mahatma. A terceira camada é de pessoas mais sinceras e honestas, mas existe um perigo: elas são tão sinceras e honestas que caem no caos. Não se apegam ao mundo das regras e, portanto, estão na tempestade.

---

* Título de várias publicações de referência, geralmente contendo informações biográficas concisas sobre pessoas importantes de um país. (N. T.)

Se a pessoa conseguir permanecer alerta na terceira camada, consciente, meditativa, então esse caos se transforma num cosmos. É caos apenas porque você não está centrado, não está consciente. Se você está consciente, torna-se um cosmos, uma ordem... E não a ordem das regras humanas. É a ordem do Tao, a ordem do que Buda chamou de *dharma*. É a ordem suprema, não a ordem feita pelo homem. E, se você permanecer alerta, o caos existe, mas você não está no caos – você o transcende. A consciência é um fenômeno transcendente; você sabe que tudo ao redor é um caos, mas lá no fundo de você não está um caos. De repente, você está acima do caos; não está perdido nesse caos.

Poetas, pintores, músicos se perdem porque não sabem ficar atentos. Mas eles são pessoas mais honestas. Nos manicômios deste mundo existem pessoas mais honestas do que nas capitais, e, se me permitissem, eu transformaria as capitais em manicômios!

As pessoas nos manicômios precisam de ajuda para ir além da terceira camada e chegar na quarta. Os sufis têm uma palavra específica para as pessoas da terceira camada; eles os chamam de *mastas* – pessoas loucas, mas loucas no amor do além. Elas são loucas! Para todos os fins práticos, elas são loucas. Precisam de alguém que saiba segurar a mão delas e conduzi-las à quarta. Na terceira camada, um guia que sabe, que conhece o terreno, é necessário. E apenas as pessoas da terceira camada começam a procurar, a buscar um mestre, um guia, alguém que possa ajudá-los em seus momentos de caos.

Na terceira camada, são duas as possibilidades. Você pode ficar louco – esse é o medo, é por isso que as pessoas se apegam à segunda camada. Elas se apegam, com muito medo, porque, se perderem o controle, estarão caindo no caos – todas sabem disso, que, se não se apegarem aos seus papéis, cairão no caos. Você desempenha seu papel de marido ou de esposa – se não entrar nesse jogo, sabe que vai enlouquecer. Você continua fazendo esse jogo que a sociedade impôs a você, com medo de que, se abandoná-lo... onde vai cair? Abandone a sociedade e você cai no caos. Então, toda a certeza se perde, só há confusão.

Portanto, uma possibilidade é a confusão, a neurose, o manicômio. Outra possibilidade é, se você permanecer alerta, meditativo, consciente, o caos se torna absolutamente belo. Nesse caso, ele não é caos, ele tem uma ordem própria, uma ordem interna própria. Até a tempestade é linda se você permanecer alerta e não se identificar. Então o caos envolve você como uma tremenda energia se movendo por toda parte e você fica bem no centro, intacto. Sua consciência não é tocada, o que lhe dá, pela primeira vez, um vislumbre do que é sanidade.

As pessoas que pertencem à segunda camada só *parecem* sensatas, elas não são. Force-as a passar para a terceira camada e elas ficarão loucas. Pessoas que estão na terceira camada e conscientes – elas estão sãs e não podem ser forçadas a enlouquecer. Nenhuma situação pode forçá-las a enlouquecer. Pessoas da segunda camada estão sempre no limite. Um empurrãozinho e a casa cai, ou elas vão à bancarrota, ou a esposa morre ou o filho se torna um bandido – e elas caem na terceira; enlouquecem.

As pessoas do segundo nível estão sempre prontas para enlouquecer; qualquer situação, só um empurrãozinho... Elas estão cozinhando a 99 graus centígrados; só mais um grau... e isso pode acontecer a qualquer momento. Vão enlouquecer.

A pessoa que passa para a terceira camada e permanece consciente vai além da loucura. Depois, há a quarta camada. Só se você passar pela terceira, vai poder entrar na quarta. Se enfrentou o caos, se enfrentou a anarquia do mundo interior, então vai ser capaz de entrar na quarta.

A quarto é a camada da morte, o plano da morte. Depois do caos é preciso enfrentar a morte – o caos prepara você. Na quarta camada, se você chegar lá, terá uma súbita sensação de estar morrendo – você *está* morrendo. Em profunda meditação, quando você toca a quarta camada, começa a sentir que está morrendo. Ou – como a meditação não é uma experiência tão universal – no orgasmo sexual profundo você também pode sentir que está morrendo. Em todo o mundo, pessoas de diferentes culturas, idiomas, condicionamentos, sempre que chegam ao orgasmo, são tomadas, repentinamente, por um sentimento de morte. Já se viu até pessoas dizendo – particularmente as mulheres, quando estão num orgasmo profundo e todo o seu corpo está vibrando num ritmo desconhecido, cheio de energia vital, como numa dança –, em todo o mundo as pessoas pronunciam palavras como: "Estou morrendo! Me mate de uma vez!".

Os antigos tratados indianos sobre sexo dizem: "Nunca deixe um papagaio ou um pássaro *mynah* na câmara do amor". Porque ele pode aprender... se você estiver fazendo amor e soltar gritos de êxtase absoluto, como "Estou morrendo!", o papagaio ou o *mynah* podem aprender. Então ele pode repetir e isso pode ser embaraçoso se houver visitas em casa ou outras pessoas por perto. Portanto, nunca deixe um papagaio na câmara do amor.

É por isso que as mulheres foram reprimidas em todo o mundo, através dos séculos, para que não pronunciassem nem sequer uma palavra – na realidade, foram condicionadas a não ter orgasmos, porque é perigoso; você sente uma liberdade semelhante à morte. O ego morre; de repente, toda a identidade se perde. "Você" não está mais lá, apenas a vida está vibrando – uma vida desconhecida, uma vida sem nome, uma vida que não pode ser categorizada. É apenas *vida* – você não está lá. A onda desaparece, apenas o oceano permanece. Ter um orgasmo profundo é ter uma sensação oceânica de estar totalmente perdido. As mulheres têm sido obrigadas a não serem ativas ao fazer amor, porque, se elas forem ativas, ficam mais propensas – porque têm um corpo mais sutil e mais delicado – a sentir o fenômeno do orgasmo, que é semelhante à morte. Elas foram forçadas a não pronunciar uma única palavra, a não se mover; elas têm que permanecer como se estivessem mortas, congeladas.

Os homens também perceberam que, se aprofundarem o orgasmo, o sexo proporciona uma experiência mais intensa, tremendamente avassaladora, chocante; é uma morte. O homem nunca será o mesmo novamente. Então, os homens aprenderam a ter um orgasmo local, apenas nos órgãos genitais, o corpo não participa totalmente.

Durante séculos, as mulheres esqueceram completamente que podiam ter orgasmos. Apenas algumas décadas atrás, elas redescobriram sua capacidade de ter orgasmos. E não apenas a capacidade de ter orgasmos, mas a capacidade de ter múltiplos orgasmos. A mulher é mais poderosa que o homem e pode ir mais profundamente no orgasmo do que o homem. Nenhum homem pode competir com as mulheres no que diz respeito a orgasmos, mas essa capacidade tem sido reprimida e ocultada há séculos. Ensinaram a elas que é apenas o homem que gosta de sexo, não a mulher; ensinaram que não é feminino gostar de sexo.

Por que essa repressão e por que, no mundo todo, o próprio sexo foi tão reprimido? O sexo é semelhante à morte; essa é a razão. Todas as culturas reprimem duas coisas, o sexo e a morte. E eles são tão parecidos que você quase pode dizer que são dois lados da mesma moeda. Eles têm que ser, porque é através do sexo que a vida nasce; deve ser através do sexo que a vida desaparece novamente. A fonte original também deve estar no final do ciclo. Por meio do sexo, a onda da vida se forma – por isso é no sexo que ela deve perder a forma novamente. Então sexo *é* vida e sexo *é* morte.

O mesmo acontece na meditação. Você entra numa sintonia profunda, vai se sintonizando, até que de repente passa para a terceira camada do caos. Você está morrendo! E se ficar com medo, haverá um bloqueio. Em pessoas que têm medo de meditação, e fazem todo tipo de racionalização para não fazê-la, existe um bloqueio. Mas, se permanecer alerta e permitir a morte, você se torna imortal. Você sabe que a morte está acontecendo por toda parte, e você não está morrendo. Morrer e ainda assim não morrer, morrer completamente e ainda assim permanecer completamente vivo – essa é a mais bela experiência que uma pessoa pode ter.

Nessa quarta etapa, novamente existem duas possibilidades – em todas as camadas existem duas possibilidades. Uma é, se você realmente ficar morto e sem consciência, então viverá como um zumbi, um robô; sem graça, distraído. Você pode encontrar em muitos manicômios pessoas pertencentes à quarta camada, que perderam toda a vida, toda a vitalidade. Elas existem, mas a existência delas é mais como vegetar. A pessoa chegou ao fim e de repente não conseguiu permanecer alerta. Agora ela morreu. Uma parte da coisa aconteceu, a outra não aconteceu; ela morreu e não renasceu. A pessoa continuará ausente, olhará para você com os olhos vazios. Se lhe der comida, ela vai comer; se não der, ela vai ficar sentada ali sem comer por dias. Ela quer viver uma vida morta. Ela está na quarta etapa, mas perdeu a consciência.

Na quarta camada, ficar sem um mestre é quase impossível. Morrer é fácil, mas quem lhe proporcionará o renascimento? Quem vai tirar você dessa experiência de morte que é tão chocante e sacudi-lo até que o ego simplesmente desapareça? A quarta é a experiência em que o símbolo cristão da cruz adquire mais significado. É na quarta camada que a cruz é significativa – alguém morre, mas isso não é tudo. Jesus o ressuscita; a cruz e a ressurreição.

Se a pessoa simplesmente morre na quarta, viverá a vida de um zumbi. Ela andará pelo mundo como se estivesse dormindo profundamente, como se estivesse num sono profundo e hipnótico. Bêbada, vazia... A cruz estará lá dentro da pessoa, mas a ressurreição não acontecerá. Se a pessoa permanecer alerta... e é muito difícil ficar alerta quando a morte está acontecendo... Mas quando a pessoa está trabalhando lentamente, é possível. Se você conseguir ficar atento, consciente, enquanto a morte está acontecendo por toda parte, você se torna imortal. Em seguida, vem a quinta camada.

A quinta é a camada da vida. A energia se torna absolutamente livre, sem bloqueios. Você está livre para ser o que quiser. Mover-se, não se mover, agir, não agir – seja o que for, você é absolutamente livre.

A energia se torna espontânea. Mas, pela última vez, também há duas possibilidades.

A pessoa pode se identificar a tal ponto com a energia da vida que pode se tornar uma epicurista. É aí que Epicuro e Buda se separam. Epicuristas, os Charvakas na Índia e outros hedonistas deste mundo realmente penetraram no quinto núcleo da vida, passaram a saber o que é a vida – e se tornaram identificados com a vida. Comer, beber, ser feliz tornou-se o credo deles, porque não conhecem nada além da vida.

A vida está além da morte. Você está até além da vida. Você está numa transcendência suprema. Então, na quinta camada, há uma possibilidade de que, se não ficar alerta, você se torne uma vítima do hedonismo. É bom, você chegou perto de casa; só dar mais um passo... Mas então você acha que o objetivo foi alcançado. Epicuro é lindo. Um passo a mais e você se tornaria um Buda. Os Charvakas são lindos, apenas um passo a mais e eles teriam se tornado Cristos. Apenas um passo a mais... E no último instante eles se identificaram com a vida. E, lembre-se, identificar-se com a morte é difícil, porque quem quer ser identificar com a morte? Mas é muito fácil se identificar com a vida, porque todo mundo quer ter vida eterna; vida e mais vida e mais vida....

A pessoa que, neste momento, se torna um Epicuro, que se identifica com a vida, vive uma vida muito orgástica. Todo o seu corpo funciona de maneira muito bonita e graciosa. Ela gosta das pequenas coisas – comer, dançar, andar na brisa, tomar sol. As pequenas coisas da vida lhe dão um tremendo prazer. Alegria é a palavra para essa pessoa, ou você pode chamar isso de prazer. Mas não é felicidade; a felicidade não é para ela. Ela desfruta, mas não é feliz. Qual é a diferença entre alegria e felicidade? Quando você desfruta de algo, sua alegria depende disso, é seu objetivo. Você tem uma mulher bonita para amar e sente alegria. Mas, se a mulher bonita vai embora, a tristeza se instala. Quando o clima é bom, vibrante, vivo, você dança muito. Mas, se o clima está sombrio, nublado, toda a alegria desaparece. O homem que tem alegria também sentirá tristeza. Haverá altos e baixos, ele vai às alturas e depois volta para o fundo do poço. Haverá dias e noites – a dualidade permanecerá.

Se a pessoa permanece alerta no momento em que a vida acontece – consciente, atenta, perceptiva –, ela transcende a vida também. Depois disso, vem a felicidade. Felicidade é alegria sem causa, seja ela visível ou invisível. Felicidade é uma alegria espontânea. Você é feliz, seja qual for a situação. Agora, a felicidade é a sua natureza – não é algo que acontece a você. Ela *é* você.

Essas são as camadas e elas acontecem dessa maneira porque, quando uma criança nasce, a criança *é vida*. Toda criança é Epicuro, a vida vibrando, movendo-se livremente, sem bloqueios. A criança é energia, puro prazer em energia; ela pula sem motivo e vive tão feliz que, mesmo que você chegue ao paraíso, não vai pular assim – e ela está pulando por nada! Ou porque juntou algumas pedras coloridas e está se deliciando com elas. Olhe crianças pequenas simplesmente sentadas, sem fazer nada – elas parecem tão felizes, sem nenhuma razão!

Quando uma criança nasce, ela tem apenas uma camada, e essa camada é a vida. Se a criança conseguisse se dar conta de que pode se mudar imediatamente para o estado de um buda... Mas isso é difícil... Ela não pode tomar consciência porque, para tomar consciência, terá que mergulhar na vida, no sofrimento. Terá que acumular muitas camadas; isso faz parte do crescimento. É por isso que Jesus diz que você entrará no Reino de Deus somente quando for criança... Mas ele não diz que as *crianças* vão entrar, não. Pessoas que são *como* crianças vão entrar, não as crianças propriamente ditas. As crianças não entram; elas têm que crescer, têm que perder tudo para recuperar depois. Têm que se perder no mundo, precisam se esquecer completamente; somente se afastando, distanciando-se de si, sofrendo muito, elas vão voltar para casa. Vão redescobri-la, então vão ser como crianças. Não crianças, mas *como* crianças.

A criança nasce com a camada da vida em ação. A criança tem apenas duas camadas: a camada da vida e a camada transcendental.

A transcendental é o centro, não é bem uma camada, mas o próprio núcleo. Você pode chamá-lo de alma, de *self* ou lhe dar o nome que quiser. A criança tem apenas a camada da vida e, depois, pouco a pouco, à medida que cresce, ela fica consciente da morte. Ela vê pessoas morrendo, flores murchando; vê de repente um pássaro morto ou o cãozinho da família morre – ela toma consciência da morte. Quando vê as coisas e olha em volta, ela começa a sentir que a vida tem que terminar um dia. Ela está acumulando outra camada e essa é a camada da morte; ela fica com medo da morte. Essa é a segunda camada que a criança adquire.

Depois, conforme ela cresce, surgem muitas regras sobre o que ela deve ou não deve fazer: "Você deveria fazer isso e não deveria fazer aquilo". Ela não tem liberdade total, uma liberdade caótica; ela é disciplinada, forçada. A criança é um caos, liberdade total; ela gostaria de não ter regras no mundo, mas ninguém pode permitir isso. Ela está se tornando um membro da sociedade, por isso o caos da criança, sua rápida energia multidimensional, deve ser reprimida. Regras têm que ser impostas a ela, ela precisa aprender coisas: é ensinada a ir ao banheiro, por exemplo, e tudo se torna "bom" ou "ruim", dividido. Ela tem que escolher. Uma terceira camada de caos, ou neurose, é criada.

As crianças às quais se impõem muitas regras carregam mais neurose dentro delas; é por isso que a neurose acontece apenas numa sociedade muito civilizada. Numa sociedade primitiva, as pessoas não ficam neuróticas. Nunca são impostas muitas regras a elas; na realidade, elas foram autorizadas a manter o caos em si mesmas, pelo menos um pouco. Poucas regras, poucas possibilidades de neurose; mais regras, mais possibilidades de neurose – essa é a terceira camada.

Depois, a criança começa a aprender sobre os jogos sociais. Ela tem que fazer isso, porque não tem permissão para ser autêntica e verdadeira. Há momentos em que sente que odeia a mãe, porque a mãe continua impondo coisas a ela. Mas ela não pode dizer isso, que ela a odeia. Ela tem que dizer "Eu te amo". Tem que agradá-la e fingir que a ama profundamente. Agora os joguinhos estão começando – uma quarta camada; ela está desempenhando papéis. Crianças pequenas tornam-se políticas. O pai chega em casa e a criança sorri, porque sabe que, se não sorrir, não poderá tomar sorvete hoje. Se sorrir, o pai será mais generoso; a mão dele entra no bolso. Se não sorrir, ele pode ser mais severo. Agora a criança se tornou política.

Você já viu fotos de políticos – eles estão sempre sorrindo. Você já viu alguém fazendo campanha para a eleição? O candidato está sempre sorrindo, apenas esticando os lábios – não há um sorriso por dentro. Às vezes, o sorriso se torna um hábito. Conheço um político: infelizmente, uma noite tive que dormir com ele, no mesmo quarto de hotel – à noite, tive que me levantar e parecia que ele estava sorrindo! Tinha se tornado a tal ponto um hábito que, mesmo dormindo, ele não conseguia relaxar. Ele devia estar fazendo campanha em seus sonhos ou algo assim...

A criança aprende que precisa fingir. Ela não é aceita como é; tem que mostrar que é exatamente como você gostaria que ela fosse. Ela se divide: agora ela tem um mundo particular só dela. Se ela quer fumar um cigarro, tem que se esconder em algum lugar – ela fuma na garagem ou vai para rua, se esconder no beco dos fundos. Você já pode ter visto uma criança fumando, mas pergunte e ela simplesmente vai negar – e, inocentemente, ela diz: "O que está dizendo? Eu? Fumando? Nunca!". E olhe para o rosto inocente e bonito dela... Ela se tornou um político perfeito, alguém que está desempenhando um papel.

Aí ela descobre que seus joguinhos valem a pena. Se é sincero, você sofre. Se você se tornar um especialista em mentiras, vai ser recompensado. Agora a criança está aprendendo os caminhos deste mundo insano. Uma quarta camada emerge, a da encenação.

Em seguida, uma quinta camada – a das formalidades. Alguém está vindo visitar a família e a criança odeia a pessoa, mas a mãe diz: "Ela é visita, você tem que recebê-la bem; não só cumprimentar, mas dar um beijo também". A criança não suporta nem pensar em beijar a pessoa, é nojento! Mas o que fazer? A criança é impotente, não pode ter vontade própria. Você tem poder, a família tem poder e você pode esmagá-la. Então ela sorri, beija e diz "Bom dia!", sem querer fazer nada daquilo. Agora ela está criando uma quinta camada.

Essas são as cinco camadas. Você tem que voltar, ir para a fonte original. Isso é o que Patanjali chama de *pratyahara*, de volta ao estado original. Isso é o que Mahavira chamou de *pratikramana*, retroceder, voltar à sua originalidade. Isso é o que Cristo chamou de *conversão*, tornar-se outra vez uma criança

Então, quando todas as camadas da sua cebola forem descascadas – não é fácil! Até mesmo descascar uma cebola comum é difícil, seus olhos se encherão de lágrimas e, quando você descascar a cebola da sua própria personalidade, haverá muitas lágrimas. É difícil, é árduo, mas tem que ser feito; caso contrário, você vive uma vida falsa, você vive uma vida doentia.

Mas a criança é ignorante – ela não sabe, nem sabe que não sabe. Um sábio também não sabe, mas ele sabe que não sabe – essa é a única diferença entre uma criança e um sábio. A criança é ignorante, mas não está ciente de que é ignorante; o sábio também é ignorante, mas perfeitamente consciente de que é ignorante. Essa é a sabedoria dele, esse é o seu saber – saber que não sabe.

Ficar no meio, e fingir, é estar doente. Fingir é ser falso. Ser falso é ficar preso em algum lugar. Ficar preso em algum lugar é estar bloqueado – a energia não está fluindo, não está livre para se mover; você não é como um rio; você está congelado, como um bloco de gelo, meio morto e meio vivo.

Basta analisar o seu próprio eu. O que você sabe? Se for fundo, entenderá que não sabe coisa alguma. Informações você pode ter muitas, mas isso não é saber. Escrituras, você pode ter lido muitas, mas isso não é saber. A menos que você leia as escrituras do seu próprio ser, não há conhecimento possível. Existe apenas um Alcorão e uma Bíblia e um Gita, e essa escritura está escondida dentro de você. Você tem que decodificar – e é isso que eu estou falando a você, como decodificá-la, como ela se perdeu na selva das suas personalidades, de camadas de personalidades, máscaras, fingimentos. Está perdida, mas não totalmente perdida, ainda está lá. Pesquise e poderá encontrar. Procure um pouco, siga na direção certa e, mais cedo ou mais tarde, você encontrará a pista. No momento em que você encontra a pista, de repente você sente tudo se encaixando, encontrando seu lugar, tudo se unindo, tudo se tornando uma sinfonia. As divisões estão se dissolvendo e a unidade está surgindo.

E o conhecimento só é possível quando você transcende a vida e a morte, não antes disso. Como você pode saber se nem sequer alcançou o seu ser mais íntimo? O que mais você pode saber se você não se conhece? Daí a insistência de todos os sábios em "conhecer a si mesmo", porque essa é a chave secreta de todo conhecimento. Essa chave abre mil e uma fechaduras, é uma chave-mestra. Conhecendo uma fechadura, digamos os Upanishads, a pessoa conhece todas. Sem conhecer nenhuma, mesmo que você saiba tudo, é inútil. Pode sobrecarregar você, pode se tornar pesado para você. Pode matá-lo, mas não pode libertá-lo.

Se você permanecer alerta e souber de um bloqueio específico, "Aqui é onde está minha ferida, aqui está o impasse, aqui está o bloqueio, a doença" – se você conseguir ficar alerta com relação à sua doença, de repente o bloqueio começa a derreter.

Mas esse reconhecimento da sua doença, esse estado de alerta, é possível somente com uma consciência muito profunda. Reconhecimento significa que você está alerta e reconhece que *este* é o problema. Depois de identificar o problema, ele já está em vias de ser resolvido; nada mais é necessário. Para doenças espirituais, apenas o reconhecimento é suficiente; nenhum outro medicamento é necessário.

Medicina e meditação – esses são os dois medicamentos deste mundo. E as duas palavras têm a mesma raiz. Medicina para o corpo, meditação para a alma e ambas significam "remédio".

O sábio não tem uma doença espiritual, porque está simplesmente alerta, vigilante. Ele se lembra. Ele não se identifica com nenhuma camada da personalidade. Ele não é as formalidades, ele não é o papel e a encenação, ele não é o caos, ele não é a morte, ele não é a vida. Ele é a própria transcendência de tudo isso.

Use isso como uma ferramenta muito útil; use-o na redescoberta interior do seu ser. Saia da primeira camada... e não faça isso às pressas, porque, se você deixar algo incompleto em qualquer camada, terá que voltar para a camada inteira. Lembre-se sempre de que qualquer coisa incompleta continuará sendo uma ressaca. Então, quando estiver buscando algo numa camada, busque *totalmente*. Termine com isso, não leve para outra camada. A coisa só pode ser resolvida em seu próprio espaço.

Quando você entrar na segunda camada, a dos jogos sociais – observe esses jogos, não tenha pressa. E não aceite apenas o que estou dizendo, porque isso não vai ajudar. Você pode dizer: "Sim, isso é o que Osho diz, e eu reconheço que é verdade". Não, isso não vai ajudar. Meu reconhecimento não pode ser o seu reconhecimento; você tem que percorrer o caminho com seus próprios pés. Não posso viajar por você; no máximo, posso indicar o caminho. Mas você tem que seguir o que digo, caminhar; você tem que seguir em frente e com muito cuidado, para que nada fique incompleto e não vivido. Caso contrário, isso vai se apegar a você, e você o levará para outra camada e tudo será caos e confusão.

Termine com cada uma das camadas e, quando digo isso, não me entenda mal; não estou dizendo para você parar de recorrer a essa camada, não estou dizendo para não dizer mais bom-dia às pessoas. Estou dizendo para não fazer disso o seu mundo inteiro. Diga bom-dia, e se você puder dizer com sinceridade, é bonito – significa *de fato* que você deseja um bom dia! Se você está realmente vivo, suas formalidades também se tornam mais vivas. Se você vai dizer bom-dia de qualquer forma, por que não dizer isso de fato? Se você já vai dizer, porque tem que dizer de qualquer jeito, então fale de boa vontade!

Não estou dizendo para desistir das formalidades, não, porque isso foi feito muitas vezes no passado. As pessoas se cansaram de tantas falsas pretensões e abandonam a sociedade. Isso é uma reação, não uma revolução. Essas pessoas mudam para o extremo oposto. Não acreditam em nenhuma formalidade e a vida delas fica mais difícil e elas fazem a vida dos outros ficar mais difícil também. Perdem a polidez e deixam de lado tudo que "lubrifica" os relacionamentos.

Por exemplo, você pode abordar uma mulher, mesmo que ela seja uma estranha, e perguntar: "Gostaria de dormir comigo?". Pode ser uma pergunta sincera, você pode de fato querer dormir com ela, mas é agressivo e violento. Mesmo se a mulher estiver pronta para dormir com você, a maneira como você propõe vai se tornar um obstáculo – vai ofender; a mulher sente como se você fosse usá-la apenas. Não, um pouco de lubrificação é necessário. Ou você procura seu pai e simplesmente pede dinheiro a ele, sem nem mesmo dizer um bom-dia antes? Assim parece que você só se relaciona com ele para pedir dinheiro. As coisas ficam difíceis. Os relacionamentos já estão difíceis e sem sentimentos... Por que torná-los ainda mais difíceis?

Portanto, não estou dizendo para você abandonar todas as formalidades. Elas são belas; no que se propõem, elas funcionam muito bem. Apenas lembre-se de uma coisa: você não deve se contentar com o mundo das formalidades. Você precisa permanecer alerta. Se a outra pessoa estiver disposta, você deve conseguir passar para a segunda camada, a dos jogos sociais. E se ela estiver disposta, você poderá ir para a terceira camada, a do caos. Se você ama uma pessoa e essa pessoa ama você, vocês podem se sentar juntos, num caos profundo. Esse caos tem uma beleza tremenda e austera. Duas pessoas em profundo caos são como duas nuvens se encontrando. Mas só se a outra pessoa estiver disposta e se for alguém que esteja pronto para entrar no seu caos... Só assim, pois, caso contrário, não abuse de ninguém, não interfira na vida de ninguém – essas formalidades são apenas boas maneiras de evitar transgressões.

Jogos sociais e encenações são bons porque, se alguém não está pronto para ir mais fundo no relacionamento, quem é você para forçar a pessoa a fazer isso? Não faz sentido – vá você mais fundo! E se a pessoa estiver disposta a passar com você para a quarta camada, o nível da morte, se ela estiver realmente apaixonada por você e quiser um relacionamento totalmente íntimo – aí, sim, você poderá deixar a terceira e passar para a quarta, depois para a quinta.

Da quinta para a sexta, a camada transcendental, você tem que passar sozinho. Até a quinta, um mestre pode ser útil. Da quinta para a sexta, você precisa ir sozinho – mas, depois disso, você está pronto; quando chegar à quinta, estará pronto. Apenas um passo a mais, em total solidão, você se dissolve em seu próprio infinito, o vazio interior.

Isso é o que chamamos de *nirvana* – a completa cessação do seu ser individual, como se uma gota caísse no oceano e se tornasse o oceano. A onda desaparece, a individualidade não existe mais; você se tornou o todo. E, quando você se torna o todo, só nesse momento, você é realmente saudável. É por isso que o sábio não é mentalmente doente. Na verdade, o sábio não tem mente – como ele pode ser mentalmente doente?

Se você me perguntar, eu diria que todas as mentes estão doentes, algumas mais e outras menos. Estar na mente é estar doente; só os graus de enfermidade variam.

Até a quinta camada, há uma possibilidade de haver uma mente, porque existe a possibilidade de se identificar. Se identificar com qualquer coisa é criar uma mente. Se você se identificar com a vida, você cria uma mente imediatamente. A mente não passa de identificação. Se você não se identificar, se permanecer indiferente, um observador na colina, uma testemunha, você não terá mente. O testemunho não é um processo mental. Todo o resto é mental. Por isso o sábio é saudável, porque ele não tem mente.

Atinja a "não mente". Avance camada por camada, descasque a sua cebola completamente, até que apenas o vazio fique em sua mão.

> *Eu tenho medo, medo da iluminação. O que existe além da iluminação? O que fazer depois que o objetivo de viver for alcançado? O que se anseia depois disso? É como cair num poço sem fundo. Você cai – nunca chega ao fundo, a um objetivo. Então o que pode almejar? O que há além do objetivo?*

Você levantou questões muito significativas. Digo "questões", no plural, porque são muitas. Você as condensou numa pergunta muito pequena.

Primeiro, você disse: "Eu tenho medo, medo da iluminação". Isso pode visto como um estado geral da mente humana; caso contrário, não haveria razão para tão poucas pessoas já terem atingido a iluminação. E aquelas que atingiram exultam há séculos, exaltando sua alegria, sua felicidade; sua verdade suprema, sua beleza; sua eternidade e sua ida para além da morte. Mas a maior parte da humanidade não prestou nenhuma atenção nisso, claro. A sua pergunta vem do núcleo mais profundo da humanidade.

Não é apenas sua essa pergunta; todo mundo tem medo da iluminação. E a razão desse medo é clara: o medo é de se perder. Pela mesma razão, as pessoas têm medo de amar; pela mesma razão, as pessoas têm medo de confiar; pela mesma razão, elas permanecem fechadas em todos os tipos de medo, tristeza, preocupações e angústias, porque pelo menos isso tudo é familiar. E uma coisa é certa, nada disso pede que você se perca. Quanto mais dolorosa é a sua vida, mais você sente que existe.

Talvez no fundo você queira a dor, você queira a tristeza, você queira a angústia, porque isso define melhor quem você é.

Você tem medo das mesmas coisas pelas quais você também anseia. Por um lado, há um desejo de ir além de todos os medos, além de todas as preocupações, além de todo o sofrimento. Mas o problema se torna complexo, porque, quando vai além do sofrimento, você também vai além de si mesmo – você é o sofrimento. Você é a prisão; é por isso que tem medo de sair dela. Pelo contrário, você tenta se consolar de todas as maneiras, dizendo: "Isso não é uma prisão, é a minha casa".

Por isso você está vivendo um dilema: quer sair para o céu aberto, abrir as asas e voar até o Sol. Mas, por outro lado, tem medo de nunca conseguir encontrar o caminho de volta para o seu espaço aconchegante e familiar. Embora seja doloroso, você se acostumou a isso; embora exista sofrimento, ele é como um velho amigo. O além convida você, incita você a ter coragem. Mas também cria um tremor dentro de você, porque, se sair do círculo acolhedor da sua infelicidade e do seu inferno particular, disto você tem certeza – você pode não estar muito consciente dessa certeza, mas ela existe –, a sua suposta personalidade derreterá no vasto oceano, como um bloco de gelo.

O medo é: será que existe algo além da sua personalidade? Você não está ciente disso, nunca se deparou com essa dúvida – você nunca se conheceu. Você conhece apenas o superficial que informaram a você. Você não conhece, por experiência própria, seu ser essencial, seu eu interior. E é claro que ninguém pode dizer nada sobre seu eu interior. Ele não está visível para quem observa de fora; não está disponível para ser um objeto de estudo. A ciência não pode encontrá-lo. A lógica parece absolutamente inadequada. A razão não tem asas para voar até o seu eu interior.

Karl Marx costumava dizer: "Eu só vou acreditar em Deus se ele estiver num tubo de ensaio e os cientistas declararem por unanimidade que aquilo é Deus – após uma dissecção e uma autópsia, para descobrir se ele é realmente divino". Karl Marx estava representando todas as pessoas, a humanidade em geral; ele está dizendo: "Como posso acreditar em Deus? A ciência não tem provas!". E a ciência também não tem provas do seu próprio eu. Ela pode dissecá-lo, pode cortá-lo em tantas partes quanto possível, mas não encontrará nenhuma prova; encontrará apenas um cadáver.

Só há muito pouco tempo os gênios se deram conta de que o que temos feito na Fisiologia, na Biologia, na Medicina não está certo. No momento em que você tira o sangue do meu corpo para examiná-lo, o sangue já não é o mesmo que está fluindo no meu corpo. No meu corpo ele está vivo, tem vida própria; fora do meu corpo, ele é uma coisa morta. E você não pode concluir nada sobre os vivos com base na análise dos mortos. Você pode tirar qualquer coisa do corpo humano, mas, no momento que a tira, você está tirando dali uma coisa morta. No corpo humano era uma parte orgânica, pulsante, que respirava, vivia.

Alguns poucos cirurgiões muito sensíveis tomaram consciência de que algo tem que ser feito a respeito disso, porque, nas faculdades de Medicina, os catedráticos continuam estudando cadáveres, esqueletos, para conhecer seres humanos vivos e tomar decisões com relação a eles – essa é uma grande falácia lógica. Mas eles também estão se sentindo impotentes – como abordar a vida? Tudo o que conhecem é o objeto – toda a tecnologia, toda a metodologia é para conhecê-lo –, e você não é um objeto. Portanto, a ciência nunca vai aceitar o ser vivo em você; isso está além dos limites dela. A lógica não pode aceitar, a razão não pode aceitar, a filosofia não pode aceitar.

E seu medo, além de tudo, é que ninguém esteja ali para dar a você a certeza de que, além da sua personalidade superficial, existe algo mais. Você desaparecerá, deixará de ser como é e vai aparecer em sua realidade autêntica. Esse é o medo. As pessoas ficam com medo de se aproximar, mesmo apaixonadas; elas mantêm o outro afastado. Querem se aproximar, mas têm medo... Ter muita proximidade pode fazer você se perder.

Com o amor, o problema não é tão grande... Mas ir além do seu eu comum, do rosto aceito que você já viu no espelho, que outros lhe disseram que é muito bonito, ou é feio... Tudo o que você sabe sobre si mesmo depende da opinião dos outros.

Essa é a sua personalidade, não é a sua individualidade. Você não pode fazer isso com uma pessoa que esteja ancorada em si mesma. O medo vem porque você não tem nenhuma experiência do seu ser mais íntimo; tudo o que você sabe sobre si mesmo é o que as pessoas disseram. E essas são pessoas que não sabem nada de si mesmas – o que podem saber de você?

Todo mundo tem medo da iluminação, porque ela é um mistério... O que será que acontece? Depois que sua personalidade desaparece, pode ser que tudo desapareça com ela. Então, qual é o objetivo dessa iluminação? É melhor continuar sem iluminação – pelo menos você vai *existir*. E a morte pode vir um dia, mas agora você está vivo – por que cometer suicídio sem necessidade?

Para a sua personalidade, a iluminação é como um suicídio, e ela não deixa de ser um suicídio. Mas o suicídio da personalidade é o começo da individualidade. A morte da sua personalidade e do ego é o nascimento do seu verdadeiro ser autêntico, da sua imortalidade. Você terá que reunir coragem e se lembrar de uma regra para futuros alpinistas: a montanha fica mais íngreme à medida que você se aproxima do topo.

Então, quando você se aproxima da iluminação – e essa é a maior montanha –, ela fica mais íngreme e mais perigosa conforme sua antiga personalidade, com a qual você está tão identificado, vai desparecendo.

Mas eu posso dizer a você que sobrevivi. Eu perdi minha personalidade; é por isso que não estou nem um pouco preocupado com o que as pessoas pensam de mim. O mundo inteiro está contra mim, mas isso não cria nem sequer uma pequena perturbação no meu ser. Não importa se as pessoas são contra ou a favor; isso é assunto delas, é problema delas. Eu me conheço e sei que o que estou fazendo e o que estou tentando é intrinsecamente certo. Ninguém, só porque eles são a maioria, pode destruir a minha verdade.

A verdade nunca foi a opinião da maioria; ela sempre foi uma conquista individual. A maioria está interessada em crucificar a verdade, mas ela não está pronta para aceitá-la.

Você pode entender a psicologia de tudo isso. Há dois mil anos, os cristãos têm pensado em Jesus e na crucificação. E estou extremamente decepcionado com toda teologia dos últimos dois mil anos, porque eles não olharam a psicologia da crucificação. Por que as pessoas crucificaram Jesus? Ele não fez nada errado; ele não cometeu nenhum crime. Mas a maioria se voltou contra ele porque ele dizia: abandone o ego; seja humilde. Largue a sua identidade falsa; não seja ninguém. Os últimos serão os primeiros.

Ele estava falando contra a maioria ambiciosa. As pessoas não crucificaram Jesus, crucificaram a verdade que as incomodava e as deixava com medo: se ficassem impressionadas com esse homem, haveria perigo. E, como se costuma dizer, elas poderiam perder metade do pão na esperança de ganhar o pão inteiro e poderiam acabar com pão nenhum. É melhor se contentar com a metade, em vez de perdê-la na esperança de conseguir o pão inteiro. Essa é a mente da maioria.

Você diz: "Eu tenho medo, medo da iluminação". É natural, então não leve esse medo a sério. De certo modo, é um bom sintoma, pelo menos você se interessou pela iluminação; caso contrário, não teria medo. Experimente dar uma volta por aí... Você não encontrará ninguém com esse medo. Pergunte às pessoas: "Você tem medo da iluminação?". E elas dirão: "Por que eu deveria ter medo?". Elas nunca se preocuparam com isso. Não é um problema para elas, nunca nem pensaram na iluminação. Eles vão pensar que você é louco. "Por que eu deveria ter medo da iluminação?".

Outro dia eu estava lendo um recorte de jornal. Havia uma declaração contra mim, dizendo que o mundo está chegando ao fim, mas eu pareço ser a única pessoa que não vê nenhuma mudança, que ainda está falando sobre a iluminação. Eu considero isso um elogio. Se o mundo está chegando ao fim, esse é o momento certo.

Assuma o risco! De qualquer maneira, o mundo vai acabar...

Por que não se arriscar e atingir a iluminação?

O mundo está chegando ao fim, você terminará com ele. Portanto, agora não há por que ter medo: antes que o mundo acabe, acabe com a sua personalidade, e pelo menos você será salvo. O mundo pode acabar, mas você não vai acabar. E a pessoa que me criticou está certa. Eu vou continuar insistindo. Minha insistência se tornará cada vez maior, à medida que o fim do mundo se aproximar, para fazer que mais e mais pessoas se interessem pela iluminação. Porque não há problema nenhum em se perder; você pode deixar esse medo de lado.

O medo é um bom sintoma. Significa que você se interessou pela iluminação, e sua mente está apavorada. Você se interessou pela grande aventura, pelo grande acontecimento, e sua personalidadezinha está pre-ocupada com o fim. Quanto a essa pequenina personalidade, que consiste apenas em opiniões públicas, ela vai se dissolver – naturalmente.

Dizem que todo rio, antes de entrar no oceano, para por um instante e olha para trás. Ele tem um momento de hesitação, pensando no que vai fazer. À frente, está o vasto oceano, no qual ele vai se perder. Atrás, ela tinha uma personalidade própria – suas próprias montanhas, vales, florestas. Toda a jornada, a longa jornada, talvez milhares de anos, milhares de quilômetros... Naturalmente, é compreensível que se hesite por um instante. Mas eu nunca vi nenhum rio retroceder. Você pode hesitar, mas não pode voltar atrás. Você tem que dar o salto. Somente dando o salto, você prova a sua coragem.

"O que existe além da iluminação?" Calma, uma coisa de cada vez! Por causa do medo você está achando que a iluminação está prestes a acontecer; agora quer saber o que vai acontecer depois: "O que existe além da iluminação?".

Além da iluminação está tudo – o universo inteiro. Além da iluminação, você não é mais uma pequena gota de orvalho, você é o oceano.

"O que fazer depois que o objetivo de viver foi alcançado?" Não tem que fazer nada. Eu posso ver que todas as suas preocupações são muito humanas. Uma coisa você sabe, que agora não pode mais evitar a iluminação. Você pode ter medo, mas precisa dar o salto. Claro, você está se perguntando: "O que existe além da iluminação?". E mesmo que haja alguma coisa, "O que fazer depois que o objetivo de viver foi alcançado?".

Você nunca pensou no que fez até agora, desde que nasceu. Você fez alguma coisa? O que você está fazendo da sua vida? Acha que está respirando? Se dependesse de você respirar, já estaria morto há muito tempo. Bastaria um ataque de raiva ou um caso de amor, e você iria se esquecer de respirar. Ou à noite, você dorme ou não? Ou fica acordado apenas para continuar respirando, porque, se dormir e a respiração parar, pela manhã quem é que vai se levantar? Não, não é você que está respirando.

A existência está respirando.

O que você está fazendo no que se refere à sua estrutura interior? É você quem digere a comida? Você é responsável por transformar a comida em sangue, ossos, medula? Essas preocupações não são suas. Sua preocupação termina com o paladar, e, no momento em que a comida é engolida, ela está nas mãos da existência; não é mais preocupação sua.

Um dia, procure ficar o tempo todo ciente do que está acontecendo no seu estômago, e você ficará com o estômago embrulhado ao menos por uma semana! Sua consciência não é necessária, o estômago está fazendo seu trabalho por conta própria. Seu cérebro consiste em bilhões de células e cada célula está cumprindo sua própria função, e você não é necessário – elas nem pedem seus conselhos. Alguma parte do seu corpo por acaso chamou você, em algum momento do dia, e perguntou: "O que eu faço agora? Estou perdida!". Elas nunca estão perdidas; fazem parte do organismo cósmico. Elas têm um processo embutido e continuam cumprindo suas tarefas sem a sua interferência.

No momento em que atinge a iluminação e desaparece no oceano, você não precisa fazer mais nada – nem digitar, nem cavar, nem preparar uma pizza! Você não precisa fazer nada; você se foi. Agora a força universal tomou posse de você. As coisas vão acontecer, mas não será você que as fará acontecer.

"O que você almeja?" Você foi além do seu objetivo. Objetivos são uma preocupação do ego. O ego não pode existir sem um objetivo – uma ambição, um desejo, uma paixão, algo a ser alcançado amanhã.

O ego é uma tensão entre o hoje e o futuro. No momento em que não há ego, não há mais tensão. Você simplesmente vive em estado de desapego.

Depois disso, aonde quer que o rio o leve, aonde quer que a força da vida o leve, você simplesmente vai. Não é um objetivo; você se tornou parte do todo. Agora, qualquer que seja o objetivo do todo... E não acho que ele tenha um objetivo – o todo é perfeitamente feliz cantando, dançando e aproveitando a vida... Nas flores, no vento, na chuva, no Sol, nas estrelas, não há objetivo. O todo é perfeitamente feliz estando aqui e agora.

Se não houver objetivo, você começa a achar que essa sensação é como cair num poço sem fundo. Então o que fazer e o que almejar? "O que há além do objetivo?" Você está realmente com problemas! Não vai ficar satisfeito, a menos que esteja iluminado. Todos esses problemas: primeiro, "Qual é o objetivo?"; depois, "O que há além do objetivo?". Você quer definir toda a eternidade!

Sua pergunta deveria ser apenas sobre a iluminação. Além disso, a existência toma conta de tudo.

Use sua inteligência para ver que o medo está surgindo do falso em você, o medo não está surgindo do real. O real é profundamente desafiado pela ideia de iluminação. Mas seja inteligente; caso contrário, você poderá ouvir a personalidade e esquecer de ouvir a individualidade.

Medite mais, para que sua inteligência se torne mais clara, sem nuvens; assim todos os medos vão desaparecer. E todos as outras perguntas são apenas bobagens; elas vão desaparecer também. Tudo de que precisa é de um pouco mais de meditação, um pouco mais de perspicácia.

> Um casal planejava se casar, então eles foram ao médico para fazer um *check-up*. O médico tentou falar de sexo com eles, mas o rapaz ouvia tudo com uma expressão intrigada no rosto, como se não estivesse entendendo. Então o médico levou a garota até a mesa de exames, fez que ela se deitasse e fez sexo com ela. "Agora você entendeu?", perguntou a ele o médico.
> "Sim", disse o rapaz, "mas com que frequência tenho que trazê-la aqui?".

Uma ótima pergunta! Apenas atinja a iluminação. Não fique preocupado com tantos problemas. Você ficará perdido numa selva, com mil e um problemas. E a iluminação é um processo simples; você está apenas se tornando seu eu autêntico. E é tão luminoso que, diante da sua luz, todas as trevas desaparecem. E com a escuridão se vão todas as dúvidas, todas as perguntas. E surge uma tremenda percepção de que você não está separado da existência. Portanto, não existe essa questão de objetivo, não existe essa questão de direção; de saber para onde você está indo, por que razão você está indo.

Portanto, apenas fazer parte do todo já é algo tão imenso e avassalador que a pessoa se sente realizada e satisfeita. Não existe nenhum lugar para ir; você chegou.

> O agente de teatro, tentando vender um novo espetáculo de *strip-tease* para o gerente de uma boate, continuava muito empolgado com uma garota de corpo

inacreditável: 72 cm de busto, 26 cm de cintura e 40 cm de quadril.

"Que tipo de dança ela faz?", o gerente indagou, impressionado com a descrição da garota.

"Bom, ela não dança, na verdade...", respondeu o agente. "Ela só se arrasta pelo palco e tenta se levantar!".

Com essas medidas... como ela pode dançar?

Você veio ao lugar certo. Aqui não vamos lhe dar nenhum objetivo, nenhum céu, nenhum paraíso. Não estamos vendendo um futuro a você. Não estamos fazendo negócio – as igrejas estão, os templos estão, as sinagogas estão. Estou só ensinando a você que, na iluminação, não há nenhum objetivo e nenhum significado, mas há uma grande alegria, um grande amor, uma grande bem-aventurança. E tudo o que você tem a fazer para alcançar isso é abandonar seu falso ego, sua falsa personalidade.

Fique em silêncio. No seu silêncio, todas as perguntas vão desaparecer. E a dança começará, seja qual forem as suas medidas! Porque, no que diz respeito ao seu ser interior, não há medidas. Ele é apenas uma chama luminosa que pode dançar. Ele está eternamente ali dentro de você, sendo reprimido. Você é o maior inimigo de si mesmo. Meu esforço é para transformá-lo no seu melhor amigo.

Dentro e Fora da Caixa

A psicologia ocidental estuda a mente como um objeto, a partir de fora. É claro que assim ela deixa de compreender muita coisa. Na realidade, deixa de compreender o que é mais essencial. Somente o superficial pode ser compreendido dessa maneira. O âmago do nosso ser não é uma coisa objetiva; ele é subjetivo. Você pode estudá-lo a partir de dentro, não a partir de fora.

É como se alguém quisesse estudar o amor e observasse dois amantes se abraçando, de mãos dadas, sentados juntos, fazendo amor... Essa pessoa está apenas coletando dados sobre como dois amantes se comportam. Isso não lhe dará nenhuma ideia do que é o amor, porque o amor não está na superfície. A superfície pode ser muito enganosa, a aparência pode ser muito enganosa. O amor é algo muito íntimo, interior. Só amando você descobre o que é amar – não há outra maneira de conhecer o amor.

A psicologia ocidental tenta entender a mente a partir de fora. A própria abordagem faz da mente algo material. Só a matéria pode ser entendida de fora, porque a matéria não tem um lado de dentro. A mente só pode ser entendida a partir de dentro, porque a mente não tem um lado de fora – essa é a primeira coisa a entender. É por isso que a Psicologia se torna cada vez mais comportamental, mais materialista, mais mecânica – e cada vez mais intrigada com a alma humana. A alma é completamente negada pela psicologia ocidental. Não que a alma não exista, é que a própria abordagem impede a investigação, a própria abordagem se torna uma limitação. A conclusão depende da abordagem. Se você começar errado, vai terminar errado.

A segunda coisa a se entender é que a psicologia ocidental tenta entender a mente em vez de transcendê-la, porque os psicólogos acham que não existe nada além da mente, que ela é o fim da linha. Na abordagem oriental, o místico também tenta entender a mente, porém, não para entender a mente propriamente dita, mas para ir além dela. O entendimento da mente deve ser usado como um trampolim.

Portanto, o místico não está preocupado com os detalhes relacionados à mente. Uma compreensão básica do funcionamento dela já basta. Se você entrar nos detalhes, esse estudo nunca terá fim. A abordagem oriental também estuda os sonhos, mas apenas para fazer você despertar deles, só para isso. Sonhar em si não é a preocupação. Ela não vai fazer você ir a fundo na estrutura dos sonhos, nem vai analisar os sonhos indefinidamente. Ela simplesmente tenta identificar a estrutura básica do sonho, para transcendê-lo, de modo que você possa se tornar uma testemunha. É totalmente diferente.

Por exemplo, se eu lhe der a semente de uma linda árvore e você ficar muito preocupado com a semente, tentando entendê-la, dissecá-la e continuar examinando-a cada vez mais a fundo, investigando-a – a estrutura química, a estrutura física, a estrutura atômica, os elétrons, os nêutrons – e continuar fazendo isso, você vai se esquecer completamente de que a semente só foi feita para se tornar uma árvore.

E por mais profunda que seja sua dissecção, dissecando a semente você nunca vai chegar à árvore. Você chegará à estrutura atômica da semente; chegará à estrutura química da semente; poderá chegar até à estrutura elétrica da semente, mas isso não tem nada a ver com a árvore. E quanto mais você dissecar a semente, mais longe ficará da árvore. Sua dissecção não vai fazê-la florescer. Sua dissecção não vai espalhar a fragrância da árvore. E, um dia, depois de tê-la dissecado demais, se você enterrá-la no solo, ela não vai brotar. Já estará morta! Em sua dissecção, você a matou, você a assassinou.

O psicólogo ocidental está interessado na mente, assim como nesse exemplo de alguém muito obcecado com a semente. A abordagem oriental da consciência também está interessada na semente, mas não por ela mesma. Ela está interessada na semente, porque a semente carrega um potencial, uma possibilidade de se tornar uma bela árvore, uma possibilidade de florir, uma possibilidade de espalhar sua fragrância, de propiciar música e dança, uma possibilidade de que muitos pássaros possam vir e fazer ninho nela e muitos viajantes possam descansar à sua sombra. Mas a preocupação não é a semente – a preocupação é a árvore.

Espero que dê para ver a diferença. A preocupação dos Budas com a mente é apenas um trampolim. A mente deve ser entendida porque estamos enredados nela.

Vejamos outro exemplo.

Você é jogado numa prisão, na cela de uma prisão. Uma pessoa tenta entender a estrutura da prisão apenas para descobrir uma maneira de fugir. Existe alguma tubulação que possa ser usada na fuga? Existe um guarda idiota que possa ser distraído? Alguma janela pode ser quebrada? Existe um muro que se possa escalar? Em algum momento, durante a troca de guardas, existe uma lacuna na segurança? Em algum momento da noite, os guardas dormem? Ou existem outros prisioneiros que também estejam interessados em fugir da prisão, para que possam se aliar e ajudar uns aos outros? Porque escalar a parede sozinho pode ser difícil, fugir da prisão sozinho pode ser difícil. Pode-se fazer um grupo, e isso vai deixar todos mais fortes. Você tenta entender a estrutura da cadeia, só para poder fugir dela.

Porém, se você se interessar demais por todos esses detalhes e se esquecer completamente do seu objetivo e continuar analisando a prisão – as paredes, o diretor, os prisioneiros, os guardas, e continuar fazendo mapas da estrutura –, aí já é burrice. A psicologia moderna é um pouco burra.

No Oriente, também desenvolvemos uma psicologia extremamente significativa. Eu a chamo de psicologia dos budas. Mas todo o interesse dela era em como sair da prisão da mente, em como usar sua estrutura para ir além dela. A psicologia moderna é absolutamente obcecada pela estrutura da mente e se esqueceu completamente do objetivo.

Essas duas diferenças são importantíssimas. A psicologia dos budas, uma psicologia feita com base na meditação, entende a mente a partir de dentro. Claro, isso é uma coisa totalmente diferente. Quando estuda a mente a partir de fora, você estuda a mente de outra pessoa, nunca a sua. E, se você for aos laboratórios de psicologia, ficará surpreso: eles continuam estudando a mente dos ratos para entender a mente humana. É humilhante, é muito desrespeitoso. O entendimento que se baseia na mente de um rato não pode ser muito útil.

Mas, quando um meditador observa a sua própria mente, ele observa a mente humana viva, pulsante, pensante. Ele observa a própria mente, porque é o mais próximo que ele consegue chegar da mente. Se observar a partir do lado de fora, ele nunca conseguirá chegar muito perto da mente; a partir do lado de fora você pode inferir, mas irá além da inferência. Ela nunca vai pode se tornar conhecimento, porque até os ratos podem enganar você, e já encontraram ratos fazendo exatamente isso! Nem mesmo os ratos ficam apenas na superfície; o núcleo mais íntimo deles permanece inacessível.

Por que os psicólogos continuam estudando ratos? Por que não estudam o ser humano diretamente? Porque o ser humano parece muito complexo, então eles estudam estruturas elementares. É como se quisessem estudar Einstein e fossem a uma creche, estudar uma criancinha, e, a partir desse entendimento, chegar ao entendimento de um Einstein. É simplesmente absurdo. Não está correto, a direção está errada. Não é toda criança que se torna um Einstein. Se os psicólogos estivessem certos, todas as crianças se tornariam um Einstein. Mas não é toda criança que vai se tornar um Einstein. Apenas uma certa criança florescerá como Einstein. Se você quer entender Einstein, a única maneira é estudar e entender Einstein.

Mas como entender um Einstein? Do lado de fora, ele é tão comum quanto qualquer outra pessoa. A diferença está no interior, a singularidade dele é interior. Se você estudar o sangue de Einstein, verá que o sangue dele é como o de qualquer outra pessoa. Se estudar os ossos, verá que eles são assim como o de qualquer outra pessoa. De fato, o cérebro de Einstein foi estudado depois da morte dele, mas não encontraram nada de especial. Isso é algo a ser observado. Nada de especial foi encontrado, mas certamente ele era um homem como nenhum outro, não se pode negar. Talvez nunca tenha existido uma mente tão sutil na terra. Ninguém nunca teve vislumbres como ele teve, mas o cérebro parecia ser tão comum quanto o de qualquer outra pessoa.

O cérebro não é a mente, é como se um dia eu tivesse partido para a outra vida e você entrasse no meu quarto e estudasse o quarto e tentasse descobrir que tipo de pessoa, que tipo de homem era esse que vivia nesse quarto.

A mente é o hóspede, o cérebro é o anfitrião. Quando a mente se for, o cérebro ficará desabitado. O cérebro é apenas o quarto em que você costumava viver. Se você estuda a mente de fora, pode dissecá-la, mas encontrará apenas o cérebro, não a mente. E estudar o cérebro não é estudar a mente.

A mente é algo fugidio, você não pode segurá-la na mão. Não pode forçá-la a entrar num tubo de ensaio. A única maneira de conhecê-la é conhecê-la por dentro, por meio do seu eu que testemunha. Quanto mais se tornar consciente, mais poderá observar sua mente, seu funcionamento sutil. O funcionamento da mente é extremamente belo e complexo. A mente é o fenômeno mais complexo do mundo, o mais sutil florescimento da consciência. Se você quiser realmente entender o que é a mente, então terá que se desapegar dela e aprender como ser apenas uma testemunha. É disso que se trata a meditação.

Você falou sobre a não identificação, que a pessoa deveria se tornar uma testemunha. Mas muitas pessoas estão alienadas, não conseguem se envolver com nada, são simplesmente indiferentes a tudo. Por favor, você pode deixar clara a diferença entre a não identificação e a alienação?

A diferença é muito clara, mas sutil e delicada. Ser indiferente significa estar morto; isso não significa que você seja uma testemunha, significa simplesmente que você está desconectado da vida e de todas as fontes que a nutrem. Você está apenas desenraizado; isso é alienação.

Arranque uma árvore e ela começará a morrer. As folhas vão cair, logo a folhagem murchará, as flores não nascerão mais. A primavera virá e irá embora, mas a árvore não saberá nada sobre ela; vai se tornar alienada com relação à existência. Não estará mais enraizada na terra, não será mais sensível ao Sol, não terá mais nenhuma ponte. Estará cercada de muros, todas as pontes terão caído.

Foi o que aconteceu com o homem moderno: ele é uma árvore desenraizada. Esqueceu-se de como é se relacionar com a existência, se esqueceu de como é sussurrar para as nuvens e as árvores e as montanhas. Ele se esqueceu completamente da linguagem do silêncio... porque é a linguagem do silêncio que se torna uma ponte entre você e o universo que o rodeia. O universo não conhece outra linguagem. Na Terra, existem três mil idiomas; a existência não conhece outra linguagem que não seja a linguagem do silêncio.

Um general inglês estava conversando com um general alemão depois da Segunda Guerra Mundial. O alemão estava muito intrigado; ele disse: "Tínhamos o exército mais bem equipado do mundo, o melhor em tecnologia de guerra, o maior líder que a história já conheceu, o melhor dos generais e um exército dedicado. Por quê? Por que não conseguimos vencer? Parecia simplesmente impossível que fôssemos derrotados! É inacreditável, embora tenha acontecido, mas não dá pra acreditar!".

O general inglês riu e disse: "Você só se esqueceu de uma coisa: antes de iniciar qualquer batalha, precisamos orar a Deus. Esse é o segredo da nossa vitória".

O alemão disse: "Mas também costumávamos orar a Deus, toda manhã!".

O general inglês riu e disse: "Sabemos que vocês costumavam orar, mas vocês oram em alemão e nós oramos em inglês. E quem disse que Deus sabe alemão?".

Todo mundo pensa que sua própria língua é a língua de Deus. Os hindus dizem que o sânscrito é a língua sagrada, a língua divina – *deva vani*. Deus entende apenas o sânscrito. E pergunte aos muçulmanos. Para eles, Deus entende apenas o árabe; caso contrário, por que ele teria revelado o Alcorão em árabe? E pergunte aos judeus. Para eles, Deus entende apenas o hebraico.

Deus não entende nenhuma língua porque "Deus" significa existência total. A existência entende apenas o silêncio – e nós esquecemos o silêncio.

Como esquecemos o silêncio, esquecemos a arte da meditação, ficamos alienados. Nós nos tornamos poças pequenas, sujas e lamacentas, e não sabemos como ir e ser parte do oceano. Continuamos ficando mais sujos a cada dia, mais rasos a cada dia, porque a água evapora.

Somos apenas lamacentos, nossa vida não tem clareza. Nossos olhos não podem ver e nossos corações não podem sentir.

Esse estado é o estado da indiferença; é um estado negativo. Os místicos o chamam de "a noite escura da alma". O não testemunho é exatamente o oposto do testemunho.

Quando digo ser testemunha, não estou dizendo desarraigar-se da vida. Estou dizendo viver a vida em toda a sua multidimensionalidade, e ainda assim permanecer atento. Beba os sumos da vida, mas lembre-se de que, enquanto você bebe os sumos da vida, há uma consciência em você além de toda ação, de todo fazer. Beber, comer, andar, dormir são atos, e existe uma consciência em você que simplesmente reflete, um fenômeno semelhante a um espelho. Não é indiferença. O espelho não é indiferente a você; caso contrário, por que ele deveria se preocupar em refletir você? Ele está imensamente interessado em você, ele reflete você, mas não se apega. No momento em que você se vai, acabou, o espelho não continua se lembrando de você, o espelho passa a refletir o que está à frente dele.

Uma consciência que testemunha vive a vida, mas com tremendo desapego, sem nenhuma possessividade; ela não possui nada. Ela vive plenamente, apaixonadamente, mas ainda assim sabendo: "Eu não possuo nada".

A consciência que testemunha não é uma ilha separada do oceano; ela é uma parte do oceano. Mas ainda é um milagre, um paradoxo: mesmo sendo uma parte do oceano, há outra parte que permanece acima do oceano, como a ponta do *iceberg*. Essa parte é sua alma que testemunha. Criá-la é o maior tesouro do mundo. A pessoa se torna um buda ao criá-la.

Ao cair na indiferença, você se torna simplesmente inconsciente, você entra em coma. Perde toda a alegria de viver. A celebração da vida cessa para você. Você deixa de viver, apenas vegeta. Deixa de ser um ser humano, passa a ser apenas um repolho – e ele também é arrancado. Você fica cada vez mais podre a cada dia, fede; nenhum perfume exala de você. A mesma energia que poderia se tornar uma fragrância se passasse através da sua alma que testemunha passa a ser um fenômeno fedorento, quando você se torna indiferente.

Mas eu posso entender sua pergunta. Do lado de fora, às vezes a indiferença e o testemunho podem parecer a mesma coisa. Essa tem sido uma das maiores calamidades deste mundo, porque elas *parecem* a mesma coisa. Por isso os verdadeiros *sanyas* se perderam e um falso *sanyas* se tornou predominante. Eu chamo de *sanyas* falso, se ele vive na indiferença.

O falso *sanyas* é escapista. Ensina você a não desfrutar da vida, a não amar a música, a não valorizar a beleza. Ele ensina você a destruir todas as fontes que embelezam a sua existência. A fugir para as cavernas, cavernas feias, para virar as costas para o mundo que a existência lhe deu de presente.

O falso *sanyas* é escapista; é barato, fácil. É muito fácil fugir do mundo e viver numa caverna e se sentir um santo, porque não há oportunidade para você ser profano, não há nenhum desafio. Ninguém insulta você, ninguém o critica. Ali não há ninguém presente, então você pode pensar que agora não há raiva em você, você pode sentir que agora não há ego em você. Mas volte para o mundo!

Conheço pessoas que vivem há trinta anos no Himalaia e, quando voltam ao mundo, ficam surpresas ao descobrir que são as mesmas pessoas, nada aconteceu, nada mudou. Trinta anos no Himalaia! Um desperdício total! Mas, enquanto estavam no Himalaia, elas achavam que tinham se tornado muito espirituais, muito santificadas, grandes santos. E havia razões para pensarem assim, porque sem raiva, sem ego, sem ganância... Não há nada para possuir, portanto você não se sente possessivo; não tem ninguém com quem competir, então você não se sente competitivo; ninguém fere seu ego, então você não sente ego nenhum.

As coisas só são sentidas quando existe alguma mágoa. Por exemplo, você sente a cabeça apenas quando há dor de cabeça. Quando a dor de cabeça desaparece, a cabeça também desaparece da sua consciência; você não consegue sentir sua cabeça sem dor de cabeça. Você fica sem cabeça quando não há dor de cabeça.

Vivendo na caverna do Himalaia, você foge de todas as mágoas do mundo, que o deixam repetidamente consciente da existência do ego, da raiva, da ganância, do ciúme em você... Se voltar a viver neste mundo, você perceberá que tudo volta... E volta mais forte, porque ficou trinta anos acumulando. Você trará um ego maior do que aquele que levou com você para o Himalaia.

Os *sanyas* que ensinam a indiferença são falsos. Os *sanyas* que ensinam a viver no mundo e ainda assim flutuar acima dele como uma flor de lótus, como uma folha de lótus; na água mas ainda assim vivendo intocado pela água, permanecendo no mundo e ainda assim não permitindo que o mundo entre em você, "estando" no mundo, mas sem pertencer ao mundo – essa é a verdadeira renúncia.

Essa renúncia verdadeira vem por meio do testemunho; ela não é indiferença. A indiferença o deixará alienado e, sendo alienado, você não vê sentido na vida, não vê alegria; se acha insignificante. Sentindo-se insignificante, o desejo de cometer suicídio surgirá e ele certamente vai surgir, é inevitável. Por que continuar vivendo uma vida sem sentido? Por que continuar repetindo a mesma rotina todos os dias? Se esta vida não tem sentido, por que não terminar com tudo, por que não acabar com tudo?

Por isso, muito mais pessoas estão cometendo suicídio todos os dias, muitas pessoas estão enlouquecendo todos os dias. O índice de suicídio e de loucura está aumentando. A psicanálise parece não ajudar em nada. Os psicanalistas, na realidade, cometem mais suicídio e enlouquecem mais do que as pessoas de qualquer outra profissão.

Nada parece ajudar o ser humano moderno... Porque a indiferença é muito opressiva, criou uma nuvem escura ao redor dele. Ele não consegue ver além do próprio nariz; ele está sufocando em seu mundo solitário. A muralha que você criou é tão grossa – mais grossa que a Muralha da China – que, mesmo quando ama, você fica escondido atrás da sua muralha e a pessoa que você ama fica escondida atrás da muralha dela.

Existem duas Muralhas da China entre vocês. Você grita, mas nenhuma comunicação parece ser possível. Você diz uma coisa, a outra pessoa entende outra. Ela diz uma coisa, você entende outra. Maridos e esposas mais cedo ou mais tarde chegam a um entendimento: que é melhor não falar nada. É melhor ficar calado, porque, no momento em que você pronuncia uma palavra, começam os mal-entendidos.

Toda a comunicação desapareceu deste mundo. Todo mundo está vivendo uma vida solitária – solitária em meio à multidão; e a multidão está se tornando cada vez maior a cada dia. A população mundial está aumentando; nunca houve tantos seres humanos como existem hoje – e o ser humano nunca foi tão solitário. Estranho! Por que estamos tão sozinhos no meio de uma multidão? A comunicação falhou.

> Um irlandês bêbado entrou cambaleante num bar, chorando. "O que aconteceu?", perguntou o *barman*.
>
> "Fiz uma coisa horrível!", disse o bêbado, fungando. "Algumas horas atrás, vendi minha esposa a alguém por uma garrafa de uísque."
>
> "Isso é horrível!", disse o *barman*. "Agora ela se foi e você quer ela de volta, certo?"
>
> "Certo", disse o bêbado, ainda chorando.
>
> "Você sente muito por tê-la vendido porque percebeu tarde demais que a ama, certo?"
>
> "Oh, não", disse o bêbado, "Eu quero minha esposa de volta porque estou querendo outra garrafa de uísque!".

Está se tornando cada vez mais difícil entender as pessoas, porque essa indiferença espessa e densa cerca todo mundo. Mesmo que você grite, não pode ser ouvido, ou as pessoas ouvem algo que você não disse, ouvem o que elas querem ouvir ou aquilo que *podem* ouvir. Elas ouvem não o que é dito, mas o que a mente delas interpreta.

> Duas adolescentes pedem a um fotógrafo para tirar uma foto.
>
> O fotógrafo sentou-se e cobriu a cabeça com o tecido preto da câmera.

"Olha o passarinho!", disse o fotógrafo.

"Cadê?", perguntou uma das garotas para a amiga.

"A braguilha dele está fechada..."

Você entende o que consegue entender. Sua mente está sempre pronta para interpretar e a interpretação é sua. Não tem nada a ver com o que foi dito.

As pessoas estão se tornando cada vez mais solitárias e desesperadas, estão tentando de todas as formas possíveis se comunicar. Nada parece ajudar. Nada pode ajudar a menos que elas comecem a aprender sobre a arte do silêncio. A menos que um homem e uma mulher saibam o que é o silêncio, a menos que eles possam se sentar juntos em profundo silêncio, não podem se fundir no ser um do outro. Seus corpos podem penetrar um no outro, mas suas almas permanecerão distantes. E, quando as almas se encontram, há comunhão, há entendimento.

A indiferença deixa a pessoa sem graça, deixa a pessoa medíocre, deixa a pessoa pouco inteligente. Se você é indiferente, sua espada perderá o fio. É assim que acontece com os monges nos mosteiros. Olhe para os rostos deles, olhe nos olhos deles e você poderá ver que algo está morto ali. Eles são como cadáveres caminhando, fazendo coisas como robôs, porque essas coisas precisam ser feitas. Eles não estão realmente envolvidos em sua vida no mosteiro, eles se tornaram totalmente incapazes de se envolver em qualquer coisa.

Essa é uma situação muito triste e, se continuar, o ser humano não tem futuro. Se continuar, a terceira guerra mundial está fadada a acontecer, de modo que possamos cometer um suicídio global. Para que não haja necessidade de cometer suicídio no varejo, podemos cometê-lo por atacado. Num único instante, o planeta inteiro pode morrer.

Portanto, a meditação se tornou algo absolutamente necessário, a única esperança para a humanidade ser salva, para o planeta ainda continuar vivo. Meditação significa simplesmente capacidade de se envolver e, ainda assim, permanecer desapegado. Parece paradoxal

– todas as grandes verdades são paradoxais. Você tem que provar o paradoxo, essa é a única maneira de entender isso. Você pode fazer algo com alegria e ainda assim ser uma testemunha de que está fazendo, sabendo que não é você quem faz.

Experimente com pequenas coisas e você entenderá. Amanhã, quando for caminhar pela manhã, aproveite a caminhada – os pássaros, as árvores, o Sol, as nuvens, o vento. Aproveite e ainda se lembre de que você é um espelho; está refletindo as nuvens, as árvores, os pássaros, as pessoas.

Esse Buda que se lembra de si mesmo chama-se *sammasati* – atenção correta. Krishnamurti chama isso de "consciência sem escolhas", os Upanishads chamam de "testemunhar", Gurdjieff chama de "recordação de si mesmo", mas tudo significa a mesma coisa. Mas não significa que você tenha que ficar indiferente. Se ficar indiferente, você perde a oportunidade de se lembrar de si mesmo.

Faça uma caminhada matinal e lembre-se de que não se trata apenas de uma caminhada. Não é você quem caminha, mas o observador. E lentamente você tomará gosto por isso – é um gosto, vem devagar. E é o fenômeno mais delicado do mundo; você não vai conseguir entender com pressa. É preciso ter paciência.

Coma, prove a comida e lembre-se de que você é o observador. No começo, isso criará um pequeno problema em você, porque você não faz essas duas coisas ao mesmo tempo. No começo, eu sei, se você começar a observar, vai parar de comer; se começar a comer, se esquecerá de observar.

Nossa consciência é unidirecional – no momento, é assim que ela é. Ela segue apenas na direção ao alvo. Mas pode se tornar bidirecional: pode comer e, ainda assim, observar. Você pode permanecer no seu centro e, ainda assim, ver a tempestade ao seu redor; você pode se tornar o centro do ciclone. E esse é o maior milagre que pode acontecer a um ser humano, porque isso traz liberdade, libertação, verdade, divindade, bem-aventurança, bênção.

O Despertar do Sonho

Um homem adormecido pode sonhar que está em qualquer lugar do universo. A partir desse ponto, estar acordado parecerá a milhares de vidas de distância. Mas trata-se de um sonho; no que diz respeito ao sono real, o despertar está perto.

A qualquer momento, você pode acordar, qualquer situação pode acordá-lo. E o trabalho de um mestre é criar dispositivos nos quais você possa ficar acordado. Às vezes, coisas muito pequenas – apenas jogar água fria nos olhos o fará acordar. Adormecido, você estava longe, mas, quando acorda, vai ver que foi o sonho que criou a distância. Sonhar é a distância. É claro que o sono é necessário para sonhar, mas, no momento em que você acorda, o sono desaparece e, com ele, o mundo inteiro dos sonhos também.

A verdade é que o despertar é a realidade mais próxima de você, está justamente ao seu lado. Não está longe; portanto, não pode se tornar um objetivo. Todos os objetivos são o mesmo que sonhar, todas as conquistas são o mesmo que sonhar. O despertar não pode ser uma meta, porque o homem que está dormindo nem consegue pensar no que pode ser o despertar. Ele não pode perseguir, durante o sono, a meta de atingir a iluminação – isso é impossível. Ou o que ele fizer será totalmente diferente da realidade da iluminação.

A iluminação faz parte da consciência desperta.

No Oriente, falamos de quatro camadas de consciência. Em primeiro lugar, aquela que conhecemos, que é chamada vigília. Não é realmente estar acordado, porque, logo abaixo dela, flutuam os sonhos. Feche os olhos e você estará sonhando acordado. Feche os olhos e imediatamente você verá imagens. A imaginação assume o controle e você começa a se afastar deste momento, daqui. Na realidade, você não está indo a lugar algum, mas, com a sua mente, você pode ir a qualquer lugar.

Portanto, o primeiro estado é o chamado estado de vigília; o segundo estado é o chamado sono. Nós conhecemos esses dois.

O terceiro é chamado estado onírico, porque o sono pode não ter sonhos; então, ele tem uma qualidade diferente. É muito pacífico, muito silencioso, escuro e profundo... Muito rejuvenescedor.

O sono é o segundo estágio, abaixo do que é chamado de estágio de vigília, e então chega o terceiro estágio, o onírico, do sonho. Na maioria das vezes, enquanto dorme, você está sonhando. Se dormir oito horas, então durante seis horas você estará sonhando. Aqui e ali, como pequenas ilhas, você estará dormindo; caso contrário, trata-se de um sonhar contínuo.

Você não se lembra, é por isso que as pessoas pensam que isso parece demais – seis horas de sonho e apenas duas horas de sono? Você se lembra apenas dos últimos sonhos, quando acordou, porque só quando acorda sua memória começa a funcionar; ela captura apenas a parte final do mundo dos sonhos. Você não se lembra de todos os sonhos, mas apenas dos sonhos que acontecem logo antes de você acordar – os sonhos da manhã.

No Oriente, sempre se entendeu que essas seis horas de sonho são tão essenciais quanto as duas de sono silencioso. Mas, no Ocidente, faz alguns anos que, pela primeira vez, uma pesquisa provou que a conclusão oriental está certa. De fato, as novas descobertas dizem que sonhar é ainda *mais* essencial do que dormir, porque, ao sonhar, você está jogando fora o lixo da sua mente.

Ao longo do dia, a mente vai coletando todo tipo de palavra, todo tipo de desejo, de ambições – é muita poeira! Tem que ser espanada. Durante o dia, você não tem tempo para jogar fora essa poeira, ela vai se acumulando. Então à noite, quando você dorme, a mente tem uma chance de se livrar de toda essa poeira. Sonhar é uma espécie de limpeza da primavera. Mas é algo que você faz diariamente: todo dia você acumula poeira, todo dia você sonha e novamente acumula...

Esses são os estados conhecidos por nós. O quarto não tem nome no Oriente, é simplesmente conhecido como o quarto, *turiya*. Esse termo é um número, não uma palavra. Nenhum nome é dado a ele para que você não possa interpretá-lo, para que sua mente não possa brincar com ele e enganar você. O que a mente pode fazer, apenas ouvindo o número quatro? A mente simplesmente se sente paralisada. Dê qualquer nome com significado a esse estado e a mente tem um caminho para interpretá-lo – o significado é o seu caminho. Mas o número quatro não tem significado.

O quarto estado é o verdadeiro despertar. O quarto estado deve ser entendido com referência aos outros três. Tem algo semelhante ao primeiro, o chamado estado de vigília. O chamado estado de vigília é muito tênue, quase insignificante, mas tem uma qualidade do quarto. O quarto consiste *apenas* nessa qualidade, é puro despertar. Você está totalmente acordado.

Também tem alguma semelhança com o segundo estágio, o estágio do sono sem sonhos. Esse sono tem silêncio, profundidade, tranquilidade, relaxamento, mas numa medida muito pequena – só o que é necessário para os assuntos do dia a dia. Mas o quarto tem sua totalidade – relaxamento total, silêncio total, profundidade abismal.

Ele também tem alguma qualidade do sonho. O sonho leva você para longe de si mesmo. Você pode ir para a lua no sonho, pode ir para alguma estrela no sonho, embora esteja na sua cama. Na realidade, você não vai a lugar nenhum, mas, na imaginação – enquanto está sonhando –, parece absolutamente real. No sonho, você não pode pensar que é um sonho. Se conseguir perceber que o sonho é um sonho, ele acaba; você estará acordado e não poderá sonhá-lo novamente.

Uma história sufi sobre o Mulá Nasruddin conta que, uma noite, ele sonhou que um anjo estava lhe dando dinheiro, "Como você é muito virtuoso, muito sábio, Deus enviou uma recompensa a você". Mas, como a mente é do jeito que é, quando o anjo lhe dá dez rúpias, o Mulá diz: "Isso não é recompensa, é um insulto". E aos poucos ele faz que o anjo chegue a 99 rúpias. Mas o Mulá é teimoso; ele diz: "Ou eu ganho cem ou não quero nada. Que avareza é essa! E isso porque ele é Deus! Você representa Deus e não pode me dar cem rúpias?".

O Mulá gritou tão alto: "Ou é cem ou não é nada!", que acordou e olhou em volta. Não havia ninguém, apenas ele dormindo na cama. Ele disse: "Meu Deus, perdi 99 rúpias desnecessariamente, apenas porque fui teimoso e quis uma rúpia a mais". Ele fechou os olhos e se esforçou: "Por favor, volte, anjo, de onde quer que esteja. Aceito 99 rúpias; até 98... 97 também... Qualquer coisa serve. Só volte aqui! Onde você está?".

Ele percorreu todo o caminho de volta até chegar a uma rúpia outra vez: "Aceito uma rúpia, apenas... Qualquer coisa de Deus é muito. Fui um tolo em chamar Deus de avarento; na verdade, eu fui ganancioso. Perdoe-me e me dê apenas uma rúpia". Mas o anjo não voltou.

Você não pode voltar a sonhar. Depois que acorda, não há como se apossar do mesmo sonho.

O sonho afasta você de si mesmo; essa é a qualidade básica do sonho. Talvez seja por isso que ele limpa a sua mente e o ajuda a chegar a um certo relaxamento; você esquece suas preocupações. Por alguns instantes, pelo menos, você pode viver no paraíso, pode viver situações que sempre quis viver.

O quarto estágio também tem algo semelhante, mas apenas semelhante, não igual. Ele também afasta você de si mesmo, mas para sempre. Você não pode voltar para si mesmo. No sonho, você não pode voltar ao mesmo sonho; na quarta etapa, você não pode voltar ao mesmo eu. Ele leva você realmente para longe, tão longe que você pode ser o universo inteiro. É isso que os místicos orientais disseram: *Aham Brahmasmi* – eu me tornei o todo.

Mas você tem que perder o eu.

Você não pode voltar para ele.

Esse quarto estágio recebeu nomes diferentes. Esse é o nome mais matemático, "o quarto". Foi dado por Patanjali, que era um místico muito científico e matemático. O tratado de Patanjali há milhares de anos é a única fonte de yoga. Nada se acrescentou a ele, porque nada mais foi necessário. É muito raro que uma pessoa crie um sistema completo, tão completo e tão perfeito que seja impossível mudar qualquer coisa nele.

No Ocidente, pensava-se que Aristóteles era uma pessoa assim – ele criou a lógica, todo o sistema da lógica sozinho, e por dois mil anos esse sistema permaneceu o mesmo. Mas, no século passado, as coisas mudaram, porque novas descobertas na Física tornaram absolutamente necessário encontrar algo melhor que Aristóteles. As novas descobertas da Física criaram um problema, porque, se você segue a lógica de Aristóteles, então não pode aceitar essas descobertas. Elas são contra a lógica de Aristóteles, mas você não pode negar a realidade. Realidade é realidade! Você pode mudar a lógica – feita pelo homem –, mas não pode mudar o comportamento dos elétrons. Isso não está em seu poder, é existencial. Portanto, uma lógica não aristotélica precisou ser desenvolvida.

O segundo caso aconteceu com a Geometria. Euclides reinou por centenas de anos como um mestre perfeito, no que diz respeito à Geometria, mas, no século passado, isso também foi questionado. Geometrias não euclidianas foram desenvolvidas. Tiveram que ser, por causa das novas descobertas da Física. Por exemplo, você já ouviu falar que a menor distância entre dois pontos é uma linha reta, mas, segundo os físicos descobriram, não existem linhas retas, é impossível, pela simples razão de que estamos na superfície de um planeta redondo. Você pode traçar uma linha reta aqui no chão, mas ela não vai ser uma linha reta, na realidade, porque essa linha faz parte de um círculo. Se você continuar traçando essa linha para ambos os lados, um dia as duas pontas se encontrarão em algum lugar e você verá que ela se tornou um círculo. O pedacinho que você estava pensando que era uma linha reta não era uma linha reta; era uma parte tão pequena do círculo que você não podia ver a curva. A curva era tão sutil que era quase invisível, mas existia. Do mesmo modo, tudo, desde Euclides, teve que ser repensado.

Patanjali continua sendo a única pessoa (e talvez isso nunca mude) que criou toda uma ciência sozinho e permaneceu cinco mil anos sem ser questionado. Ele chama a quarta camada de *turiya*, a quarta. Ele é um homem tão científico que simplesmente surpreende.

Cinco mil anos atrás, ele teve a coragem, a "sacada", a consciência, de dizer que Deus é apenas uma hipótese. Deus pode ajudar você a despertar, mas ele não é uma realidade, é apenas um dispositivo. Não existe nenhuma Deus a ser alcançado; ele é apenas uma hipótese.

Algumas pessoas podem se beneficiar com as hipóteses – a hipótese de Deus pode fazer bem a elas, mas, lembre-se, não é uma realidade. E, depois que você desperta, ela deixa de existir; assim como acontece quando você acorda: seus sonhos desaparecem. Eles eram tão reais que, às vezes, mesmo depois que você acorda, alguns efeitos remanescentes da realidade do sonho ainda persistem: seu coração está batendo mais rápido, você está transpirando, tremendo, ainda com medo. Agora você sabe perfeitamente que foi um sonho, mas ainda está chorando, suas lágrimas ainda estão escorrendo. Tudo não passou de um sonho, mas afetou você, porque, enquanto ele durou, você o considerou real.

Portanto é possível. Você pode ver os devotos chorando diante do deus que eles reverenciam, comovidos, dançando, cantando, prestando culto e sentindo a verdade disso, mas trata-se apenas de uma hipótese. Nada disso é real, não há nenhum Deus, mas essas pessoas estão considerando a hipótese como uma realidade. Um dia, quando estiverem acordadas, elas rirão de si mesmas, vendo que era apenas uma hipótese.

Mas existem outros mestres que lhe darão nomes diferentes, de acordo com sua própria base filosófica. Alguns chamam isso de iluminação, ficar cheio de luz – toda escuridão desaparece, toda inconsciência desaparece –, tornar-se totalmente consciente.

Outros chamam isso de libertação, de liberdade – liberdade de si mesmo, lembrar-se. Todas as outras liberdades são políticas, sociais. As pessoas estão livres de alguém, de algum governo, de algum país, de algum partido político; mas é sempre livre *de alguma coisa*... Liberdade religiosa é liberdade não de outra pessoa, mas de si mesmo.

O eu não existe mais.

Como o eu não existe mais, alguns mestres do Oriente chamam isso de *anatta* – "não eu". Buda chamou de *nirvana* – que está muito próximo de *anatta*, "não eu" ou ausência de eu –, apenas um zero, um nada profundo à sua volta. Mas não é um vazio, é plenitude: a plenitude do ser, da alegria suprema, da plenitude de ser abençoado, da plenitude da graça. Tudo o que você já sabia antes não está mais lá; portanto, está vazio de tudo. Mas algo novo, absolutamente novo, que você nem tinha sonhado, é descoberto.

Alguns chamam isso de existência universal. Mas qual nome você dá não importa. Eu acho que "a quarta" continua sendo o melhor, porque não leva você a viagens mentais; caso contrário, você vai pensar: "O que é o vazio? O que é o nada?". E o nada pode causar medo, o vazio pode causar medo, *anatta*, o "não eu", pode causar medo. "A quarta" é absolutamente certo.

Três estágios você conhece; a quarta é um pouco mais profunda. Ela não está longe. A ideia de que está longe, a muitas vidas de distância, é um sonho. Na realidade, está bem ao seu lado... Acorde e você verá.

> *Eu só quero ser um homem comum e feliz. Quero uma mulher para amar e que me ame; amigos para passar o tempo e aproveitar a vida. Não quero a iluminação. Eu vim ao lugar errado?*

Séculos de educação errada confundiram completamente a sua mente sobre a iluminação. A própria palavra parece algo sobrenatural, algo que não é deste mundo; a própria palavra parece designar algo que acontece depois da morte ou àqueles que já estão mortos. Isso está absolutamente errado.

Se você quer ser feliz, não há outra maneira senão a iluminação. Se quer ser alguém comum, saiba que ninguém jamais foi comum sem a iluminação. Se quer amar e ser amado, é impossível sem a iluminação. Então você terá que entender meu conceito de iluminação. É apenas ser comum, saudável, consciente, pleno, inteiro.

Toda mente está buscando o extraordinário. Isso é que o ego é: sempre tentando ser especial, sempre com medo de não ser ninguém, sempre com medo do vazio, sempre tentando preencher o vazio interior com alguma coisa e algo mais.

Todo ser humano está buscando o extraordinário – e isso cria sofrimento. Não é possível. O não ser ninguém faz parte da sua natureza, o "não ser" é exatamente do que você é feito. No entanto, você tenta, mas nunca terá sucesso; até pessoas como Alexandre, o Grande, falharam. Você não pode ser alguém especial, porque isso não é possível na natureza das coisas. Você só pode ser ninguém. Mas não tem nada de errado em não ser ninguém; na verdade, no momento em que você aceita sua condição de não ser ninguém, imediatamente a felicidade começa a fluir de você em todas direções – porque o sofrimento acaba.

O sofrimento é a sombra do ego, a sombra da mente ambiciosa. Ele significa que você está fazendo algo impossível e, como você não está conseguindo, você sofre. Você está fazendo algo antinatural, tentando sem conseguir, por isso se sente frustrado, infeliz.

O inferno nada mais é do que o resultado final de um esforço impossível, não natural. O céu não é nada além de ser natural.

Você não é ninguém. Você nasce como um joão-ninguém, sem nome, sem forma. E morrerá como um joão-ninguém. Nome e forma estão apenas na superfície; no fundo, você é simplesmente uma vastidão. E é lindo, porque, se você for alguém, será limitado. É bom que a existência não permita que ninguém seja "alguém". Se você for alguém, será finito, limitado, vai ser um ser aprisionado. Não, a existência não permite isso. Ela dá a você a liberdade de ser ninguém, infinito, sem fim. Mas você não está pronto.

Para mim, a iluminação tem tudo a ver com esse fenômeno: reconhecer, perceber, aceitar o fato de que você não é ninguém. De repente, você para de tentar o impossível. De repente, você para de sabotar a sua felicidade. Você entende o absurdo disso – e para. E o riso se espalha pelo seu ser. De repente, você está calmo e sereno. O próprio esforço de querer ser alguém está criando o problema.

E, quando você tenta ser alguém, você não consegue amar. Uma mente ambiciosa não consegue amar. É impossível, porque você primeiro tem que satisfazer sua ambição. Uma mente ambiciosa tem que sacrificar tudo pela ambição; você vai continuar sacrificando o seu amor. Olhe as pessoas ambiciosas: enquanto estão atrás de dinheiro, ficam adiando o amor. Só no futuro, quando tiverem acumulado muito dinheiro, elas vão se apaixonar. Agora é impossível, não é nem um pouco prático; agora elas estão sem condições de pensar no amor. O amor é um relaxamento e elas estão correndo atrás de algo que precisam alcançar, um objetivo. Talvez seja dinheiro, talvez seja poder, prestígio, política. Como elas podem amar agora? Não podem estar aqui e agora – e o amor é um fenômeno do aqui e agora. O amor existe apenas no presente, a ambição existe no futuro. Amor e ambição nunca se encontram.

Você não pode amar – e, se não pode amar, como pode ser amado por outra pessoa? O amor é uma profunda comunhão entre dois seres que estão prontos para ficarem juntos – neste momento, não amanhã. Dois seres que estão prontos para serem plenos neste momento e esquecer todo o passado e todo o futuro. O amor é um esquecimento do passado e do futuro e uma lembrança deste momento, deste momento palpitante, deste momento vivo. O amor é a verdade do momento.

A mente ambiciosa nunca está aqui, ela está sempre em movimento. Como você pode amar uma pessoa que está correndo por aí? Ela está sempre numa corrida, numa competição; ela não tem tempo. Ou pensa que, em algum lugar, no futuro, quando seu objetivo for alcançado, quando ela atingir o poder que tanto busca, as riquezas que deseja, então ela relaxará e amará. Isso não vai acontecer, porque o objetivo dela nunca será alcançado.

A ambição nunca será satisfeita. Não é da natureza dela ser satisfeita. Se você satisfizer uma ambição, imediatamente outros milhares surgirão. A ambição nunca tem fim. Se você chegar a essa conclusão, se entender isso, pode parar agora. Mas, se der energia à ambição, como vai conseguir amar? É por isso que as pessoas são tão infelizes quando tentam ser alguém. São infelizes porque não estão recebendo amor, infelizes porque não conseguem amar.

O amor é um êxtase: o êxtase da "não mente", o êxtase do momento presente, o êxtase de um estado de não ambição, o êxtase de um vazio. Onde quer que estejam duas pessoas que se amam, não há ninguém; apenas o amor existe. Quando se encontram, não são mais duas pessoas. Podem parecer aos seus olhos, para quem vê de fora. Mas a história interior é totalmente diferente: elas não são dois seres. No momento em que se conhecem, desaparecem; somente o amor existe e flui. Como isso é possível se você não for um vazio interior, um nada, para que não haja nenhuma barreira, nada entre você e o ser amado?

Se você for alguém e seu amante ou ser amado também for alguém, então não serão duas pessoas reunidas ali, serão quatro: dois "ninguéns" reais, que estão na retaguarda, e dois "alguéns" – egos falsos, que se dão as mãos, se acariciam, fazem gestos de amor. É uma encenação! É ridículo!

Sempre que duas pessoas que se amam se encontram, não existe ninguém ali, e dois ninguéns não podem ser dois. Como podem dois nadas serem dois? O nada não tem uma linha demarcatória – o nada é uma vastidão. Dois nadas se tornam um. Dois alguéns continuam sendo dois.

É por isso que o amor se transforma em relacionamentos tão horríveis – estou me referindo ao amor que é chamado de amor por vocês, não por mim. Esse amor é um caso de horror, não pode ser de outro jeito. Poderia ter sido o mais belo fenômeno deste mundo, mas tornou-se o mais pavoroso, com amantes brigando o tempo todo, discutindo, criando sofrimento um para o outro. Sartre diz: "O inferno é o outro". Ele está dizendo algo sobre o seu amor. Sempre que você está sozinho, você se sente relaxado, sempre que está com o amante, surge uma tensão. Você não pode viver sozinho, porque o mais profundo ninguém anseia por ser preenchido; ele tem sede, tem uma fome profunda. Então você não pode permanecer sozinho. Você tem que ir atrás – você procura a união, mas, no momento em que estão juntos, é puro sofrimento.

Todos os relacionamentos criam infelicidade e nada mais. A menos que você seja iluminado, o amor se torna apenas um conflito, uma briga. A pessoa, aos poucos, se adapta. Isso significa que a pessoa, pouco a pouco, fica entorpecida, não sente mais. É por isso que o mundo inteiro parece tão morto, tão velho. Cheira mal. Todos os relacionamentos ficaram obsoletos, eles se tornaram feios.

Por isso, se você quer realmente amar e ser amado, saiba que isso não é possível agora, da maneira como você é. Você tem que desaparecer. Você tem que sair de cena, para que fique um nada imaculado, um nada novinho em folha. Só então a flor do amor pode florescer.

As sementes existem, mas o ego é como uma pedra, e as sementes não podem brotar nela.

Você diz que quer ser um homem comum e quer amar? E quer amigos, aproveitar a vida? Isso é exatamente do que se trata a iluminação! Mas, se você procurar os sacerdotes e os pregadores e as religiões organizadas e as igrejas, vai ver que a iluminação deles é diferente. Eles são contra o amor; contra o que não é extraordinário. São contra a amizade, contra o divertimento; são contra tudo o que a sua natureza busca naturalmente. São um grande veneno.

Mas, se você veio até mim, veio à pessoa certa, a pessoa certa no sentido de que a minha iluminação é deste mundo.

Não estou dizendo que não exista outro mundo. Não estou dizendo que a existência terrena seja a única – não me entenda mal. Mas o outro mundo depende deste, o outro depende deste, e o céu depende da terra. Se você quiser subir mais alto, precisa estar enraizado bem lá no fundo, aqui nesta terra. Você precisa de raízes nesta vida, para que as flores estejam presentes na outra. A outra vida não é contra esta; na verdade, a outra vida é apenas o florescimento desta. O divino não é contra o mundo, a divindade não está fora dele; está escondida dentro deste mundo. Você não precisa ir contra o mundo para buscar satisfação – se você for, nunca a encontrará. Ela está escondida aqui e agora. Você tem que procurar, tem que ir fundo nesta existência – e essa é a única maneira de encontrá-la. Esta vida inteira, toda esta existência, nada mais é que um templo, e o divino está escondido dentro dele. Não fuja disso.

Eu não sou contra esta vida; na verdade, não sou contra nada. Sou a favor de tudo, porque, se algo existe, deve ter um propósito. Deus não pode criar coisas sem nenhum propósito. Ele não é louco. A existência é muito cheia de propósito, de significado. Se esta vida existe, isso significa que a outra vida não pode existir sem ela. Ela é a base.

Mas, quando vem a mim, você carrega as suas noções. Quando vem a mim e eu falo sobre iluminação, você me entende em termos do que já aprendeu sobre iluminação. Quando vem a mim e eu falo sobre renúncia, *sanyas*, você entende outra coisa, não o que estou dizendo.

Eu tenho que usar a sua linguagem, e as palavras estão todas contaminadas. Elas foram usadas milhões de vezes por milhões de pessoas com conotações diferentes, com significados diferentes, e estou dando a elas diferentes dimensões de significado.

Iluminado é alguém que está plenamente consciente do seu vazio interior e não está combatendo esse vazio; pelo contrário, ele desfruta dele, que é bem-aventurado. Por desfrutar do seu próprio vazio, essa pessoa fica disponível para as outras. As outras podem desfrutar, podem vir e participar do seu mistério. Suas portas estão abertas, ela convida amigos e amores, e está pronta para compartilhar, está pronta para dar. Quando você oferece do seu vazio, nunca fica com medo de dar, porque ele não se esgota nunca. Você continua dando, dando, dando – e ele nunca se acaba, você não pode esgotá-lo.

Apenas coisas finitas podem se esgotar, é por isso que elas criam infelicidade – você tem medo de oferecê-las. Mas um homem que sabe que está vazio, por que ele deveria ter medo de se doar? Ele pode se dar totalmente – e, a menos que isso seja possível, o amor não é possível. O amor é um fenômeno sagrado, o amor não é profano. Todo amor que vale a pena é sagrado. E, quando você entra no amor, você entra no mundo da pureza, da inocência. Quando você ama, você entra no templo do divino.

Aproveite a vida! Não gosto de tristeza e caras fechadas. Não estou aqui para torná-lo mais infeliz. Você já está infeliz demais. Não estou aqui não para lhe dar mais tristeza. Estou aqui para despertar você para a felicidade que é sua por direito, que está naturalmente disponível para você. Mas você esqueceu como abordá-la e está seguindo nas direções erradas. Você a procura num lugar em que ela não está; você a procura fora, e ela está dentro. Você a procura longe e ela está próxima; você a procura nas estrelas distantes e ela está bem na sua frente.

Existem duas palavras que são bonitas. Uma é "óbvio". "Óbvio" significa bem na sua frente. Vem de uma raiz latina que significa exatamente isso. E há outra palavra, "problema". Ela vem de uma raiz grega que também significa bem na sua frente. O significado da raiz da palavra "óbvio" e da palavra "problema" é o mesmo. O óbvio é o problema. Aquilo que está bem à sua frente é o problema – você não consegue ver porque seus olhos estão vagando por terras distantes. O óbvio se tornou o problema.

Atingir a iluminação é tomar consciência do óbvio, e quando você toma consciência do óbvio, o problema desaparece.

Viver uma vida sem problemas é viver uma vida iluminada. É uma maneira totalmente diferente de ser. Não tem nada a ver com conquista, não tem nada a ver com aprendizado, não tem nada a ver com esforço, com prática. Só é preciso estar um pouco mais alerta para que você possa ver, enxergar, observar o que está à sua frente. A solução está mais perto, muito mais perto do que você imagina. Não procure muito longe; ela está dentro de você. Depois que estiver ancorado dentro de si mesmo, centrado, enraizado, você tem toda a liberdade do mundo – saia por aí e ame. Saia por aí e viva neste mundo. Agora você poderá se divertir, será capaz de provar deste mundo, poderá penetrar nas suas possibilidades mais profundas. E, sempre que entrar nos reinos das profundezas, você encontrará o divino ali. No amor, vá mais fundo e encontrará a divindade; na comida, coma bem, com atenção, consciência, e você encontrará o divino ali.

Os Upanishads dizem *Annam Brahm* – comida é Deus. E os Upanishads dizem que o sexo é apenas um irmão, um irmão gêmeo da felicidade final e definitiva. Um irmão gêmeo da felicidade final é o sexo! Você condenou demais o sexo. Pode ser o mais baixo degrau da escada, mas pertence à escada. O degrau mais alto faz parte da escada tanto quanto o mais baixo; na verdade, tudo pertence a Deus e é divino.

Isto é iluminação: ser capaz de ver o sagrado pulsando interiormente. A verdadeira religião não é contra nada, a verdadeira religião é a busca para encontrar o sagrado em toda parte. E ele está lá, esperando você.

Você veio ao lugar certo. A sua mente pode querer fugir daqui, porque isso vai ser uma morte para ela. É o lugar certo para você, mas o lugar errado para a sua mente. É o lugar absolutamente certo para o seu ser – mas para suas ambições, para o seu ego, para o seu orgulho, para a sua estupidez, é o lugar mais errado que você poderia encontrar em qualquer lugar do mundo, neste momento.

Mas você é quem decide. Se quiser ser um idiota, fuja. Se fizer isso, a mente continuará enganando você, querendo que acredite que está apaixonado e aproveitando a vida – e você sabe que não está aproveitando nada e sabe que não está apaixonado. Então a mente pode continuar enganando você, querendo que acredite que está se entregando – você não pode se entregar. Você nem está presente para se entregar. Você não existe, não tem um ser integrado. Você pode ficar vagando por aí, enganando a si mesmo, mas, se realmente quer ser amado por uma mulher e quer uma mulher que o ame, e quer ter amigos e quer aproveitar a vida – estou lhe dando as chaves.

Agora ou Nunca

O que é essa iluminação? O que você entende por iluminação? A primeira coisa é saber que ela nunca pode estar no futuro. Você não pode fazer dela um objetivo; ela nunca pode ser amanhã. Ou é aqui e agora, ou nunca. Lembre-se dessas palavras, agora ou nunca!

Muitas pessoas entenderam mal a ideia de iluminação. A ideia de iluminação é permanecer no momento presente. Eu chamo isso de meditação. Não ir para o passado, que não existe mais, e não ir para o futuro, que não existe ainda – porque, se você for para o passado e para o futuro, vai perder o momento presente, que é a única realidade.

Apenas fique aqui, agora. E, se você está aqui e agora, a iluminação vem por conta própria. Ela não é um objetivo que você precise alcançar. Ela não é um lugar distante, que você tem que percorrer uma longa distância para encontrar. Ela vem até você, você nunca vai até ela. Não é algo que você tenha que fazer, é um acontecimento.

Tudo o que você precisa entender é que precisa estar de fato no presente, porque não há outra realidade em lugar algum. Este pequeno instante, este silêncio – e de repente você sentirá algo surgindo das profundezas do seu ser. Sempre esteve lá, mas você nunca tinha lhe dado uma chance. Você está vagando por todos os lugares, mas não deu ao seu núcleo mais profundo só um pouco de espaço, um pouco de tempo.

Todas as religiões ensinam que Deus está *lá em cima* – muito longe. Você precisa de um salvador, um messias, um profeta, um livro sagrado, uma religião, para ajudá-lo a chegar lá. Elas ensinam que o céu está muito longe e você deve acumular virtudes para merecê-lo. Elas mantêm os seus olhos focados num futuro distante. E, assim, a vida continua escapando por entre seus dedos. Do berço ao túmulo, você vive apenas esperando e esperando e esperando... E o que vem não é nem Deus nem o céu, é a morte! Nesse meio-tempo, você perdeu a tremenda oportunidade que é estar vivo. Você simplesmente vegetou, porque não estava interessado na vida em si.

Um teólogo cristão, um grande intelectual, respeitado em todo o mundo, era Stanley Jones. Ele viajava pelo mundo todo, pregando o evangelho de Cristo. Eu o conheci na ocasião em que fazia um dos seus discursos. Depois falei com ele. Eu disse: "Seu discurso foi lindo, mas você entende o que está fazendo? Está prejudicando todas essas pessoas simples. Está provando exatamente o que Karl Marx costumava dizer: que as religiões nada mais são do que o ópio do povo. Não concordo com Karl Marx em mais nada, mas com essa afirmação não posso discordar. Você está dando a essas pessoas sonhos de um futuro, de uma vida eterna, além da morte. Você já esteve além da morte?

"Sendo cristão, certamente você não pode dizer que já esteve além da morte. Um hindu pode dizer que sim, porque ele acredita em muitas vidas. Ele pode dizer que já passou pelo processo da morte muitas vezes, mas você não pode dizer isso. Cristãos, judeus, muçulmanos acreditam apenas numa vida, então vai haver apenas uma morte. Você já esteve além da morte? Você foi falar com aquelas pessoas depois de ter experimentado o que está dizendo?".

Eu pedi a ele: "Seja sincero. Espero que você seja honesto. E, se não sabe o que há além da morte, por que destruir a vida dessas pessoas?

Concentrar a mente delas no futuro, que é desconhecido, é como matá-las. Aos meus olhos, você não é um teólogo, é um assassino! A lei não pode acusá-lo de assassinato, mas você não pode negar que já matou muitas pessoas; você as tirou do presente – e essa é a única vida que existe."

Viva este momento em sua totalidade. Todas as religiões organizadas têm objetivos. Mas isto aqui não é religião, é uma escola de mistérios. Isto é *religio*, a raiz de onde vem a palavra "religião". *Religio* significa unir você. Nada mais do que isso – sem Deus, sem céu, sem inferno, apenas juntar as partes do seu ser, fazer uma cristalização. E isso pode acontecer apenas no presente.

Não vendo ópio, não sou traficante de drogas. Para isso você tem que procurar os bispos e cardeais cristãos e o Papa – eles são traficantes de drogas. A droga é tão sutil que a polícia não pode pegá-los; ela é invisível. Mas é muito mais perigosa que a droga comum. Depois que se acostumou a focar a sua vida, o seu desejo, a sua esperança no futuro, você está acabado. Você cometeu suicídio, não será mais capaz de viver.

Eu ensino sobre a vida. Ensino sobre o amor. Ensino sobe a meditação. Tudo isso significa a mesma coisa: ficar no presente. E veja a beleza de estar no presente – o silêncio que desce sobre você, a serenidade que o rodeia, um tremendo contentamento surge sem motivo algum.

E, à medida que você fica cada vez mais ligado ao presente, à medida que sua profundidade interior aumenta, de repente numa linda manhã você acorda! Não é o despertar diário – você realmente acorda, porque está no seu centro e vê toda a vida sob uma nova luz. Toda a existência se torna luminosa. Tudo se torna uma glória em si mesmo. Pequenas coisas começam a ter um tremendo significado. Você fez o que Deus proibiu na Bíblia; você comeu o fruto da sabedoria e o fruto da vida eterna. Agora você sabe que aquelas árvores não estão fora de você, elas são o seu próprio ser.

O Jardim do Éden não está em algum lugar fora de você, ele está dentro de você. E depois que você o sente, que alívio, que bênção!

A isso eu chamo de iluminação.

Depois disso, a cada momento, há no seu ser cada vez mais luz, mais vida, mais amor. Não há fim para isso. Nem o céu é o limite. Você é muito maior que todo o universo. Você está carregando dentro de si todos os milhões de estrelas, todas as flores, toda a música do mundo. Não existe nada que falte em você.

Essa experiência eu chamo de iluminação.

Mas, por favor, não faça disso uma meta; caso contrário, você não conseguirá. Faça disso uma meta e você não atingirá a iluminação. Você simplesmente aprenderá como ficar no presente e a iluminação chega até você. Você não precisa ir a lugar nenhum.

Parte II

Diálogos e Definições
Em Busca de uma Ciência da Alma

Quando falo sobre a psicologia dos budas, é preciso lembrar que, na realidade, não se trata de fato de uma psicologia. Eu tenho que usar palavras. Nenhuma palavra é adequada para isso, mas tenho que usar algumas palavras – mas sempre as encare com um pouco de cautela. Ela não pode realmente ser chamada de Psicologia. A Psicologia pressupõe uma mente, e Buda é uma "não mente". A Psicologia pressupõe que a mente esteja funcionando, pensando, planejando, preocupando-se, imaginando, sonhando – e um buda não tem sonhos, não planeja, não se preocupa, não pensa. Ele simplesmente existe. Ele existe como uma pedra, como uma árvore, como um rio – apenas com uma diferença, uma grande diferença. A diferença é que ele vive sem mente, mas cheio de consciência.

Essa consciência não pode ser compreendida a partir de fora. Se você tentar entendê-la, apenas a entenderá mal. Não há como investigá-la com instrumentos, é impossível. Ela não aparecerá em nenhum gráfico. Tudo o que pode aparecer no gráfico pertence à mente, não ao além. O além está fora do alcance. A pessoa tem que se tornar um buda, tem que se tornar uma alma desperta, ela precisa chegar a essa consciência de si mesma.

Sua Mente Não é Sua

A mente está dentro de você, mas ela, na verdade, é uma projeção da sociedade dentro de você. Ela não é sua.

Nenhuma criança nasce com uma mente. Ela nasce com um cérebro. O cérebro é o mecanismo; a mente é a ideologia. O cérebro é alimentado pela sociedade, e toda sociedade cria uma mente de acordo com os seus próprios condicionamentos. É por isso que existem tantas mentes no mundo. A mente hindu certamente está separada da mente cristã, e a mente comunista certamente está separada da mente budista.

Mas criou-se, no indivíduo, a falácia de que a mente pertence a ele, então ele começa a agir de acordo com a sociedade, a seguir a sociedade, achando que está agindo de acordo com sua própria vontade.

A sua mente não é sua – isso é algo básico a ser lembrado. A mente é uma implantação da sociedade na qual você por acaso nasceu. Se você tivesse nascido num lar cristão, mas fosse adotado, quando bebê, por uma família muçulmana e criado pelos muçulmanos, não teria a mesma mente que tem agora. Você teria uma mente totalmente diferente, tão diferente que você não conseguiria nem conceber isso.

Bertrand Russell, um dos maiores gênios dos nossos tempos, se esforçou para livrar-se da mente cristã. Não porque fosse cristã, mas simplesmente porque ela tinha sido dada a ele pelos outros. Ele queria criar a sua própria perspectiva das coisas. Não queria ver as coisas através da ótica de outras pessoas; queria entrar em contato com a realidade de modo imediato e direto. Queria ter a sua própria mente. Portanto, não era uma questão de ele ser contra a mente cristã; se ele fosse hindu, teria feito o mesmo; se fosse muçulmano, teria feito o mesmo; se fosse comunista, teria feito o mesmo.

A questão é saber se a mente é sua ou se foi implantada pelos outros, porque os outros implantam em você uma mente que não serve para você; serve aos propósitos deles.

Durante anos, na União Soviética, criaram-se crianças com mentes comunistas. Um dos meus amigos, Rahul Sankritayana, numa viagem à União Soviética, foi visitar uma escola. Ele perguntou a um menino: "Você acredita em Deus?". O garoto olhou para ele chocado e disse: "Na sua idade, e neste século, você ainda faz essa pergunta?! Só antigamente, quando as pessoas eram ignorantes, é que se costumava acreditar em Deus. Deus não existe!". Ora, essa criança vai acreditar a vida toda que aquela é a voz dela falando. Mas não é. Aquela é a voz da sociedade, e ela serve aos propósitos dessa sociedade.

Você é preparado pelos seus pais, pelos seus professores, pelos sacerdotes, pelo sistema educacional, para ter um certo tipo de mente, e por toda a sua vida você vai continuar vivendo de acordo com esse tipo de mente. Essa é uma vida emprestada. E é por isso que existe tanto sofrimento neste mundo: porque ninguém está vivendo de um jeito autêntico, ninguém está vivendo de acordo com seu próprio julgamento; as pessoas estão simplesmente seguindo ordens implantadas nelas.

Bertrand Russell tentou se livrar dessa mente implantada e escreveu um livro: *Por que Não Sou Cristão?* Mas, numa carta a um amigo, ele escreveu:

> Embora eu tenha escrito o livro e não acredite que seja cristão, acho que ainda não deixei para trás essa mente.

Lá no fundo, ela persiste. Um dia eu me perguntei, "Quem foi o melhor homem da história?". Eu sei racionalmente que foi Gautama Buda, mas não poderia colocar Gautama Buda acima de Jesus Cristo.

Naquele dia, senti que todos os meus esforços tinham sido inúteis. Eu ainda sou cristão. Sei racionalmente que Jesus Cristo não se compara a Buda Gautama – mas isso é apenas racional. Emocionalmente, sentimentalmente, não posso colocar Buda Gautama acima de Jesus Cristo. Jesus Cristo permanece no meu inconsciente, ainda afetando minhas atitudes, minhas abordagens, meu comportamento. O mundo pensa que eu não sou mais cristão, mas eu sei... Parece difícil se livrar dessa mente! Eles a cultivaram com tanta perspicácia, com tamanha perícia...

E é um processo longo. Você nunca pensa sobre isso. Um homem vive 75 anos e, por vinte anos, ele tem que frequentar escolas, colégios, universidades; um terço da vida dele é dedicado ao cultivo de uma certa mente.

Bertrand Russell falhou porque não sabia como se livrar dela. Ele estava lutando, mas estava tateando no escuro. Existem certos métodos de meditação que podem tirar você da mente, e com eles fica muito fácil se você quiser largá-la. Mas, sem primeiro se separar da mente, é impossível abandoná-la – quem vai largar de quem? Bertrand Russell está lutando com metade da sua mente, contra a outra metade, e ambas são cristãs – é impossível!

E agora foi provado cientificamente. Uma das mais importantes contribuições científicas vem de Delgado. Ele encontrou setecentos centros no cérebro. Cada centro é capaz de conter uma imensa quantidade de conhecimento; é como uma gravação. E as experiências dele são chocantes: ele toca um certo centro do cérebro com um eletrodo e a pessoa começa a falar. Ele tira o eletrodo e a pessoa para. Ele coloca o eletrodo de volta no mesmo centro e a pessoa começa a falar novamente – começa a mesma frase outra vez.

O próprio Delgado não foi capaz de descobrir como a fita é rebobinada, porque a pessoa sempre começava do início da frase. Onde quer que ela parasse, não fazia diferença; não que ela voltasse a falar do ponto onde tinha parado. Nenhum processo automático existente na mente que leve a pessoa a recomeçar a partir do zero já foi descoberto.

Mas se descobriu que um eletrodo pode ser implantado no cérebro e acionado por controle remoto. Delgado fez esse experimento na Espanha, numa tourada. Ele plantou um eletrodo no cérebro do touro mais feroz e depois ficou, na arena, agitando uma bandeira vermelha. O touro correu na direção dele ferozmente, e as pessoas quase pararam de respirar: "O touro vai matar um dos nossos melhores gênios!". Mas eles não sabiam que ele tinha um controle remoto no bolso – apenas uma pequena caixa com um interruptor.

Quando o touro estava prestes a atacar, estava a apenas alguns centímetros, Delgado apertou o botão e o touro parou, congelado. E ele fez isso muitas vezes – várias e várias vezes, o touro se aproximava, com a mesma ferocidade, e sempre parava quando Delgado pressionava o botão.

Delgado diz: "Mais cedo ou mais tarde, essa descoberta pode se tornar uma bênção para a humanidade, ou pode se tornar uma maldição".

É muito fácil implantar um eletrodo na mente de qualquer criança. Então você teria pessoas muito obedientes; não teria nenhum rebelde, não teria nenhum revolucionário – mas todo o encanto da vida teria desaparecido!

As pessoas seriam simplesmente vegetais, escravizadas pela ciência. E elas não saberiam, porque o controle remoto pode estar na capital do país, nas mãos de alguém do governo.

Esse tipo de tecnologia pode ser útil – pode-se acabar com os criminosos, pode-se acabar com os assassinos, pode-se acabar com os ladrões, pode-se transformar os estupradores – mas também é perigoso. Quem está no poder pode converter o país inteiro numa multidão de escravos. E as pessoas não podem fazer nada, porque elas não sabem. Lembre-se de que, dentro do crânio, onde o cérebro está, você não tem nenhuma sensibilidade. Mesmo que uma pedra seja colocada dentro do seu crânio, você nunca saberá; você simplesmente não tem nervos sensíveis ali para poder informá-lo.

O mecanismo de Delgado é científico, mas a sociedade tem feito o mesmo, implantando ideias... É o antigo método do carro de boi. Demora muito tempo, 25 anos, e não é infalível, porque ainda existem alguns revolucionários, ainda nascem alguns rebeldes. E é bom que existam pessoas que escapem da estrutura escravizante da sociedade, porque essas são as pessoas que têm um conhecimento avançado, que possibilitaram o progresso do conhecimento científico, que desafiaram todas as velhas superstições.

Mas a sociedade quer que você seja simplesmente uma cópia, nunca um original.

O método usado para criar um certo tipo de mente em você consiste em continuar repetindo certas coisas continuamente. E se uma mentira é repetida várias e várias vezes, começa a se tornar uma verdade; você esquece que era mentira.

Adolf Hitler começou a mentir para o povo alemão, dizendo que tudo de ruim que havia na Alemanha era culpa dos judeus. Ora, isso é uma coisa absurda! É como se alguém dissesse que tudo de ruim que há num país é causado pelas bicicletas, por isso, se destruirmos todas as bicicletas, tudo que é ruim vai se acabar. Na verdade, os judeus eram a espinha dorsal da Alemanha, eles criaram toda a riqueza do país. E os judeus não tinham nação própria, então qualquer nação, onde quer que estivessem, era a nação deles. Eles não tinham nenhuma alternativa na mente deles; não estavam sendo desleais, estavam fazendo tudo que qualquer alemão fazia pelo bem do país.

Mas Adolf Hitler em sua autobiografia escreve: "Não importa o que você diga, porque não existe uma verdade. A verdade é uma mentira repetida com tanta frequência que você se esquece de que é mentira". Portanto, de acordo com ele, a única diferença entre verdade e mentira é que a mentira é nova e a verdade é antiga; caso contrário, não há diferença. E a declaração dele parece ter fundamento.

Por exemplo, o Cristianismo, o Hinduísmo, o Islamismo – essas três religiões repetem para as crianças que existe um Deus. O Jainismo, o Budismo, o Taoísmo, três outras religiões, todas dizem que não existe Deus nenhum. O primeiro grupo de três religiões tem uma certa mente, e a vida de seus fiéis está repleta da ideia de Deus, de inferno, de céu, de oração. O segundo grupo de três religiões não tem oração, porque não há ninguém para quem orar, não existe Deus. A própria questão de rezar não vem ao caso.

Nos países comunistas, eles não acreditam nem na alma e ensinam para toda criança que o homem é matéria, que, quando um homem morre, ele simplesmente morre, nada permanece; que a alma não existe e a consciência é um subproduto. Agora todo comunista repete isso como se fosse uma verdade.

Adolf Hitler não pode ser acusado de ser um total absurdo. Parece que, se você repetir algo para as pessoas, elas vão lentamente, muito lentamente começar a acreditar. E, se for repetido por séculos, torna-se um legado.

A sua mente não é sua. E a sua mente não é jovem; ela tem séculos – três mil anos, cinco mil anos de idade.

Quero que você entenda que a sua mente não é sua, e a sua busca deve consistir em encontrar a sua própria mente. Ficar sob a influência dos outros é viver como um escravo, do ponto de vista psicológico. E a vida não é para ser uma escravidão. É para que se possa provar a liberdade.

Existe algo como a verdade, mas, com a mente que você tem, nunca vai saber – porque essa mente está cheia de mentiras, repetidas por séculos. Você pode encontrar a verdade quando colocar essa mente completamente de lado e enxergar a existência com novos olhos, como uma criança recém-nascida; depois disso, qualquer coisa que você experimentar será verdade. E, se permanecer constantemente alerta, para não permitir que outras pessoas interfiram no seu crescimento interior, chegará um momento em que você vai ficar tão em sintonia com a existência, tão unido com a existência...

Experiência, por si só, já será uma experiência religiosa. Não é judaica, não é cristã, não é hindu. Como pode uma experiência ser judaica, hindu ou muçulmana? Você nunca vê o quanto essa ideia é ridícula. Você come alguma coisa e diz que é delicioso, mas isso é cristão, hindu ou budista? Você prova algo e diz que é doce, mas isso é comunista? É materialista ou espiritual? Essas perguntas são uma bobagem. É simplesmente doce, é simplesmente delicioso.

Quando você sente a existência imediatamente, sem nenhuma mediação, sem nenhuma mente concedida a você por outra pessoa, você prova algo que o transforma, que o torna iluminado, desperto, que o leva aos píncaros da consciência.

Não existe realização maior. Não existe contentamento maior. Não existe relaxamento mais profundo.

Você chegou em casa.

A vida se torna uma alegria, uma música, uma dança, uma celebração. Eu chamo isso de vida religiosa.

Quero que todos sejam religiosos, mas não quero que ninguém seja cristão, hindu, muçulmano, porque essas são as barreiras que nunca permitirão que você se torne religioso. E uma coisa é evidente: Buda Gautama não é budista, ele nunca ouviu a palavra "budista"; Jesus Cristo não é cristão, ele nunca ouviu a palavra "cristão", e certamente não é judeu; caso contrário, os judeus não o crucificariam. Se os judeus decidiram crucificar Jesus, isso significa simplesmente que ele tinha abandonado a mente que lhe deram, para que a carregasse por toda a vida, e estava dizendo coisas que não pertenciam a essa mente.

E Jesus os lembra continuamente disso. Ele diz: "Diziam os antigos profetas" – e quem eram aqueles antigos profetas? Eles eram todos judeus. "Eles diziam: 'Olho por olho é a lei'. Mas eu lhes digo que, se alguém lhe der um tapa numa face, ofereça também a outra face". Isso não faz parte da mente judaica. O Deus judaico declara: "Eu não sou um cara legal! Eu sou um deus muito zangado, muito vingativo. Lembre-se de que eu não sou seu tio". Essas são as palavras: "Eu não sou seu tio, não sou legal, sou vingativo, sou cheio de ira". E Jesus diz: "Deus é amor".

Estou tentando mostrar que Jesus abandonou a mente judaica e em troca sofreu a crucificação. A crucificação foi a recompensa por abandonar a mente judaica. Ele era perigoso, no sentido de que criou uma dúvida na mente das pessoas: "Nosso Deus diz que ele está com raiva, é vingativo – ele quer destruir aqueles que estão contra ele, e Jesus está dizendo que Deus é amor. Ele está indo contra o nosso interesse pessoal".

Ele foi morto – não era judeu. Não era cristão, porque a palavra "cristão" não existe no hebraico; a palavra "Cristo" não existe em hebraico. Ele era chamado de messias, que equivale a "Cristo". "Cristo" é uma palavra grega. Só trezentos anos depois, as palavras de Jesus foram traduzidas para o grego; depois o messias se tornou Cristo e os seguidores se tornaram cristãos.

Buda Gautama não era hindu. Ele nasceu numa família hindu, mas renunciou a ela. E renunciou no mesmo dia em que começou sua busca pela verdade. Veja o ponto simples: o hindu não precisa procurar a verdade; o hindu já recebe a verdade pronta. Ela lhe foi dada pela tradição, pela religião, pelas escrituras; ele não precisa sair em busca. No dia em Buda Gautama saiu em busca da verdade, ele largou a mente hindu. E é claro que ele não era budista; esse foi um nome que os hindus depois deram aos seguidores de Buda, para fazer uma distinção. Mas Buda tinha sua própria mente.

Ter uma mente própria neste mundo é a coisa mais valiosa que existe. Mas nenhuma sociedade permite isso; toda sociedade mantém você medíocre. Por interesse próprio, todas as sociedades, principalmente aquelas que estão no poder – por meio do dinheiro ou da política, da religião ou do conhecimento, por qualquer motivo –, não querem que as pessoas tenham a sua própria mente. Isso é perigoso para os interesses delas. Eles não querem seres humanos, mas sim ovelhas; não indivíduos, mas multidões, que estão sempre esperando que alguém lhes lidere, que lhes diga o que fazer e o que não fazer; que não têm mente própria, suas próprias ideias, suas próprias consciências. As multidões são sempre dependentes.

O medo de alguém ser diferente, ser um estranho, ser um forasteiro é sempre o mesmo e por uma razão simples. Nenhuma sociedade terá a coragem de aceitá-lo se essa sociedade não tiver criado a sua mente, porque essa sociedade não pode ter certeza de que você sempre será obediente, de que você nunca irá se opor, criar dúvida com relação a alguma coisa ou ser cético com relação a alguma coisa.

Nenhuma sociedade quer estranhos, forasteiros. Por que todo mundo tem medo de mim? Eu não sou um terrorista, não estou fazendo bombas e matando pessoas. Sou uma pessoa não violenta. Mas eles podem aceitar terroristas.

Na Alemanha, isso realmente aconteceu... O governo me impediu de entrar no país, aprovou uma resolução, dizendo que sou um homem perigoso e que não deveria entrar na Alemanha. Mas, ao mesmo tempo, permitiram que todos os grupos terroristas da Europa entrassem para participar de uma conferência mundial lá. Fiquei simplesmente atônito! Todos os grupos terroristas que assassinaram pessoas, que sequestraram aviões, que bombardearam embaixadas, que sequestraram pessoas... A conferência internacional deles foi permitida, mas eu não pude passar quatro semanas no país, como turista.

Mas esses terroristas não têm uma mente diferente da mente da sociedade alemã.

É um fenômeno estranho. Três pessoas estavam sendo crucificadas no mesmo dia que Jesus, e era tradição que um deles pudesse ser perdoado – e a decisão de quem seria era do povo.

Pôncio Pilatos estava absolutamente certo de que o povo pediria para libertar Jesus. Jesus era inocente, ele não tinha feito mal a ninguém. Mas toda a multidão gritou: "Queremos Barrabás!". E Barrabás era um criminoso inveterado. Ele havia cometido assassinatos, estupros... Qualquer tipo de crime que você pode se lembrar, ele tinha cometido.

Mas isso não deveria surpreender, porque Barrabás pertencia ao povo judeu. Ele podia ser um assassino, mas a mente dele ainda era a de um judeu. Esse Jesus podia ser inocente, mas a mente dele não era mais a dos judeus; ele era um forasteiro, era perigoso. Barrabás não era perigoso. O que ele poderia fazer? Cometer mais alguns assassinatos, no máximo. Mas esse Jesus poderia destruir toda a estrutura da sociedade, porque ela se baseia apenas em superstições.

Nem Barrabás pôde acreditar. Ele achou que devia haver algo errado: "Não existe outro criminoso, no país inteiro, que possa competir comigo, e esse pobre Jesus, que nunca fez nada além de conversar com umas poucas pessoas, aqui e ali... E ninguém está pedindo que ele seja libertado!".

Nem uma única voz bradou para que Jesus fosse libertado, e milhares de pessoas gritavam: "Barrabás! Queremos Barrabás!".

Se você entrar na psicologia disso, é muito simples. Todos os terroristas que vão participar de uma conferência na Alemanha são aceitáveis: eles têm a mesma mente, a mesma política. Eles pertencem à mesma sociedade podre. Mas eu não posso ser aceito; eles acham que vou corromper as pessoas. O mesmo aconteceu na condenação de Sócrates. Acharam que ele corrompia as pessoas – e tudo o que Sócrates estava fazendo era ensinar as pessoas a terem sua própria mente.

Todos os grandes mestres do mundo disseram uma única coisa ao longo dos séculos: "Tenha sua própria mente e tenha sua própria individualidade. Não faça parte da multidão; não seja uma engrenagem do mecanismo de uma vasta sociedade. Seja individual, pense por conta própria. Viva a vida com seus próprios olhos; ouça música com seus próprios ouvidos".

Mas não estamos fazendo nada com nossos próprios ouvidos, com nossos próprios olhos, com nossa própria mente; tudo está sendo ensinado e nós estamos seguindo.

O desvio é perigoso para as sociedades podres. E particularmente no Ocidente, onde nenhuma ideia de iluminação jamais existiu. E mais ainda, porque a iluminação simplesmente significa ir além da mente. E, indo além da mente, você será você mesmo.

O Ocidente nunca nutriu a ideia de iluminação. É contra a sociedade, contra a religião; eles nunca se incomodaram com ela.

Pense na verdade – isso é permitido. É por isso que no Ocidente a Filosofia cresceu até atingir grandes alturas e profundidades. Mas é sempre *pensando* na verdade. É como loucos pensando na sanidade, cegos pensando na luz. No entanto, um cego tenta pensar na luz – ele pode criar um grande sistema de pensar sobre o que é a luz, mas não vai ser nada como a luz. Para ver a luz, você precisa de olhos.

Você não pode pensar na verdade, porque o pensamento ocorrerá na sua mente – que é cheia de mentiras, não tem nada além de mentiras.

Como você vai pensar sobre a verdade? A verdade pode ser encontrada somente quando você deixa a mente de lado.

No Oriente, dizemos que a verdade é a experiência que acontece no estado de "não mente" ou no estado de "além mente". No Ocidente, porém, a própria ideia não existia. E isso deixará uma coisa clara para você: a Filosofia é uma coisa ocidental. No Oriente, não existe nada como a Filosofia.

É muito estranho: a civilização oriental é muito mais antiga, pelo menos dez mil anos, mas não há nada como a filosofia no Oriente. O que é chamado de Filosofia oriental é um nome errado. No Oriente, é chamada de *darshan* – *darshan* significa "ver". Não tem nada a ver com pensar; a própria palavra *darshan* significa "ver".

Eu chamo de *philosia*, em comparação à Filosofia, porque Filosofia significa "pensar", e *philosia* significa "amor ao ato de ver". Filosofia significa "amor ao ato de pensar" – mas o que você pode pensar? Apenas para evitar o perigo de as pessoas irem além da mente e se tornarem perigosas para a sociedade, um substituto, um brinquedo foi criado. Isso é Filosofia.

Nenhum filósofo chega a experimentar de fato alguma coisa. Nenhum filósofo torna-se iluminado ou desperto; ele permanece no mesmo terreno em que você está, tão inconsciente quanto você.

Darshan, *philosia*, é uma abordagem totalmente diferente. A abordagem dela é testemunhar a mente – não pensando, mas apenas tornando-se um observador da própria mente e abrindo uma distância entre você e seus pensamentos. Apenas observando-os, como se você estivesse numa colina e toda a mente e seu tráfego estivessem acontecendo no vale, chega um momento em que os pensamentos começam a desaparecer, porque a vida deles está na sua identificação com eles. A vida deles é a vida de um parasita; eles sugam seu sangue. Se você estiver longe e não der atenção aos seus pensamentos, eles começam a encolher e a morrer. E quando não houver nenhum pensamento ao seu redor, só um imenso silêncio, um tremendo nada, apenas um observador e nada para assistir... esse é o momento em que você está livre dos grilhões da mente. Esse é o momento do começo de uma nova vida.

Mas você pode parecer louco aos olhos das pessoas, porque, a partir desse momento, seu comportamento será diferente. A partir desse momento, você terá uma originalidade; você não poderá fazer parte da multidão. As pessoas vão pensar que, à certa altura, você deu errado. É estranho, porque são essas pessoas que estão erradas! Mas, de certo modo, isso não é tão estranho. Se você tem olhos e entra numa sociedade de pessoas cegas, ninguém vai acreditar que você tenha olhos. Você deve estar sofrendo de alguma ilusão maluca, porque olhos não existem. Se ninguém tem olhos, como você poderia ter?

A pessoa iluminada no Ocidente será taxada de louca.

As pessoas que são loucas no Ocidente estão loucas porque criaram muita tensão, ansiedade e angústia, e você lhes deu uma mente tão podre que não consegue gerenciar tudo isso. Chega um ponto em que ela entra em colapso. Quando a mente entra em colapso, a pessoa desce abaixo da mente; por isso a psicanálise é um fenômeno ocidental. No Oriente, não há nada paralelo à psicanálise.

No Oriente, trabalhamos para que haja um avanço, não um colapso. O avanço leva você acima da mente, e o colapso simplesmente leva você a um nível subumano. Mas por isso também a sociedade é responsável. Ela lhe dá muitos desejos – dinheiro, poder – que você não pode realizar. Apenas lhe ensina como continuar subindo a escada do sucesso, indo cada vez mais alto, e diz para você ser rápido, porque você tem só uma vida breve e há muito a fazer! Não há tempo para viver, não há tempo para amar, não há tempo para aproveitar a vida.

As pessoas continuam adiando tudo o que importa. Amanhã elas darão risada; hoje, é preciso acumular mais dinheiro, mais poder, mais coisas, mais *gadgets*. Amanhã elas vão amar; hoje não há tempo. Mas o amanhã nunca chega e um dia elas estão cheias de todos os tipos de *gadgets*, cheias de dinheiro, chegaram ao topo da escada – e não há nenhum lugar para ir, exceto pular num lago. Mas elas nem podem dizer às outras pessoas, "Não se deem ao trabalho de chegar ao topo da escada – não há nada aqui", porque isso faria que parecessem umas idiotas. Você se tornou o presidente do país e vai dizer às pessoas "Aqui não tem nada demais, por isso nem se deem o trabalho de chegar aqui. Esta é simplesmente uma escada que leva a lugar nenhum"? Você vai se sentir um idiota.

Por isso as pessoas continuam fingindo que chegaram onde queriam, que encontraram o que queriam, mas lá no fundo estão se sentindo vazias, sem ver sentido em nada, como se tivessem desperdiçado a vida inteira. Se desmoronam sob tal pressão, a sociedade é responsável. A sociedade está deixando as pessoas loucas.

No Oriente, você não encontrará tantas pessoas loucas, tantas pessoas cometendo suicídio – e o Oriente é pobre, tão pobre que as pessoas não conseguem fazer uma refeição por dia. Logicamente, deve haver mais pessoas cometendo suicídio, mais pessoas enlouquecendo. Mas não, elas não estão ficando loucas, elas não estão cometendo suicídio. Elas parecem viver com um certo contentamento, porque a ambição não faz parte da mente criada pela sociedade. A sociedade no Oriente também lhes incute a ambição, mas, para chegar ao outro mundo, não para viver neste mundo. Este mundo está condenado.

Tente entender isso... A sociedade oriental também incute a ambição nas pessoas – ambição para chegar ao paraíso, para chegar a Deus – mas essa ambição vai contra as ambições deste mundo. Ela diz, "Renuncie a este mundo! Aqui não há nada além de sombras; tudo é ilusório". Por milhares de anos as pessoas acham que este mundo é ilusório, que não vale a pena se importar com ele – por que não buscar o que é real? Por isso não enlouquecem. Mesmo na mais extrema pobreza, na doença, na morte, elas não parecem tensas ou preocupadas e nem precisam de psicoterapia.

A psicoterapia é absolutamente ocidental; ela é uma necessidade da mente ocidental. Primeiro, a mente ocidental cria todo tipo de desejo e de ambição, o que, mais cedo ou mais tarde, vai criar uma perturbação mental; e depois a psicoterapia entra em cena. Essa é agora a profissão mais bem paga que existe. Mas o mais estranho é que os psicoterapeutas cometem mais suicídio do que as pessoas de outras profissões. Cometem duas vezes mais. E os psicoterapeutas têm duas vezes mais propensão para a loucura do que as pessoas de outras profissões. E essas são as pessoas que estão ajudando as outras a recuperarem a sanidade? É de fato uma loucura...

Isso tem solução. É simplesmente uma questão de entender que a mente que temos não é capaz de perceber a realidade, porque a realidade é contemporânea, enquanto a mente tem dois mil anos de idade. O intervalo entre elas é muito grande, e a mente não consegue encontrar a realidade. A mente tem que acompanhar a realidade, passo por passo; ela não pode ficar para trás. E isso só é possível se cada indivíduo tiver a sua própria mente, a sua própria individualidade.

Eu sou basicamente um individualista, porque só o indivíduo tem uma alma. Nenhum grupo pode afirmar que tem uma alma; os grupos são, todos eles, organizações mortas. Só o indivíduo é um fenômeno vivo. Temos que ajudar o fenômeno vivo a ser contemporâneo – e mantê-lo contemporâneo, pois o que é contemporâneo hoje pode não ser amanhã. Por isso você precisa aprender métodos para fluir como um rio com a existência, a cada instante. Morra para o passado a cada instante e nasça a cada instante para o novo.

A menos que isso se torne a sua religião, você vai ficar em apuros, e a sua sociedade vai estar em apuros.

> *Por que a psicologia moderna não pensa sobre a iluminação, não escreve sobre a iluminação, nem sequer concebe essa ideia? A iluminação é um novo fenômeno além dos conceitos psicológicos? A Psicologia um dia já compreendeu um fenômeno que vai além da iluminação? Por favor, comente.*

A psicologia ocidental está só engatinhando. Ela só tem um pouco mais de um século. O conceito de iluminação pertence à psicologia oriental, que tem quase dez mil anos.

A psicologia ocidental moderna está só começando a arranhar a superfície, está no bê-á-bá. A iluminação e o que há além dela estão no final do alfabeto dos esforços humanos; são o XYZ.

A psicologia moderna é uma designação incorreta, porque a palavra "psicologia" se origina da palavra "psique". Psique significa alma. O significado exato da palavra "psicologia" é ciência da alma. Mas essa é uma palavra muito estranha.

A Psicologia nega a existência da alma e, mesmo assim, continua chamando a si mesma de "Psicologia". Ela aceita apenas o corpo físico e seu subproduto, a mente. Quando o corpo físico morre, a mente também morre; não há renascimento, não há reencarnação. A vida não é um princípio eterno. É algo que acontece quando se agregam certas coisas físicas, materiais. É um subproduto.

Você precisa entender a palavra "subproduto". Nem a ideia de um subproduto é muito original. Na Índia, existe uma escola de materialistas, de pelo menos cinco mil anos, chamada Charvakas. Eles descrevem a mente como um subproduto do corpo. O exemplo que dão é muito apropriado. Lembre-se, trata-se de um exemplo de cinco mil anos atrás. Podemos encontrar paralelos contemporâneos.

Na Índia, as pessoas mastigam folhas de betel, chamadas *pan*. *Pan* é uma palavra que designa quatro ou cinco coisas. Você pode comê-las e elas não deixarão seus lábios vermelhos; mas, se você comer muitas, elas deixarão seus lábios vermelhos. A cor vermelha nos lábios é um subproduto, uma consequência. Essa cor vermelha não tem existência própria, é um subproduto.

Num exemplo mais contemporâneo, observe um relógio funcionando.

Ouvi dizer que Mulá Nasruddin, quando se aposentou, foi presenteado, pelos amigos, com um relógio de bolso de ouro. Ele era automático, e, desde o início ele ficou surpreso; achou que era um milagre que o relógio continuasse funcionando sem que ele nunca desse corda. Mas, depois de três ou quatro dias, o relógio parou. Ele se surpreendeu: o que tinha acontecido?

Quando o relógio parou, ele o abriu e encontrou ali dentro uma formiguinha morta.

Ele exclamou: "Agora sei o segredo! Esta formiga é que fazia o relógio funcionar, e, agora que ela está morta, como o relógio poderia continuar funcionando? Mas aqueles idiotas deviam ter me avisado desta formiga! Ela precisava de comida, precisava de água. E às vezes seria preciso dar uma folga a ela para descansar!".

Se um relógio está funcionando e ele é automático, o que o faz funcionar? Seria alguma entidade imaterial como uma alma? Abra um relógio, observe e desmonte as peças; você não encontrará nenhuma alma. Foi o que os Charvakas disseram cinco mil anos atrás: que, se existisse uma alma, quando você abrisse o corpo de um homem, deveria encontrá-la. Ou, quando soldados são destroçados na guerra, muitas almas deveriam voar para o alto. Ou, quando uma morte acontece naturalmente, em casa, a alma deveria deixar o corpo.

Os Charvakas eram materialistas muito teimosos. Em cinco mil anos, o materialismo não foi nem um passo além. Eles pesavam uma pessoa que estava morrendo, e, quando ela estava morta, a pesavam novamente e o peso era o mesmo – isso prova que nada deixou o corpo. Então, o que dava vida ao corpo? Era alguma coisa, mas apenas um subproduto dos constituintes do corpo.

Os materialistas de todas as eras – Epicuro na Grécia, Marx e Engels na Alemanha e Inglaterra – continuaram a repetir a mesma ideia de que a consciência é um subproduto. E a psicologia moderna aceitou-a como um fundamento básico. Eles dizem que não existe alma no ser humano; que ele é apenas um corpo.

Joseph Stalin foi capaz de matar quase um milhão de russos depois da revolução. Qualquer um que não estivesse disposto a desistir dos seus direitos à propriedade foram mortos sem piedade. Toda família do czar, que governou por centenas de anos – um dos impérios mais antigos do mundo e um dos maiores... Dezenove pessoas da família foram mortas tão impiedosamente que nem sequer um bebê de 6 meses foi poupado; eles o mataram também. Matar foi fácil por causa da filosofia materialista – nada está sendo morto, é quase como quebrar uma cadeira. Caso contrário, seria difícil para qualquer ser humano matar um milhão de pessoas e não sentir peso na consciência. Mas a Filosofia apoiou todos esses assassinatos – porque nada é assassinado, apenas o corpo físico. Não há nenhuma consciência separada do corpo. A psicologia moderna ainda está sendo muito burra, porque ainda se apega à ideia primitiva, de cinco mil anos, dos Charvakas, de que a consciência é um subproduto. Portanto, tudo o que a psicologia moderna pode fazer é um trabalho mecânico.

Seu carro está quebrado. Você vai à oficina e um mecânico o conserta. O psicólogo é um mecânico, nem é diferente de um encanador. Ele simplesmente fixa parafusos e porcas em sua mente, que se soltam de vez em quando; ele os aperta aqui e ali... Em algum lugar, eles estão muito apertados, em outro, eles estão soltos. Mas é uma questão de porcas e parafusos.

A questão da iluminação não vem à tona para o psicólogo moderno, porque a iluminação se baseia na experiência de que a mente não é toda a nossa realidade.

Além da mente, existe a consciência e, além da mente, está a essência da iluminação. No momento em que você atravessa as fronteiras da mente, surge a iluminação, um mundo de tremenda luz, consciência, satisfação, regozijo.

Mas existe a possibilidade de ir além disso – porque essa é a sua consciência individual. Se você conseguir ir além, você entra na consciência cósmica.

Estamos vivendo no oceano da consciência cósmica, assim como um peixe vive no oceano e não está consciente do oceano. Como ele nasce no oceano, vive no oceano, morre no oceano, o peixe conhece apenas o oceano. Se um pescador o puxa para fora d'água, pela primeira vez, ele se dá conta de que algo o rodeia, o acalenta e lhe dá vida – e que, sem isso, ele não consegue se manter vivo.

É fácil dar a um peixe a experiência de estar fora do oceano. É muito difícil dar ao homem a experiência de estar fora da consciência cósmica. Porque a consciência cósmica está em toda parte – não há praias, não há limites para a consciência cósmica. Portanto, onde quer que você esteja, sempre haverá um oceano invisível de consciência.

A psicologia moderna só vai até a mente. Não passa daí.

A mente é apenas um instrumento e é um instrumento do corpo físico – por isso eles não estão errados ao dizer que ela é um subproduto. Mas a mente não é tudo, a mente é apenas um biocomputador, e não está longe o dia em que a função da mente será quase totalmente desempenhada por computadores. Qualquer informação sobre qualquer assunto estará disponível imediatamente, portanto não é preciso lembrar, não é preciso ler, não é preciso estudá-lo. Sua mente vai perder o emprego muito em breve.

Mas o psicólogo se preocupa apenas com a mente. E há pessoas, chamadas behavioristas, que dizem que o homem é apenas um organismo físico. Essas pessoas não aceitam nem a existência da mente, mas apenas o comportamento do corpo. Para elas, se a mente de alguém está se comportando de maneira anormal, é preciso remédios, não psicanálise. Então a pessoa tem que ser hospitalizada; ela está sofrendo de uma doença como qualquer outra doença.

Pelo menos os psicólogos do Ocidente adotaram o primeiro passo além do corpo – não é um passo muito grande, é muito pequeno, insignificante, mas ainda assim um passo para aceitar que existe algo como a mente, e que, embora seja um subproduto, ela funciona por si só, enquanto o corpo estiver vivo. Portanto, agora é uma ótima profissão: psicólogos, psicanalistas, psicoterapeutas; todos eles estão consertando a mente das pessoas – porque a mente de todos está com problemas.

Existem apenas dois tipos de pessoas no mundo: os normalmente loucos e os anormalmente loucos. Normalmente louco significa que você é louco, mas não está além dos limites. Você é louco como todo mundo.

Você pode ver essas pessoas normalmente loucas assistindo a um jogo de futebol. Ora, você acha que uma pessoa sã poderia assistir a uma partida de futebol? Ela precisa de algumas porcas e parafusos a menos... Porque com alguns idiotas de um lado e alguns idiotas do outro lado jogando uma bola, e milhões de idiotas tão animados no estádio e em frente ao aparelho de televisão, colados na cadeira por seis horas, de modo que não possam se mexer... como se algo imensamente valioso estivesse acontecendo, porque uma bola está sendo lançada de um lado para o outro. E outros milhões que não têm tanta sorte de poder ver, com um rádio colado no ouvido, ouvindo os comentários.

Você chama isso de mundo são?

E existem lutas de boxe: as pessoas estão se batendo e milhões de pessoas estão assistindo, empolgadas. Na Califórnia, a Universidade da Califórnia descobriu, por meio de suas pesquisas, que sempre que uma luta de boxe acontece na Califórnia, o índice de crimes imediatamente aumenta 13%; e permanece com um aumento de 13% por sete a dez dias – estupros, assassinatos, suicídios. O boxe é simplesmente nossa herança animal. Aquele que fica empolgado em você é o animal – não é você. Você também quer matar alguém – muitas vezes você pensou em matar em alguém –, só não estava pronto para assumir as consequências.

Numa luta de boxe, há um consolo psicológico; você se identifica. Todo boxeador tem seus próprios fãs. Esses fãs se identificam com ele. Se ele acertar o oponente e o nariz dele começar a pingar sangue, os fãs vão à loucura. O que eles não foram capazes de fazer, alguém está fazendo por eles.

Em qualquer mundo sadio, o boxe seria um crime. É um esporte, mas todos os seus esportes parecem primitivos... Nada têm de inteligência, nada têm de humanidade.

Essas pessoas normalmente loucas estão sempre no limite. A qualquer momento, podem escorregar para a loucura. Um pequeno acidente – a esposa morre ou vai embora com outra pessoa – e você esquece o limite normal, você o cruza. Então é declarado louco, perturbado, e imediatamente tem que ser levado ao psiquiatra ou ao psicanalista.

E qual é a função dele? Essa profissão está entre as profissões mais bem pagas do mundo. Naturalmente, ele deixa as pessoas normais de novo, ele as puxa de volta, ele as impede de ultrapassar o limiar da normalidade. Toda a experiência dele é no sentido de colocá-las de volta e deixá-las normalmente loucas.

Naturalmente, as pessoas que estão atuando como psicólogos, psicanalistas, psicoterapeutas estão em perigo porque estão constantemente lidando com pessoas loucas. Há mais psicólogos enlouquecendo do que qualquer outro profissional – o número é duas vezes maior. Mais psicólogos cometem suicídio do que em qualquer outra profissão – o número novamente é duas vezes maior. E, pelo menos uma vez na vida, todo psicólogo consulta outro psicólogo para conseguir voltar ao mundo normal, porque ele sente que está escorregando para a insanidade.

Seria de se esperar que pelo menos o psicólogo fosse uma pessoa sã; ele está tentando ajudar outras pessoas loucas... Mas não é esse o caso. Os psicólogos se comportam de maneira mais insana do que qualquer outra pessoa, pela simples razão de que, de manhã até a noite, eles são constantemente entrando em contato com todos os tipos de pessoas estranhas, bizarras, com ideias esquisitas. Se você se depara com esse tipo de pessoa o dia inteiro, à noite você sonha com essas mesmas pessoas. Naturalmente, os psicólogos não vivem uma vida muito sã.

E eles não podem viver uma vida sã, a menos que aceitem que existe algo além da mente.

O além é o que resta, é o abrigo. A mente é um contínuo tagarelar, são 24 horas tagarelando. Só além da mente é que existe paz e silêncio. Nessa paz e nesse silêncio, nasce a sanidade. A iluminação é o pico máximo da sanidade – quando alguém se torna perfeitamente são, chegou a um ponto em que o silêncio, a serenidade, a consciência estão presentes nas 24 horas, esteja ele acordado ou dormindo. Existe uma corrente de tranquilidade, bem-aventurança, bênção, que é um alimento, um maná dos céus.

A psicologia oriental aceita a mente como a parte mais inferior da consciência humana – sombria e carregada. Você tem que ir além dela.

E a iluminação não é o fim, porque é apenas consciência individual. A individualidade ainda é como as duas margens de um rio. No momento em que o rio deságua no oceano, as margens desaparecem, todos os limites se perdem. Você transcendeu a iluminação.

A psicologia moderna precisa aprender muito com a experiência do Oriente. Ela não sabe nada. Tudo o que a psicologia moderna faz é analisar sonhos, convencer as pessoas a continuar de alguma forma seus negócios normais e reprimir suas anormalidades. Mas isso não traz transformação.

Nem os fundadores da psicologia moderna – Freud ou Jung ou Adler ou Assagioli – são pessoas que você poderia colocar na categoria de um Buda Gautama, Lao Tzu, Chuang Tzu. Você não pode colocar essas pessoas ao lado dos visionários dos Upanishads, com Kabir e Nanak e Farid. Essas são as pessoas mais sãs que a humanidade já produziu e não se importam com sonhos, nem passaram por psicanálise durante anos.

Este é um fenômeno muito estranho: no mundo inteiro não existe uma única pessoa que tenha concluído uma psicanálise – porque a terapia continua indefinidamente... dez anos, doze anos. Existem pessoas que estão na psicanálise há vinte anos, desperdiçando uma fortuna com ela.

Na realidade, assim como algumas pessoas falam sobre diamantes e esmeraldas e rubis, outras dizem: "Há quanto tempo você faz psicanálise? Há treze anos!". É um símbolo de riqueza; mostra que você pode pagar centenas de milhares de dólares.

E os coitados dos psicanalistas precisam ouvir todo tipo de bobagem. Não é à toa que eles começam a enlouquecer, começam a cometer suicídio, pulam da janela de um prédio de trinta andares! Experimente ouvir os sonhos de uma mulher durante vinte anos... É um grande alívio para o marido, ele fica muito feliz ao ver que ela joga todo o seu lixo, suas birras e seu mau humor no psicanalista – não é tão caro assim, pensando bem, ele prefere pagar, mas para o pobre psicanalista... Já pensou o que é ouvir durante vinte anos os sonhos idiotas de uma mulher? Se um dia o psicanalista de repente pular pela janela, ninguém pode condená-lo por isso – ele precisa da compreensão de todos.

Mas é um grande negócio. A psicologia moderna não aceita a meditação porque a meditação destruiria seu negócio.

Um homem adepto da meditação não precisa de psicanálise. Quanto mais profunda é a meditação dele, mais saudável ele é e mais longe ele vai, no seu voo para além da mente. A meditação é o maior perigo para a psicanálise, para os psicólogos. Eles têm que insistir em dizer que não há nada além da mente, porque, se houver algo além da mente, todo o negócio deles pode fracassar.

O Oriente tem que se posicionar, mostrar que o que os psicanalistas e psicólogos fazem é pura tolice.

Num mosteiro Zen no Japão, o mesmo tipo de problema psicológico é tratado em três semanas; no Ocidente, ele não seria tratado em menos de doze anos. E, no mosteiro Zen, nessas três semanas não se faz psicanálise. Você se surpreenderia: nada é feito; a pessoa só é colocada num lugar isolado – um belo jardim com um lago. Na hora das refeições, ela recebe comida, o chá lhe é servido; mas ninguém fala com ela, ela tem que permanecer calada. Já é possível ver a diferença.

Na psicanálise, a pessoa tem que falar sobre seus sonhos continuamente, durante anos, por uma hora, cada vez que vai ao terapeuta, em duas ou três sessões por semana – o máximo que pode pagar. E aqui, num mosteiro Zen, simplesmente colocam a pessoa num lugar bonito e confortável. Ela tem instrumentos musicais à disposição, material para pintura ou, se houver qualquer coisa especial que queira fazer, também terá à disposição; mas tem que ser algo para ela *fazer* – e sem falar. E por três semanas ninguém vai falar com ela.

Durante três semanas, a pessoa pinta, toca música, dança, trabalha no jardim e, depois de três semanas, ela está perfeitamente normal, pronta para voltar para casa.

O que aconteceu? Se você perguntasse ao mestre zen, ele diria: "Nada. Essa pessoa estava trabalhando demais e a mente dela estava estressada. Ela precisava relaxar. Então bastaram três semanas de descanso para que a mente se acalmasse. Ela precisava de trabalho físico para que toda a energia fosse para o corpo, não para a mente". E essa pessoa certamente se interessou... Sem que fizessem nada, todas as coisas estranhas e bizarras que estavam pensando desapareceram. Esse é simplesmente um jeito de pessoas doentes aliviarem uma mente sobrecarregada.

Para aqueles que estão saudáveis – não para pessoas doentes –, o caminho é a meditação. Existe um método diferente para cada tipo de pessoa. E milhões de pessoas alcançaram tamanha luminosidade, tamanha glória, tamanha divindade que todos os psicólogos do mundo deveriam se envergonhar, pois jamais conseguiram produzir nem sequer uma pessoa iluminada. Até os fundadores da psicanálise eram pessoas comuns – pior do que isso ainda.

Sigmund Freud tinha tanto medo da morte que até a palavra "morte" era proibida. Na presença dele, ninguém deveria mencionar a palavra "morte", porque, só de ouvir a palavra, ele surtava, perdia a consciência. Esses são os fundadores da psicologia moderna... Aqueles que vão devolver a sanidade à humanidade!

E por outro lado... Um monge zen, pouco antes de morrer, disse aos seus discípulos: "Escutem, sempre vivi do meu jeito. Sou uma pessoa independente e quero morrer do meu jeito também. Quando estiver morto, não estarei aqui, por isso darei a vocês instruções que deverão seguir".

Acontece no Japão o mesmo que acontece na Índia; antes de ser levado ao funeral, a pessoa é despida e recebe um banho e novas roupas. Esse monge disse: "Eu mesmo já tomei banho e troquei de roupa, como podem ver. Então, quando eu estiver morto, não há necessidade de me dar banho ou trocar a minha roupa. E essas são as ordens do seu mestre, lembrem-se, e os desejos de um moribundo não devem ser negados – não estou pedindo muito".

Os discípulos disseram: "Faremos o que nos pede. Não há nada de mais nesse pedido".

Ele morreu e milhares de discípulos estavam presentes no funeral. Quando o corpo foi colocado na pira funerária, todos começaram a rir, e rir muito – ele tinha escondido fogos de artifício dentro das roupas. Tinha feito uma celebração, um *show* de fogos de artifício, apenas para fazer todo mundo rir – porque esse era seu ensinamento básico, que a vida devia ser uma dança, uma alegria, e a morte devia ser uma celebração. Mesmo depois da morte, ele deu um jeito para que ninguém ficasse de pé ao redor dele com cara de velório, mas que todos rissem.

Até os estranhos que foram à celebração começaram a rir; nunca tinham visto uma cena daquelas.

Essas são as pessoas que entenderam a vida e a morte. Elas podem fazer da morte uma piada.

Mas não Sigmund Freud, para quem a palavra "morte" provocava um surto.

E o mesmo acontece com outros grandes psicanalistas. Jung queria ir ao Egito para ver as velhas múmias de reis e rainhas, cadáveres preservados por três mil anos. Mas ele tinha muito medo da morte e dos cadáveres. Era discípulo de Freud. Então reservou a passagem aérea doze vezes e toda vez encontrava uma desculpa: "Estou com febre" ou Chegou um trabalho urgente".

E ele sabia. Escreveu em seu diário: "Eu sabia que era tudo desculpa. Eu estava evitando ir para o Egito, mas, quanto mais eu evitava, mais me sentia atraído – como se tivesse que ir, como se fosse um desafio à minha masculinidade. Como posso ser tão covarde? Então eu fazia a reserva novamente e reunia coragem e tentava me convencer de que não havia com que me preocupar: '"São cadáveres! Não podem fazer nada a você. E muitas pessoas vão vê-los. Estão nos museus. Milhares de pessoas os veem todos os dias. Por que você está com medo?"'. Mas os argumentos de nada não adiantavam.

Por fim, na décima segunda vez que ele fez a reserva, conseguiu chegar ao aeroporto, mas, quando o avião chegou à pista de pouso, toda coragem, todos os argumentos viraram fumaça. Ele disse: "Estou muito enjoado, com náuseas. Quero voltar para casa. Cancele a viagem". E depois disso, ele nunca mais se atreveu a reservar; doze vezes bastavam. Ele nunca conseguiu ir ao Egito – que ficava apenas a algumas horas de voo.

Ele foi para a Índia e frequentou todas as universidades da Índia. Esteve nesse país por três meses, mas não procurou um homem a quem precisava procurar. Ele não procurou Ramana Maharshi. E em todas as universidades sugeria-se que ele estava desperdiçando seu tempo: "Você veio para entender a abordagem oriental, mas nossos professores são todos formados à moda ocidental. Você está apenas desperdiçando seu tempo. Podemos ter sido educados no Ocidente ou no Oriente, mas, em ambos os casos, nossa educação é ocidental; não sabemos nada sobre o Ocidente. Mas por acaso há um homem – ele não sabe nada de Psicologia, ele é absolutamente inculto, mas representa o Oriente. Esse homem experimentou os voos finais de meditação. Vá e apenas se sente ao lado dele.

Jung foi até Madras, mas não foi ver Ramana Maharshi. Era apenas uma viagem de duas horas de Madras até lá, mas ele não foi. E foi à Índia para entender qual era a atitude oriental em relação à Psicologia.

A psicologia ocidental – que é a psicologia contemporânea – é muito infantil.

O Oriente tem uma investigação de dez mil anos sobre a consciência humana. Investigou-se todos os recônditos do ser humano, dentro e fora, como indivíduo e como ser universal.

Mas é uma pena que mesmo os psicólogos orientais e os professores de Psicologia não tenham ideia sobre o que seja a abordagem oriental. São apenas papagaios que repetem o que diz a psicologia ocidental. A deles também não é uma contribuição original. Às vezes, até os papagaios são melhores e mais inteligentes.

Eu fui professor universitário e vivia em constante conflito com os professores: "Vocês são como papagaios e agentes do Ocidente sem nem saber disso. Vocês estão corrompendo a mente oriental, porque não sabem o que estão fazendo. Nem sabem o que o Oriente já descobriu. Vocês são apenas cópias carbono carregando certificados de universidades ocidentais".

Eu sempre contei uma história nas universidades.

Um bispo estava procurando um papagaio. Seu próprio papagaio tinha morrido. Era um papagaio muito religioso – religioso no sentido de que era capaz de repetir o Sermão da Montanha com precisão, palavra por palavra. E quem o ouvia ficava simplesmente encantado. O papagaio morreu e o bispo tinha saudade do pássaro.

Então ele foi a uma grande loja de animais e olhou em volta. Havia muitos papagaios ali, com muitas qualidades. Mas ele disse: "Não, meu papagaio era quase um santo. Quero um papagaio muito religioso".

O dono da loja de animais disse: "Eu tenho um papagaio diferente de todos os outros, mas o preço pode ser alto demais. Ele não é um santo comum, ele é um santo muito especial. Venha comigo. Eu guardo meus papagaios especiais na minha casa atrás da loja".

Ali, numa gaiola dourada, havia um lindo papagaio.

O dono da loja disse: "Este é o papagaio religioso. Você falou muito sobre o seu papagaio, mas esse papagaio é único – você precisa esquecer tudo sobre o outro. Chegue mais perto e veja: na perna direita há um pequeno fio; se você puxar esse fio, ele repetirá o Sermão da Montanha. Há também um pequeno fio amarrado na perna esquerda; se você puxá-lo, ele repetirá o Cântico de Salomão. Então, se você tiver um judeu como hóspede, pode fazer o papagaio repetir o Cântico de Salomão, do Velho Testamento; se tiver um convidado cristão, ele pode repetir o Sermão da Montanha, do Novo Testamento".

O bispo disse: "Ótimo; isso é realmente muito bom. E o que vai acontecer se eu puxar os dois fios juntos?".

Antes que o dono pudesse dizer alguma coisa, o papagaio disse: "Nunca faça isso, idiota! Se não eu caio de bunda!".

Até os papagaios têm alguma inteligência.

Cedo ou tarde, a Psicologia precisa investigar os estados criados pela meditação, em espaços que estão além da mente. E, a menos que ouse penetrar no núcleo mais íntimo do ser humano, ela não se tornará uma ciência. No momento, o nome dela está errado; tem que provar que é Psicologia – a ciência da alma.

Limitações da Abordagem Científica

Todas as psicologias do Ocidente estão preocupadas em descobrir o funcionamento da mente – como ela funciona, por que às vezes funciona do modo correto e às vezes de modo errado. Elas aceitaram uma hipótese básica que não é verdadeira: a hipótese de que você não é mais do que a mente, de que você é um corpo-mente. Naturalmente, a Fisiologia examina o corpo e seu funcionamento e a Psicologia investiga a mente e seu funcionamento.

O primeiro ponto a ser observado é que existem aqueles que vieram a conhecer um espaço diferente em si mesmos que não pode ser confinado pela mente e nem definido como parte do funcionamento da mente. Esse espaço silencioso, sem pensamentos, sem ondulações, é o fundamento da psicologia dos budas.

A palavra "psicologia" está sendo usada em todo o mundo de modo absolutamente errado, mas, quando algo se torna comum, nós nos esquecemos de refletir a respeito dela. Até a própria palavra "psicologia" não indica algo sobre a mente, mas sobre a psique. O significado raiz da palavra psicologia é "ciência da alma". Não, ciência da mente. E, se as pessoas forem honestas, elas devem mudar esse nome, porque é um nome errado e leva as pessoas a caminhos errados. Não há psicologia no mundo no sentido de uma ciência da alma.

Usando termos arbitrários – apenas para você poder entender –, vou dizer que você está dividido em três partes. Mas, lembre-se, a divisão é arbitrária. Você é uma unidade indivisível.

O corpo é sua parte externa. É um instrumento imensamente valioso que a existência lhe deu. Você nunca agradeceu à existência o seu corpo. Nem sabe direito o que ele faz por você, durante setenta, oitenta anos, em alguns lugares durante mais de cem anos. A ideia generalizada de que o corpo morre aos 70 anos não é um fato, mas uma ficção que se tornou tão predominante que o corpo simplesmente a segue.

Aconteceu que, antes de George Bernard Shaw chegar aos 90 anos – seus amigos estavam muito intrigados –, ele começou a procurar um lugar fora de Londres, lugar onde vivera a vida toda. Eles perguntaram: "Mas por quê? Você tem uma casa bonita, tantas facilidades... Por que está procurando outro lugar para morar? E está agindo de uma maneira muito estranha... Algumas pessoas acham que você está ficando senil". Porque ele ficava perambulando pelas vilas e aldeias, não dentro das cidades, mas nos cemitérios, e lia o que estava escrito nas lápides. Por fim, ele decidiu morar num vilarejo onde encontrou uma lápide em que estava escrito: "Este homem teve uma morte muito prematura. Tinha apenas 112 anos".

Ele disse aos amigos: "Para mim, é uma hipnose mundial. Porque a ideia dos 70 anos persistiu por tantos anos que o corpo do ser humano simplesmente obedeceu. Se havia um vilarejo onde um homem morreu aos 112 anos e os moradores acharam que ele morreu 'prematuramente', que não era hora ainda de ele morrer...". Shaw morou naquele vilarejo durante seus últimos anos e chegou aos 100 anos de idade.

Setenta anos se tornou um marco em quase todo o mundo. Mas não é a verdade do corpo. É uma corrupção do corpo pela mente.

Estranhamente, todas as religiões são contra o corpo – e o corpo é a nossa vida, o corpo é a nossa comunhão com a existência. É o corpo que respira, é o corpo que nos mantém vivos, é o corpo que quase faz milagres. Você tem alguma ideia de como se transforma um pedaço de pão em sangue, separa-se seus diferentes constituintes e envia-se esses constituintes para onde são necessários? De quanto oxigênio seu cérebro precisa? Você tem alguma ideia? Em apenas seis minutos, se o seu cérebro não receber oxigênio, você entra em coma. Dia após dia, o corpo continua a fornecer a quantidade exata de oxigênio para o seu cérebro.

Como você explica o processo da respiração? Certamente não é *você* que está respirando; é o seu corpo que respira. Se *você* estivesse respirando, não estaria mais vivo. São tantas as preocupações, você poderia se esquecer de respirar e, particularmente à noite, pois ou você respira ou você dorme! E não é um processo simples, porque o ar que o corpo absorve consiste em muitos elementos que são perigosos para você. O corpo aproveita apenas os elementos que vão nutrir a vida e expira tudo o que é perigoso, particularmente o dióxido de carbono.

A sabedoria do corpo não foi reconhecida por nenhuma religião do mundo. Nem as pessoas mais sábias foram mais sábias do que o corpo humano. O funcionamento dele é tão perfeito – e seu entendimento é mantido completamente fora do nosso controle, porque esse controle poderia ser destrutivo.

A primeira parte da sua vida e do seu ser é o seu corpo. O corpo é real, autêntico, sincero. Um profundo respeito, amor e gratidão pelo seu corpo é uma parte fundamental da psicologia dos budas, da psicologia dos que despertaram.

A segunda coisa depois do corpo é a sua mente. A mente é simplesmente uma ficção. Foi usada, na verdade, abusada, por todos os tipos de parasita. Essas são as pessoas que vão ensinar você a ficar contra o corpo e a mente. Existe um mecanismo chamado cérebro. O cérebro faz parte do corpo, mas o cérebro não tem nenhum programa embutido nele. A natureza é tão compassiva! O fato de ela deixar seu cérebro sem nenhum programa embutido significa que você tem liberdade. O que você quiser fazer do seu cérebro, você pode fazer.

Mas essa compaixão por parte da natureza tem sido explorada pelos seus padres, seus políticos, seus chamados grandes homens. Eles encontraram uma grande oportunidade para encher a mente de todos os tipos de besteira. A mente é uma lousa em branco – tudo o que você escrever na mente se torna sua teologia, sua religião, sua ideologia política. E todo pai, toda sociedade, está tão alerta para não deixar seu cérebro em suas próprias mãos que eles imediatamente começam a escrever o Alcorão Sagrado, a Bíblia Sagrada, o Bhagavad-Gita – e na época em que o consideram adulto, capaz de participar dos assuntos do mundo, você não é mais você mesmo.

Isso é tão ardiloso, tão criminoso, que estou surpreso de que ninguém tenha observado.

Nenhum pai tem o direito de forçar uma criança a ser católica ou hindu ou jainista. Os filhos nascem através de você, mas não pertencem a você. Você não pode possuir seres vivos. Você pode amá-los e, se realmente os ama, vai lhes dar liberdade para crescer de acordo com sua própria natureza, sem qualquer coerção, sem qualquer punição, sem qualquer esforço de qualquer outra pessoa para se impor.

O cérebro está perfeitamente correto – é a liberdade que a natureza concedeu a você, um espaço para crescer. Mas a sociedade, antes que você possa crescer nesse espaço, encheu-o com todo tipo de bobagem. Deveria ficar muito bem entendido: o cérebro é natural; a mente é o "recheio" do cérebro. Por isso o cérebro não é cristão, mas a mente pode ser; o cérebro não é hindu, mas a mente pode ser.

A mente é a criação da sociedade, não um presente da natureza. A primeira coisa que a psicologia dos budas faz é tirar todo esse lixo que você chama de mente e deixar o seu cérebro silencioso, puro, inocente, do jeito que ele era quando você nasceu.

A psicologia moderna, em todo o mundo, está analisando o cérebro, analisando todos os pensamentos que constituem a sua mente.

No Oriente, investigamos as partes mais profundas da humanidade e o nosso entendimento é o de que a mente não precisa de nenhuma análise, pois a psicanálise só está analisando lixo. Ela precisa simplesmente ser apagada. No momento em que a mente é apagada – e o método para isso é a meditação –, você fica com um corpo absolutamente belo e com um cérebro silencioso, sem ruídos. No momento em que o cérebro é libertado da mente, a inocência dele toma consciência de um novo espaço, que chamamos de alma.

Depois que encontrou a alma, você encontrou a sua casa. Você encontrou o seu amor, encontrou seu êxtase inesgotável, descobriu que toda a existência está pronta para ver você dançar, se alegrar, cantar – viver intensa e alegremente. Essas coisas acontecem por conta própria.

A mente é a barreira entre seu cérebro, seu corpo e sua alma. Você pode ver a diferença: a Psicologia que nasceu no Ocidente se preocupa com os aspectos menos essenciais de você; ela gira em círculos, ao analisar a mente. A psicologia dos budas, num único golpe, abandona a mente e aceita a apenas aquilo que a existência lhe deu, não qualquer sociedade em que você teve a infelicidade de nascer.

Mas toda sociedade é infeliz, toda religião é infeliz. Essa é a maior calamidade na qual a humanidade já viveu até agora.

Qual é a diferença entre um muçulmano e um cristão, exceto a mente? Qual é a diferença entre um comunista e um espiritualista? Apenas a diferença mental. Cada uma delas foi cultivada de um jeito diferente.

Portanto, a primeira coisa a entender, e a mais básica, é que a psicologia dos budas desenvolveu métodos de meditação que, na realidade, não passam de métodos cirúrgicos para que a mente possa ser removida – ela é pior do que um tumor cancerígeno em você. A não ser pela mente, tudo é absolutamente lindo. Isso porque só a mente é feita pelo ser humano; todo o resto vem das fontes eternas da vida.

A psicologia dos budas não é uma ciência no sentido que você entende, porque a ciência permanece confinada à mente. Ela é mais como uma arte. Seus métodos de trabalho são arbitrários, não são científicos.

Vou dar um exemplo para mostrar que a ciência é um fenômeno muito menor...

Certa manhã, Chuang Tzu sentou-se em sua cama, o que era muito estranho, porque ele costumava se levantar e logo sair da cama. Por que ele ficou sentado, parecendo tão triste? Ele não era um homem de aparentar tristeza.

Na realidade, não encontrei mais ninguém, na literatura do mundo inteiro, que tenha escrito histórias tão belas e absurdas. Elas não fazem nenhum sentido, mas são lindas.

Ele estava criando uma situação.

Os discípulos ficaram preocupados. Foram até ele e perguntaram qual era o problema.

Chuang Tzu disse: "Estou num grande dilema: ontem à noite dormi e sabia perfeitamente bem que eu era Chuang Tzu. Mas à noite sonhei que tinha me tornado uma borboleta".

Os discípulos riram. Ele disse: "Quietos! Isso não tem graça nenhuma! Toda a minha vida está em risco!".

Eles disseram: "Mestre, foi apenas um sonho!".

Ele disse: "Primeiro, vocês precisam ouvir toda a história. Pela manhã, acordei e me ocorreu que se, se Chuang Tzu pode se transformar numa borboleta, o que garante que, num sonho, uma borboleta não possa se transformar em Chuang Tzu? E agora a questão é: quem sou eu? A borboleta sonhando ou...?.

Certamente a situação que ele criou é praticamente insolúvel. Você acha mesmo que pode haver uma solução racional para isso? A pergunta dele é muito pertinente: se Chuang Tzu pode se transformar numa borboleta num sonho, talvez a borboleta tenha ido dormir e se transformado em Chuang Tzu. O problema é que Chuang Tzu está perdendo sua identidade. Ele disse aos discípulos: "Meditem e encontrem uma solução. A menos que encontrem uma solução, eu vou me sentar na minha cama e jejuar, porque é uma questão de vida ou morte".

Eles saíram e discutiram... "Isso é absolutamente absurdo! Também sonhamos, mas essa ideia..."Mas a ideia era tão absurda que não havia solução!

Então chegou Lieh Tzu, o principal discípulo de Chuang Tzu, e todos os discípulos perguntaram a ele o que fazer. O discípulo disse: "Não se preocupem". E, em vez de procurar Chuang Tzu, ele foi até o poço. Os discípulos disseram: "Aonde você está indo?".

Ele disse: "Você apenas esperem. Conheço meu mestre". Ele pegou um balde de água – era uma manhã fria de inverno –, o levou até o quarto do Mestre e despejou a água na cabeça de Chuang Tzu!

Chuang Tzu riu e disse: "Se você não tivesse vindo, minha vida estaria em risco. Você me salvou!".

Lieh Tzu disse: "Agora saia da cama ou vou trazer outro balde de água. Tudo o que você precisa é alguém que o arranque do sonho. Você ainda está sonhando".

Ele disse: "Não, eu vou acordar!".

Os mestres não podem criar uma ciência, porque a ciência só pode ser objetiva. No máximo, você pode chamá-la de arte, porque a arte tem mais flexibilidade, abordagens mais diferentes...

Ora, como você vai chamar Lieh Tzu trazendo um balde de água? De método científico? É apenas uma visão clara, e graças a essa visão clara surge um método arbitrário, ardiloso, mas inteligente.

Na verdade, Chuang Tzu estava esperando que algum discípulo *fizesse* alguma coisa – não era uma questão que se resolvesse sentado, ponderando a respeito. A pergunta era tal que alguém tinha que *fazer* alguma coisa e mostrar sua clareza por meio de um gesto. Esse foi o momento em que Chuang Tzu escolheu Lieh Tzu como seu sucessor. Todos os outros discípulos ficaram sem entender o que tinha acontecido –

que tipo de solução era aquela? A psicologia dos budas não é uma ciência, não é uma filosofia. No máximo, podemos chamá-la de uma arte muito flexível. Não há respostas fixas para coisa alguma.

A psicologia dos budas não pode ser uma ciência. A ciência é sempre objetiva, é sobre o outro. Nunca é sobre o seu próprio ser. É extrovertida, nunca introvertida. Mas o homem que despertou encontra maneiras de sacudir você, até tirá-lo do seu sono, até acordá-lo da sua mente, que é o seu coma, a sua cegueira. É por isso que cada mestre, em diferentes países, usa métodos diferentes. Nenhum método é científico. Depende da pessoa que precisa ser operada. A cirurgia não pode ser uma ciência definitiva. No que diz respeito à psicologia dos budas, ela vai ser muito flexível.

Sim, às vezes o mestre pode bater em você e às vezes o mestre pode abraçá-lo. Mas tudo depende de que tipo de mente ele está tratando, e ele trata diferentes tipos de mente. Você não tem a mesma mente; caso contrário, o mesmo método teria servido.

Por tradição, existem 108 métodos de meditação. Eu passei por todos esses métodos – não apenas li sobre eles; eu experimentei todos. Minha busca era para encontrar a essência de todos esses 108 métodos, porque certamente deve haver algo essencial em todos eles. De acordo com a minha experiência, o que há de essencial em todas as meditações é a arte de testemunhar.

Por isso criei meus próprios métodos, porque tinha encontrado o núcleo essencial. Esses 108 métodos, de certo modo, ficaram um pouco ultrapassados. Eles foram criados por diferentes mestres para tipos diferentes de pessoas, com o propósito de transformar mentes diferentes. A mente contemporânea ainda não existia; a mente contemporânea precisa de novos métodos. Os métodos diferem apenas em seus aspectos não essenciais. O núcleo essencial, a própria alma do método, é sempre a mesma.

Apenas Ser Normal Não Basta

Sigmund Freud introduziu a psicanálise neste mundo. Ela está enraizada na análise da mente e está confinada a ela. Não se afasta da mente, nem um centímetro. Pelo contrário, vai mais fundo na mente, nas suas camadas ocultas, no inconsciente, com a intenção de descobrir maneiras e meios para fazer que a mente do ser humano possa pelo menos normal. O objetivo da psicanálise freudiana não é muito amplo.

O objetivo é manter as pessoas normais. Mas normalidade não é suficiente. Apenas ser normal não significa nada. Significa a rotina normal da vida e sua capacidade de lidar com isso. Não dá significado à vida, não lhe dá sentido. Não lhe dá uma visão da realidade das coisas. Não leva você além do tempo, além da morte. É no máximo um dispositivo para ajudar aqueles que ficaram tão anormais que se tornaram incapazes de enfrentar o cotidiano – não conseguem conviver com as pessoas, não conseguem trabalhar, ficaram desestruturadas. A psicoterapia lhes proporciona uma certa coesão – não integridade, lembre-se, mas apenas uma certa coesão. Ela os transforma numa espécie de "trouxa", de "amontoado". Elas permanecem fragmentadas;

nada se cristaliza nelas, nenhuma alma nasce. Não ficam felizes, são apenas menos infelizes, sofrem um pouco menos.

A Psicologia ajuda as pessoas a aceitar sua infelicidade. Ajuda-as a aceitar que isso é tudo o que a vida pode lhes dar, então não peça mais. De certo modo, é perigoso para o crescimento interior delas, porque o crescimento interior acontece apenas quando há um descontentamento divino. Quando você está absolutamente insatisfeito com o modo como as coisas são, só então você sai em busca; só então você começa a subir mais alto e se esforça para sair da lama.

Jung se aprofundou um pouco mais no inconsciente. Ele chegou ao inconsciente coletivo – ou seja, começou a penetrar cada vez mais numa água barrenta, e isso não ajuda em nada. Assagioli foi para o outro extremo. Vendo o fracasso da psicanálise, ele inventou a psicossíntese... que está enraizada na mesma ideia. Em vez de análise, ele enfatiza a síntese.

A psicologia dos budas, a visão psicológica do Oriente, não é nem análise nem síntese; é transcendência, é ir além da mente. Não é um trabalho que acontece dentro da mente, é o trabalho que leva você para fora da mente. Esse é exatamente o significado da palavra "êxtase" – sair de si.

Se você é capaz de ficar fora da sua própria mente, se é capaz de criar uma distância entre a sua mente e o ser, então deu o primeiro passo em direção à psicologia dos budas. Um milagre acontece: quando você está fora da mente, todos os problemas da mente desaparecem, porque a própria mente desaparece; ela deixa de ter controle sobre você.

A psicanálise é como podar as folhas da árvore. Novas folhas nascerão, pois as raízes não foram cortadas. A psicossíntese está grudando as folhas caídas de volta na árvore, colando-as de novo na árvore. Isso também não vai devolver a vida a elas. Elas parecerão simplesmente feias; não serão vivas, não serão verdes, não farão parte da árvore, só estarão coladas.

A psicologia dos budas corta as próprias raízes da árvore, responsáveis por todos os tipos de neurose, psicose, que deixam o ser humano fragmentado, o ser humano mecânico, o ser humano robotizado. A psicanálise leva anos e a pessoa permanece igual. Está reformando a estrutura antiga, remendando aqui e ali, lavando a casa velha. Mas é a mesma casa; nada mudou radicalmente. Ela não transformou a consciência da pessoa.

A psicologia dos budas não funciona dentro da mente; não tem interesse em analisar ou sintetizar. Simplesmente ajuda você a sair da mente para dar uma olhada do lado de fora. E justamente esse olhar é uma transformação. No momento em que você consegue ver sua mente como um objeto, você se desapega dela, você se desidentifica; cria-se uma distância e as raízes são cortadas.

Por que as raízes são cortadas dessa maneira? Porque é você quem continua alimentando a mente. Se você se identifica, você alimenta a mente; se você não se identifica, para de alimentá-la. Ela desaparece por conta própria.

Existe uma bela história. Eu gosto muito dela...

Um dia , buda está passando por uma floresta. É um dia quente de verão e ele está com muita sede. Ele diz a Ananda, seu principal discípulo: "Ananda, você volta. A uns cinco ou seis quilômetros, passamos por um pequeno riacho. Pegue minha tigela de esmolas e traga um pouco d' água – estou cansado e com muita sede".

Ananda volta, mas, quando chega ao riacho, vê que alguns carros de boi acabaram de passar e deixaram a água do riacho lamacenta. Folhas mortas que estavam no leito do rio foram para a superfície; não era mais possível beber daquela água, estava muito suja. Ele volta de mãos vazias e diz: "Será preciso esperar um pouco. Vou mais para a frente; ouvi dizer que a uns três ou quatro quilômetros à frente, há um grande rio. Trarei água de lá".

Mas Buda insiste. Ele diz: "Você volta e traz água daquele mesmo riacho".

Ananda não conseguia entender a insistência, mas, se o mestre pede que o discípulo faça algo, ele deve obedecer. Mesmo vendo o absurdo daquele pedido – pois novamente teria que andar cinco, seis quilômetros, sabendo que a água não poderia ser ingerida –, ele vai.

Enquanto ele está indo, Buda diz: "E não volte se a água ainda estiver suja. Se estiver suja, você simplesmente se senta na margem em silêncio. Não faça nada, não entre no fluxo. Sente-se na margem silenciosamente e observe. Mais cedo ou mais tarde, a água estará limpa novamente e você poderá encher a tigela e voltar".

Ananda vai até o riacho. Buda estava certo: a água está quase transparente, as folhas começaram a se assentar novamente no fundo. Mas a corrente ainda não está absolutamente límpida, então ele se senta na margem e observa a água passar. Lentamente, muito lentamente, ela fica cristalina. Então ele volta dançando; entendeu o porquê de o Buda ser tão insistente. Havia uma certa mensagem para ele e ele a compreendeu. Ananda deu a água para o Buda e agradeceu, tocando os pés do mestre.

Buda diz: "O que você está fazendo? Eu que tenho de agradecê-lo por trazer água para mim".

Ananda diz: "Agora eu entendo. Primeiro fiquei com raiva; eu não demonstrei, mas fiquei com raiva, porque parecia absurdo voltar. Mas agora eu entendo a mensagem. Isso é o que eu realmente precisava neste momento. O mesmo acontece com a minha mente – sentado na margem daquele pequeno riacho, percebi que o mesmo acontece com a minha mente: se eu saltar no riacho, vou sujá-lo novamente. Se eu saltar na mente, mais ruído vou criar, mais problemas começarão a surgir, a vir à tona. Sentado à margem daquele riacho, aprendi a técnica.

"Agora vou ficar sentado ao lado da minha mente também, observando toda a sua sujeira, os problemas, as folhas velhas, as dores e as mágoas, as memórias e os desejos. Sem me preocupar, vou me sentar à margem e aguardar até o momento em que tudo estiver mais claro".

E isso acontece por si só, porque no momento em que se senta à margem da sua mente, você deixa de dar energia a ela. Isso é meditação de verdade. Meditação é a arte da transcendência.

Freud fala sobre análise, Assagioli sobre síntese. Os Budas sempre falaram sobre meditação, consciência.

Meditação, consciência, vigilância, testemunho – essa é a singularidade da psicologia da transcendência. Nenhum psicanalista é necessário. Você pode fazer isso sozinho; na verdade, você *tem* que fazer isso sozinho. Nem precisa de instruções, é um processo muito simples – simples se você fizer; se você não fizer, parece muito complicado. Até a palavra "meditação" assusta muitas pessoas. Elas acham que é algo muito difícil, árduo. Sim, é difícil e árduo se você não fizer... É como nadar. É muito difícil se você não sabe nadar, mas, se você sabe, reconhece que é um processo muito simples. Nada pode ser mais simples do que nadar. Não é nem um pouco complicado; é muito espontâneo e natural.

Fique mais consciente da sua mente. E, quando fizer isso, você perceberá o fato de que você não é a mente, e esse é o começo da revolução. Você começou a fluir cada vez mais alto. Você não está mais amarrado à mente. Ela funciona como uma pedra e mantém você embaixo. Mantém você dentro do campo de gravidade. No momento em que não está mais apegado à mente, você entra no campo búdico. Quando a gravidade perde o poder sobre você, você entra no campo búdico, e entrar no campo búdico significa entrar no mundo da levitação. Você começa a flutuar, a subir.

A mente continua arrastando você para baixo. Portanto, não é uma questão de analisar ou sintetizar. É simplesmente uma questão de tomar consciência. É por isso que no Oriente não desenvolvemos nenhuma psicoterapia como a freudiana ou a junguiana ou adleriana... como há tantas no mundo agora. Nós não desenvolvemos uma única psicoterapia porque sabemos que as psicoterapias não podem curar. Eles podem ajudá-lo a aceitar suas feridas, mas não podem curar.

A cura acontece quando você não está mais ligado à mente. Quando você está desconectado da mente, não identificado, absolutamente livre; quando a escravidão termina, a cura acontece.

Transcendência é terapia de verdade, e não é apenas psicoterapia. Não é apenas um fenômeno limitado à sua psicologia, é muito mais que isso. É espiritual. Cura você no seu próprio ser.

> *Na psicoterapia intensiva, o paciente pode falar ou ouvir, quer dizer, tentar se ouvir. Somente isso tem valor. Um bom terapeuta, especialmente se existe amor, conseguirá muitas maneiras de intensificar esse processo de ficar atento ao inesperado. Isso é uma forma de meditação? Na realidade, pode-se dizer que o ideal seria que tanto o terapeuta quanto o paciente meditassem juntos?*

Terapia é basicamente meditação e amor, porque, sem amor e meditação, nenhuma cura é possível. Quando o terapeuta e o paciente não são dois, quando o terapeuta não é apenas um terapeuta e quando o paciente não é mais um paciente, mas surge um profundo relacionamento eu-tu, no qual o terapeuta não está tentando tratar a pessoa, quando o paciente não está olhando o terapeuta como alguém separado de si mesmo – nesses raros momentos, a terapia acontece. Quando o terapeuta se esqueceu do seu conhecimento e o paciente se esqueceu da sua doença, e há um diálogo, um diálogo entre dois seres, naquele momento, entre os dois, a cura acontece. E se ela acontece, o terapeuta sempre saberá que ele serviu apenas como instrumento para uma força divina, para uma cura divina. Ele será tão grato pela experiência quanto o paciente. Na realidade, ele ganhará tanto com isso quanto o paciente.

Quando você trata uma pessoa como paciente, você a trata como se ela fosse uma máquina. Assim como um mecânico que está tentando consertar, ajustar um mecanismo, o terapeuta torna-se um especialista, apoiando-se nos conhecimentos que estão na cabeça dele. Ele está tentando ajudar a outra pessoa como se ela não fosse uma pessoa, mas uma máquina. Ele pode ser tecnicamente especialista, pode ter o *know-how,* mas não vai ser de muita ajuda. Porque o próprio ponto de vista é destrutivo. O próprio fato de olhar o paciente e vê-lo como um objeto cria uma resistência no paciente; ele fica magoado.

Você já reparou? Há pouquíssimos médicos com os quais você não se sente humilhado, com quem não se sente tratado como um objeto, com quem se sente respeitado, visto como uma pessoa, não como mecanismo. E isso acontece mais ainda quando é uma questão de psicoterapia. O psicoterapeuta precisa esquecer tudo o que ele sabe. No momento da terapia, ele tem que se tornar amor, um amor fluido. No momento, ele tem que aceitar a humanidade do outro, a subjetividade do outro. O outro não deve ser reduzido a nada; caso contrário, você fechou as portas para uma força de cura maior se derramar sobre ele, logo de início. Ser um terapeuta é uma das coisas mais difíceis do mundo, porque você precisa saber ajudar e, por outro lado, precisa esquecer tudo o que sabe para ajudar. Você precisa saber muito para ajudar e precisa esquecer tudo para ajudar. O terapeuta tem que fazer uma coisa muito contraditória, pois somente assim a terapia acontece. Quando o amor flui e o terapeuta ouve o paciente com enorme atenção, e o paciente também tenta ouvir seu próprio ser interior, o inconsciente conversa com ele – quando ele escuta seu inconsciente, aos poucos, nessa escuta profunda, deixa de haver duas pessoas. Talvez haja duas polaridades...

Se você me ouve, a cura está acontecendo o tempo todo. Se você me escuta com tanta atenção que nem está ali – está sem mente, sem pensar –, você é todo ouvidos, só está ali ouvindo, absorvido; e eu não estou ali também... Naqueles raros momentos em que você não está ali também, ocorre a cura. De repente, você está curado. Sem nem saber, você está sendo curado todos os dias. Sem nem saber, a cura está à sua volta, a força de cura está rodeando você. Suas feridas se curam, sua escuridão desaparece, suas limitações são rompidas; isso é terapia.

No Oriente, nunca tivemos nada parecido com a psicoterapia, pois o mestre já era mais do que suficiente. Qualquer coisa que a psicoterapia souber hoje, o Oriente já sabe há séculos, não é nenhuma novidade. Mas, no Oriente, nunca tivemos a categoria de psicanálise, só a de mestre; nem a de paciente, só a de discípulo.

Olhe só a diferença. Se você vem até mim como paciente, traz com você uma mente feia; se vem como discípulo, traz uma mente bela. Se eu olho para você como terapeuta, o olhar em si reduz você a uma coisa; se eu olho como mestre, esse meu olhar eleva você às grandes alturas do seu ser interior. No Oriente, nunca chamamos o mestre de "psicoterapeuta", embora ele seja o maior psicoterapeuta que o mundo já conheceu. Apenas por se sentar ao lado do Buda, milhões já foram curados. Aonde quer que ele fosse, ocorria a cura, mas nunca se falava em cura. Ela simplesmente acontecia; não havia nenhuma necessidade de se falar sobre ela. A própria presença do Buda, e o amor amoroso do mestre, e a disposição por parte do discípulo para absorver o que está sendo oferecido...

A ideia de ser um "paciente" não é bela. A própria palavra é feia, embora ela venha de uma raiz muito bonita. Ela vem da mesma raiz da palavra "paciência", mas tornou-se feia por associação. O discípulo é totalmente diferente: ele vem aprender algo, não vem para ser tratado. O tratamento acontece por si só. Toda terapia é um aprendizado. A propósito, por que você se tornou um doente mental? Porque aprendeu algo errado. Você aprendeu algo tão radicalmente errado que você é preso a isso. Você precisa de alguém que possa descondicionar você, que possa ajudá-lo a desaprender e a canalizar sua energia para um caminho diferente, isso é tudo.

Por exemplo, uma mulher veio até mim. Eu a estive observando por muitos anos; ela vem me procurar há muitos anos. A primeira vez que ela veio, me disse que não estava interessada em sexo, mas o marido estava continuamente atrás de sexo e ela se sentia muito mal com isso; ela estava até com nojo dele: "Como acabar com isso? O que devo fazer?", ela perguntou. Eu falei com o marido e disse: "Só por um mês, não mostre interesse em sexo. Depois de um mês, as coisas vão melhorar e ficar diferentes". Por um mês, ele seguiu minha sugestão. A mulher veio novamente. Ela disse: "Estou muito magoada, porque meu marido não está nem um pouco interessado em mim sexualmente". Então eu disse a ela: "Agora você precisa entender o que está acontecendo. Quando seu marido tem interesse sexual, você tem um certo poder sobre ele. Você gosta desse poder, mas, ao mesmo tempo, também sente que está sendo usada. Porque seu marido olha para você sexualmente e isso significa que ele olha para você como um meio para uma certa satisfação. Você sente que está sendo usada". Quase todas as mulheres sentem que estão sendo usadas, e esse é o problema. Mas, se o marido parar de demonstrar interesse, elas esquecem tudo sobre serem usadas e ficam com medo – então começam a achar que o marido está perdendo o interesse por elas. Agora elas não têm mais poder sobre ele, não mais o possuem. Então eu disse à mulher: "Basta olhar para o fato: se você deseja possuir seu marido, terá que ser possuída por ele. Se você deseja possuir o marido, então terá que ser usada por ele".

Uma mente possessiva será possuída. Para possuir qualquer coisa, você precisa ser possuído por ela. Quanto mais você possui, mais escravidão você cria em torno de si. A liberdade vem quando você desaprende a ser possessivo. Quando desaprende a ser possessivo, você não está em busca de nenhum poder sobre ninguém. Então o ciúme não surge. E, quando você não está tentando possuir o outro, você cria tanta beleza à sua volta que o outro não consegue olhar para você como uma coisa. Você se torna uma pessoa glorificada, vibrante, iluminada. Você se torna uma luz para si mesma; ninguém pode possuí-la. Quem quer que se aproxime, sentirá a tremenda beleza, e não será capaz de pensar em você como uma coisa.

Agora toda mulher sofre, porque primeiro ela quer possuir; quando ela quer possuir, ela é possuída; quando ela é possuída, sente: "Estou sendo usada". Se ela não está sendo usada, ela sente que o poder está se esvaindo. Assim a mulher sempre permanece em sofrimento e acontece a mesma coisa com os homens.

Examinar profundamente um problema é ser curado, porque o próprio ato de olhar já mostra que você aprendeu algum truque errado.

Para desaprender... existe cura. As pessoas estão mentalmente doentes porque foram condicionadas incorretamente. Todo mundo é condicionado para ser competitivo e todo mundo foi ensinado a ficar calado e ser pacífico. Isso é uma estupidez; você não pode ser as duas coisas. Ou você é competitivo e permanece tenso; ou você é silencioso e amante da paz, portanto não pode ser competitivo.

Você aprendeu dicotomias. Mandam você seguir em duas direções ao mesmo tempo, e você aprendeu isso. Ensinaram você a ser humilde e, a vida inteira, também o ensinaram a ser egoísta.

Se seu filho é o primeiro da classe na universidade, você fica muito feliz. Você dá uma festa para os amigos dele e fica dizendo que seu filho é um grande homem; que ele é o primeiro da classe e foi premiado com uma medalha de ouro. Ora, essa é uma massagem no ego, como todas as medalhas são. E, ao mesmo tempo, você continua ensinando seu filho a ser humilde. Agora você está criando uma dificuldade: se ele se tornar humilde, não será competitivo; se ele se tornar competitivo, não poderá ser humilde. Se ele quer ganhar todas as medalhas de ouro que esta vida pode dar, então não pode ser humilde. Então toda humildade será pura hipocrisia. É preciso refletir. Agora esse homem estará em apuros: ele sempre tentará ser humilde e sempre tentará ter sucesso na vida. Se conseguir, ele nunca desfrutará do sucesso, porque terá se tornado arrogante e egoísta, e ele tinha o ideal de ser humilde e sem ego. Se ele se tornar humilde e sem ego, não vai se sentir feliz, porque ele tem esse ideal de ter sucesso no mundo, de mostrar ao mundo do que ele é capaz.

A sociedade continua sendo contraditória, incoerente, e continua ensinando a você coisas que são absolutamente erradas. Por isso a doença acontece; por isso surge o tumulto psíquico dentro de você, o conflito dentro de você. Então chega a um ponto em que tudo fica na maior desordem, de pernas para o ar. Você pode ir a um mestre ou pode ir a um psicoterapeuta. Se procurar um mestre, vá como um discípulo, para aprender. Você aprendeu algo errado; tem que desaprender e aprender algo novo. Quando vai como discípulo, não se sente humilhado, sente-se feliz por isso. Mas, se for um doente mental, se for na posição de paciente, você fica envergonhado. Se for a um psicoterapeuta, você vai querer ocultar os fatos. "As pessoas não devem saber disso, porque significa que minha mente não está funcionando bem". Se for ao psicoterapeuta, você vai querer escondê-lo. O psicoterapeuta é um especialista: ele próprio tem problemas, quase os mesmos que você tem; ele pode ajudá-lo até certo ponto, mas não tem sido muito útil para si mesmo.

Mas um mestre não tem problemas. Ele pode ser de grande ajuda porque pode ver através de você, em profundidade. Você fica transparente diante dele. Um psicoterapeuta é um profissional; mesmo que ele cuide de você, demonstre um certo amor por você, um carinho, é um gesto profissional. Um mestre não tem uma relação profissional com você. O relacionamento é totalmente diferente; é de coração para coração.

Existem tantas psicoterapias, mas nada está provando ser útil. Os pacientes passam de um psicanalista para outro, de uma terapia para outra. Toda a vida deles consiste em bater de porta em porta. Os mestres são necessários, pessoas realizadas, que sabem amar, são necessárias. Mas, mesmo na psicoterapia comum, se por alguns instantes acontecer de um paciente não ser mais um paciente e o terapeuta não ser mais um terapeuta – surgir um certo amor, uma certa humanidade; se eles esqueceram seu relacionamento profissional e o amor fluir – a cura acontece imediatamente.

A cura é uma função do amor. O amor é a maior das terapias e o mundo precisa de terapeutas porque falta amor no mundo. Se as pessoas estivessem amando – se os pais tivessem amado, se professores e professoras tivessem amado, se a sociedade tivesse um clima amoroso – não haveria necessidade de terapia.

Todo mundo nasce para permanecer saudável e feliz. Todo mundo está buscando saúde e felicidade, mas em algum lugar algo está faltando e todo mundo fica infeliz. A infelicidade deveria ser uma exceção; tornou-se a regra. A felicidade devia ser a regra; tornou-se uma exceção. Eu queria um mundo onde nasçam budas, mas onde ninguém se lembre deles porque são a regra. Atualmente Buda é lembrado, Cristo é lembrado, Lao Tzu é lembrado, porque eles são exceções. Caso contrário, quem se importaria com eles? Se houvesse um Buda em todas as casas, se houvesse Budas em cada esquina e você pudesse encontrar Laos Tzus em qualquer lugar, quem se importaria? Então essa seria a regra simples. Deveria ser assim.

Lao Tzu diz: "Se o mundo fosse realmente moral, não haveria possibilidade de alguém se tornar um santo". Se o mundo fosse realmente religioso, não haveria necessidade de religiões. As pessoas seriam simplesmente religiosas; as religiões não seriam necessárias. Se houvesse ordem, disciplina, uma ordem e uma disciplina naturais, as palavras "ordem" e "disciplina" não existiriam. A ideia de ordem surge apenas quando há desordem. As pessoas começam a falar sobre disciplina onde não há disciplina, e as pessoas falam sobre cura quando a doença aparece. As pessoas falam sobre o amor quando está faltando amor. Mas, basicamente, a terapia é uma função do amor.

Se você é um terapeuta, nunca olhe para o paciente como um paciente. Olhe para ele como se ele tivesse aprendido algo – um discípulo. Ajude-o, mas não como um especialista; ajude-o como um ser humano e ocorrerá muitas curas. Haverá menos terapia e mais cura. Caso contrário, a terapia continuará por anos e anos a fio, e o resultado será quase nulo. Ou, às vezes, o resultado é até prejudicial.

Eu ouvi falar de um homem que tinha um hábito muito curioso: sempre que ele estava num bar, bebia vinho e deixava um gole no copo, que derramava ao redor dele, por cima das pessoas. Ele apanhou muitas vezes. Então o dono do bar sugeriu: "Por que você não vai a um psicanalista? Você precisa de terapia, porque já apanhou aqui e foi jogado para fora do bar, mas depois voltou e fez a mesma coisa. Algo deve estar errado. Você está obcecado com isso".

Então o homem foi embora e três meses depois voltou. Ele estava parecendo melhor. O dono do bar perguntou: "Você foi ao psicanalista? Porque faz três meses que você não aparece...".

O homem disse: "Sim, e isso me ajudou muito".

"Você está curado?", o proprietário perguntou.

Ele disse: "Perfeitamente curado". Mas então ele fez a mesma coisa novamente!

O proprietário disse: "Que tipo de terapia é essa? Você está fazendo a mesma coisa!".

O homem disse: "Mas estou completamente mudado. Antes eu costumava fazer isso e me sentir culpado. Agora não sinto mais culpa nenhuma. O psicanalista me ajudou, me curou da culpa. Eu costumava ficar constrangido, agora não ligo mais para o que as pessoas pensam".

Isso aconteceu: a psicanálise ajudou muitas pessoas apenas a sentir que nada importa. Não deu uma responsabilidade mais profunda, apenas tirou o sentimento de culpa. O sentimento de culpa é ruim; tem que ser retirado. Mas deveria ser retirado de tal maneira que a pessoa desaprendesse a ideia de culpa, mas aprendesse a ideia de responsabilidade. A culpa é ruim, a culpa é muito perigosa, ela destrói você. É como uma ferida. Mas sentir-se responsável é muito, muito essencial – dá a você alma, oferece a você uma integração. E a menos que se sinta responsável, não é uma pessoa saudável. Uma pessoa saudável está sempre ciente de tudo o que está fazendo, do que é responsável. A própria ideia de responsabilidade lhe dará liberdade, dignidade. Um ser autêntico resultará disso. Você se tornará mais presente, você estará mais aqui e agora.

A ideia de culpa é uma moeda falsa. Parece responsabilidade, mas não é. A culpa deixa você deprimido. A responsabilidade dá a você uma intensidade, uma nitidez de consciência. Você terá mais integração, vai se sentir mais coeso.

E, se ama as pessoas, você será amado. Se curar pessoas, se você se tornar um veículo da força e da energia de cura, você será curado. E lembre-se sempre de que, quando cura uma pessoa, você faz parte do processo; você também é curado. Quando ensina uma pessoa, você também é ensinado. A melhor maneira de aprender algo é ensinando. Mas lembre-se de que o mestre também é um discípulo. Ele continua aprendendo continuamente. Cada discípulo é uma nova lição, e trabalhar com cada paciente, ou discípulo, é como abrir um novo livro, uma nova vida.

Grandes são as recompensas do amor. Crie um clima ao redor de você mesmo, para que o paciente venha aprender, desaprender, ser transformado. Ele não deve ser visto como um "caso clínico", mas como um ser humano desamparado, tão desamparado quanto você. Não olhe para baixo, como se estivesse no alto de uma torre, pensando: "Sou mais espiritualizado do que você"; achando-se superior ao outro, mais sábio do que o outro. Não olhe para a outra pessoa dessa maneira; esse olhar é violento e o amor se torna impossível. Olhe como um ser humano, tão impotente quanto o outro – no mesmo barco, na mesma situação. Você será útil e muitas curas acontecerão por meio de você.

Eu ouvi uma história sobre um famoso professor de Harvard, Charles T. Copeland. Uma vez um aluno perguntou a ele: "Posso fazer alguma coisa para aprender a arte da conversação?".

"Sim, pode fazer uma coisa", disse Copeland. "Se você ouvir, eu posso dizer qual é".

Por alguns minutos houve só silêncio, então o aluno disse: "Estou ouvindo, professor".

"Veja só", disse Copeland. "Você já está aprendendo".

Ouvir é aprender, porque, quando você ouve em silêncio, toda a existência começa a falar com você. Quando estiver absolutamente silencioso, esse é o melhor momento para aprender.

A vida revela seus segredos quando você está em silêncio.

Portanto, seja ajudando um discípulo, um companheiro de viagem ou um amigo, seja tentando curar um paciente, procure ser um ótimo ouvinte. Ouça de modo tão apaixonado, tão atento, que o outro se torne, pouco a pouco, capaz de revelar suas profundezas mais secretas a você – profundezas que ele não revelou a ninguém, porque ninguém estava pronto para ouvir; profundezas que ele não revelou nem a si mesmo, porque ele também não estava pronto para ouvir; profundidades que estavam guardadas na escuridão. Ouça tão profundamente que o próprio ato de ouvir traga à tona tudo o que está escondido no paciente, no discípulo. Ele ficará surpreso ao ver que está dizendo aquelas coisas a você, pois ele nunca soube que aquilo tudo existia dentro dele. Através da sua disposição para ouvir, você fará que ele fique ciente do seu próprio inconsciente, e isso é terapêutico. Quando o inconsciente se torna consciente, muitas coisas desaparecem. Tudo o que é lixo desaparece e tudo o que é importante se aprofunda.

Mas como você pode ensinar alguém a ouvir? Sendo um ótimo ouvinte. Enquanto estiver ouvindo um paciente ou um amigo, não pareça entediado. Se ficar entediado, diga à pessoa que aquele não é o melhor momento para conversarem: "Outra hora conversamos. Não estou com muita disposição para ouvir agora". Nunca ouça ninguém quando está se sentindo entediado, porque seu tédio cria um clima em que o outro se sente imediatamente rejeitado. O seu tédio transmite a ele: "O que você está dizendo é tudo bobagem. Pare, feche essa boca!". Se você disser alguma coisa ou não, não importa. Todo o seu ser está dizendo: "Fique quieto! Pare logo com essa falação!".

Por causa disso, Freud costumava usar um determinado método. O método era se esconder do paciente. O paciente se deitava no sofá e Freud se sentava logo atrás dele. O paciente não conseguia ver o que Freud estava pensando, se ele estava ouvindo ou não. Freud sentava-se nas costas e o paciente fazia um monólogo consigo mesmo. A análise freudiana leva muitos anos: três, quatro, cinco e até dez anos.

Existem até pacientes que fizeram análise por vinte anos e nada aconteceu. É desumano. Fique de frente para o paciente; olhe no olho dele, não se esconda como um fantasma. Seja humano, mantenha-se aberto e ouça.

Freud ensinou seus discípulos a nunca tocar o paciente. Isso está absolutamente errado, porque assim você perde sua humanidade. Há momentos em que apenas segurar a mão do paciente já é de grande ajuda. Ajuda muito mais o paciente do que toda análise. Mas Freud tinha muito medo da possibilidade de haver alguma intimidade entre o médico e o paciente. O médico deveria permanecer distante e reservado; não deveria descer para o mundo humano. Freud tinha muito medo, ao que parece, da sua própria humanidade. Ele tinha muito medo da sua própria mente.

Ele não podia permitir intimidade; um medo muito profundo, um complexo muito profundo, devia existir nele. Pessoas que têm medo de relacionamentos têm medo de si mesmas, porque no relacionamento elas se revelam, no relacionamento elas veem seu reflexo. Freud era um puritano.

Não há necessidade de tanta distância; do contrário, a cura não acontece. Chegue mais perto. O paciente deve ser induzido a desenvolver uma profunda intimidade com o terapeuta, para que ele possa revelar seus segredos, para que ele possa abrir o coração para você.

E reaja! Não ouça o que ele diz como se você fosse uma estátua de mármore! Mostre alguma reação. Às vezes ria com a pessoa, às vezes chore e soluce. Reaja, porque, quando você reage, o relacionamento, o momento, torna-se vivo. Se você não reagir, a coisa toda parece uma coisa velha, morta. Reaja; torne a coisa toda viva, e isso é possível. Muito mais possível do que apenas analisar, diagnosticar. A psicanálise de Freud continua sendo algo que acontece apenas na cabeça. A terapia real tem que ser total.

Consciência, Inconsciência e Totalidade

Um dia, uma mulher veio à escola de Mulá Nasruddin com uma criança pequena, o filho dela. A mulher pediu a Mulá para assustar o garoto. Ele estava muito indisciplinado e não queria ouvir ninguém. Precisava ter medo de alguma grande autoridade. O Mulá, é claro, era uma grande autoridade em sua aldeia. Ele assumiu uma postura muito assustadora. Com os olhos esbugalhados e um olhar ardente, começou a saltar. A senhora sentiu: "Agora é impossível deter o Mulá; ele pode até matar o garoto!".

A mulher desmaiou e o menino fugiu. O Mulá ficou tão assustado consigo mesmo que teve que sair correndo da escola. Ele esperou do lado de fora e a mulher voltou. Então ele entrou, devagar, silencioso e sério. A mulher disse: "Mulá, é estranho! Eu não pedi para você *me* assustar". O Mulá disse: "Você não vê o fato real. Não era só você que estava assustada; até eu tive medo de mim mesmo. Quando o medo toma conta, ele destrói tudo, e é fácil iniciá-lo, mas controlá-lo é difícil. Portanto, eu era o mestre quando comecei, mas logo o medo tomou conta de mim e se tornou o mestre, enquanto eu era o escravo; eu não podia fazer nada. E, além disso, o medo não tem favoritos. Quando atinge, ele atinge a todos".

Essa é uma bela parábola, que mostra uma visão profunda da mente humana. Você é consciente de tudo só no começo, mas depois o inconsciente toma conta. Ele assume o controle e se torna o mestre. Você pode começar seu ataque de raiva, mas nunca conseguirá pôr um fim nele. Pelo contrário, a raiva acaba com você. Você pode começar qualquer coisa, mas cedo ou tarde o inconsciente assume o controle; você fica livre do seu dever. Portanto, apenas o começo está em suas mãos, nunca o fim, e você não é o mestre das consequências que acarreta.

Isso é natural, porque apenas um fragmento muito pequeno da mente é consciente. Ele funciona como o motor de arranque de um carro. Dá a partida e depois não serve para mais nada, o motor assume o comando. Ele é necessário apenas para dar a partida; sem ele, é difícil fazer o carro andar. Mas não pense que, porque começou uma certa coisa, você é o mestre dela. Esse é o segredo dessa parábola. Como foi você que começou, acha que é o mestre. Como foi você que começou, acha que pode parar a hora que quiser.

Você pode não ter iniciado, isso é outra história, mas, depois que algo é iniciado, logo o voluntário se torna o não voluntário e o consciente se torna inconsciente, porque o consciente é apenas a camada superior, apenas a superfície da mente, ao passo que quase a mente inteira está inconsciente. Você começa e o inconsciente já entra em cena e começa a funcionar.

O Mulá depois disse: "Eu não sou responsável pelo que aconteceu. Eu não sou responsável! Sou responsável apenas por começar a coisa toda, e foi você quem me disse para começar. Comecei a assustar o garoto, então o garoto ficou assustado, depois você desmaiou, depois eu fiquei assustado e tudo virou uma confusão".

Tudo virou uma confusão na nossa vida também, com a consciência começando algo e o inconsciente sempre assumindo o controle depois. Se você não perceber isso, se não perceber como esse mecanismo funciona, sempre será um escravo. E a escravidão se torna mais aceitável se você continuar pensando que é o mestre. É difícil ser um escravo conscientemente, sabendo que você é um escravo. É mais fácil ser escravo quando você se engana, dizendo que você é o mestre – do seu amor, da sua raiva, da sua ganância, do seu ciúme, da sua violência, da sua crueldade; até da sua simpatia e compaixão.

Eu digo que é "seu", mas é seu apenas no começo. Só por um instante, apenas a faísca é sua. Depois o mecanismo entra em ação, e todo esse mecanismo é inconsciente.

Por que isso acontece assim? Por que esse conflito entre consciente e inconsciente? Porque existe um conflito. Você não pode prever nem o que você mesmo fará. Até você, seus atos, são imprevisíveis, porque você não sabe o que vai acontecer, não sabe o que vai fazer. Você não sabe nem o que fará daqui a um instante, porque o agente está imerso na escuridão. Você não é o agente. Você é apenas o ponto de partida. A menos que todo o seu mecanismo se torne consciente, você será um problema para si mesmo e um inferno para os outros. Não haverá nada a não ser sofrimento.

Você pode se tornar inteiro apenas de duas maneiras. A primeira é perder a consciência fragmentada. Jogue fora esse fragmento da mente que se tornou consciente, jogue na escuridão do inconsciente, dissolva-o e você estará inteiro. Mas então você será como um animal, e isso é impossível. Seja o que for que você faça, não é possível. É concebível, mas não é possível. Você será empurrado para frente o tempo todo. Essa pequena parte de você que se tornou consciente não pode se tornar inconsciente outra vez. É como um ovo que se tornou uma galinha. Agora a galinha não pode mais voltar a ser um ovo. Uma semente que brotou começou a jornada para ser uma árvore. Agora não pode voltar atrás; não pode regredir e se tornar uma semente. Uma criança que saiu do útero não pode mais voltar, não importa o quanto seja agradável dentro do útero.

Não há como voltar atrás. A vida sempre avança para o futuro, nunca volta para o passado.

Só o ser humano pode pensar no passado. Por isso digo que é concebível, mas não pode ser realizado. Você pode imaginar, pode pensar em voltar, pode acreditar que é capaz, pode tentar retroceder, mas não pode fazer isso. Isso é uma impossibilidade. A pessoa tem que seguir em frente. E seguir em frente é a segunda maneira de se tornar inteiro.

Consciente ou inconscientemente, a pessoa está avançando a todo momento. Se avançar conscientemente, a velocidade será acelerada. Se avançar conscientemente, você não desperdiça nem tempo nem energia. Então, pode acontecer até de você avançar numa vida o que não avançaria nem em um milhão de vidas, se avançasse sem consciência, porque, se avança sem estar consciente, você avança em círculos.

Todo dia você faz tudo igual, em toda vida você faz tudo igual, e a vida se torna apenas um hábito, um hábito mecânico, uma repetição.

Você pode romper o hábito repetitivo se avançar conscientemente. Depois disso, há um grande avanço. Portanto, a primeira coisa é estar ciente de que sua consciência é tão pequena que funciona apenas como um motor de arranque. A menos que você tenha mais consciência do que inconsciência, o equilíbrio não mudará.

Quais são os obstáculos? Por que essa situação? Porque as coisas são assim? Por que esse conflito entre consciente e inconsciente? Isso é natural. O que quer que seja, é natural. Você evoluiu ao longo de milhões de anos. Essa evolução criou você, seu corpo, seu mecanismo. A evolução foi uma longa luta – milhões e milhões de experiências de fracassos, de sucessos. Seu corpo aprendeu muito; seu corpo aprendeu coisas continuamente. Seu corpo sabe muito, e o conhecimento dele é fixo. Ele continua repetindo suas próprias maneiras de se comportar. Mesmo que a situação tenha mudado, o corpo permanece o mesmo. Por exemplo, quando você sente raiva, sente da mesma maneira que qualquer homem primitivo, você sente isso da mesma maneira que qualquer animal, você sente da mesma maneira que qualquer criança. E este é o mecanismo: quando você sente raiva, seu corpo tem um hábito fixo, um ritual, um trabalho de rotina a fazer. No momento em que sua mente diz "raiva", suas glândulas começam a liberar substâncias químicas no sangue. A adrenalina é liberada no sangue. É uma necessidade, porque, com raiva, você terá que atacar; caso contrário, poderá ser atingido pelo seu oponente. Você precisará de mais circulação sanguínea, e essa química ajudará na circulação. Você pode precisar lutar ou pode precisar escapar de uma situação, fugir. Nos dois casos, essa química ajudará. Então, quando algum animal está com raiva, o corpo fica pronto para lutar ou para levantar voo. E essas são as duas alternativas: se o animal sente que é mais forte que o oponente, ele lutará; se ele sente que não é o mais forte, ele fugirá. O mecanismo funciona muito bem.

Mas, para o ser humano, a situação se tornou totalmente diferente. Se você sente raiva, talvez nem a expresse. Essa possibilidade é impossível para o animal, mas para você depende da situação. Se a raiva é contra seus empregados, você pode expressá-la. Se for contra o seu chefe, você não poderá expressá-la. Não é só isso: você pode até rir ou sorrir; você pode persuadir seu chefe a pensar que você não apenas não está bravo, mas está feliz. Agora você está confundindo o mecanismo inteiro do corpo. O corpo está pronto para lutar e você está sorrindo. Você está criando uma bagunça no seu corpo. O corpo não consegue entender o que você está fazendo. Você está louco? Está pronto para fazer uma das duas coisas, que são naturais: lutar ou fugir.

Esse sorriso é algo novo. Esse engano é algo novo. O corpo não tem mecanismo para isso, então você precisa forçar o sorriso, sem a química que ajuda você a sorrir, que ajuda você a rir. Agora, nessa situação de raiva, você não tem química para rir. Você tem que forçar um sorriso, um sorriso falso, e o corpo liberou substâncias químicas no sangue para lutar. Agora o que o sangue fará? O corpo tem uma linguagem que ele entende muito bem, mas você está se comportando de maneira insana. Agora criou-se uma lacuna entre você e seu corpo. O mecanismo corporal é inconsciente, é involuntário. Sua vontade, sua intenção consciente, não são necessárias, porque a intenção consciente leva tempo e existem situações em que não se pode perder tempo.

Um tigre atacou você – agora não há tempo para meditar. Você não pode pensar no que fazer. Você tem que fazer alguma coisa sem pensar; se a mente entrar em ação, você está perdido. Você não pode pensar, não pode dizer ao tigre: "Espere! Deixe-me pensar a respeito, sobre o que vou fazer". Você tem que agir imediatamente, sem nenhuma consciência.

O corpo tem um mecanismo. O tigre está diante de você, a mente só sabe que o tigre está diante de você, e o mecanismo do corpo começa a trabalhar. Esse trabalho não depende da mente, porque a mente é um trabalhador muito lento, muito ineficiente. Não pode ser convocado em situações de emergência, por isso o corpo começa o trabalho. Você está assustado. Você vai fugir, você vai escapar.

Mas a mesma coisa acontece quando você está num palco, se dirigindo a um grande público. Não há nenhum tigre ali, mas você está assustado com a grande plateia. O medo toma forma; o corpo é informado. A informação de que você está com medo é automática e o corpo começa a liberar substâncias químicas – as mesmas substâncias que serão liberadas quando um tigre atacar você. Não é um tigre, na realidade não há ninguém atacando você, mas, na sua mente, o público parece representar um ataque. Todo mundo ali parece agressivo, aos seus olhos, e é por isso que você fica com medo. Agora o corpo está pronto para lutar ou levantar voo, mas ambas as alternativas estão vetadas. Você tem que ficar ali e falar! Agora seu corpo começa a transpirar, mesmo se for uma noite fria. Por quê? Porque o corpo está pronto para correr ou lutar. O sangue está circulando mais, você fica com calor e está de pé ali. Então começa a transpirar e sente um tremor sutil percorrê-lo. Todo o seu corpo começa a tremer.

É como se você ligasse o carro e pressionasse o acelerador e o freio simultaneamente. O motor quer aquecer, disparar, e você está freando ao mesmo tempo. Todo o corpo do carro tremerá. O mesmo acontece quando você está de pé num palco. Você sente medo e o corpo está pronto para correr. O acelerador é pressionado, mas você não pode correr – você tem que encarar a plateia. Você é um líder ou alguma coisa assim, não pode correr. Você tem que enfrentá-la, e tem que ficar ali parado no palco. Você tem que começar a falar.

Agora você está fazendo duas coisas simultaneamente que são muito contraditórias. Você está pisando no acelerador e pressionando o freio também. Você não corre, mas o corpo está pronto para correr. Você começa a tremer e a sentir calor. Agora seu corpo se pergunta: "O que você está fazendo?". O corpo não consegue entender; uma lacuna é criada. O inconsciente está fazendo uma coisa e o consciente continua fazendo outra coisa. Você está dividido.

Essa lacuna deve ser entendida profundamente. Em todos os seus atos, essa lacuna existe. Você está assistindo a um filme, um filme erótico, e sua sexualidade é despertada. Seu corpo está pronto para explodir numa experiência sexual, mas você está só assistindo a um filme. Você está apenas sentado numa cadeira e seu corpo está pronto para o ato sexual. O filme continuará acelerando, vai continuar impulsionando você. Você está excitado, mas não pode fazer nada. O corpo está pronto para fazer algo, mas a situação não é apropriada, portanto cria-se uma lacuna. Você começa a sentir como se houvesse uma barreira entre você e seu corpo.

Por causa dessa barreira, e por causa dessa excitação constante e da repressão simultânea, essa aceleração e travamento simultâneos, essa constante contradição em sua existência, você fica doente.

Se você pudesse voltar atrás e ser um animal, o que é impossível, então você seria íntegro e saudável. Este é um fato estranho: os animais não ficam doentes em seu estado natural, mas é só colocá-los num zoológico e eles começam a imitar doenças humanas. Nenhum animal fica insano naturalmente, mas num zoológico os animais enlouquecem. Nunca foi relatado em toda a história da compreensão humana que algum animal já tenha cometido suicídio, mas, num zoológico, os animais podem cometer suicídio. Isso é estranho, mas na realidade não é estranho, porque no momento em que o ser humano começa a forçar os animais a viver uma vida que não é natural, então eles se dividem por dentro. A divisão é criada, uma lacuna é criada, a totalidade é perdida.

O ser humano é dividido. Então o que fazer? Como não criar essa lacuna e como conscientizar todas as células do corpo, todos recônditos do seu ser? Como trazer a consciência? Esse é o único problema para todos os sistemas projetados para ajudá-lo a atingir a iluminação: como trazer a consciência para o seu ser total, de modo que nada fique inconsciente. Muitos métodos foram tentados, muitos métodos são possíveis, então vou falar sobre alguns métodos para que todas as células do seu corpo possam tomar consciência. E a menos que você, como um todo, fique consciente, você não pode entrar em êxtase, não pode ficar em paz. Você continuará sendo um manicômio.

Cada célula do seu corpo afeta você. Cada célula tem seu próprio trabalho, seu próprio aprendizado, seu próprio condicionamento. No momento em que você começa, a célula assume o controle e começa a se comportar da maneira dela. Então você fica preocupado. "O que está acontecendo?", você se pergunta. "Nunca pretendi isso, nunca pensei nisso." E você está certo. Seus desejos podem ter sido completamente diferentes. Mas, depois que você fornece às suas células, ao seu corpo, algo para fazer, eles vão fazer isso do jeito deles, do jeito que aprenderam.

Por isso, alguns cientistas acham que não podemos mudar o ser humano, a menos que mudemos suas células.

A escola behaviorista de psicologia, por exemplo, acha que Buda é um fracasso, que Jesus é um fracasso, que eles certamente vão fracassar, porque, sem mudar a própria estrutura do corpo, a estrutura química do corpo, nada pode ser mudado.

Esses behavioristas – Watson, Pavlov, Skinner – dizem que, se um Buda é silencioso, isso significa apenas que, de alguma forma, ele tem uma constituição química diferente e nada mais. Se ele é silencioso, se a paz o rodeia, se ele nunca se sente perturbado, nunca fica com raiva, isso mostra apenas que, de alguma forma, falta nele a química para criar essa perturbação, para criar a raiva. Então, um homem como Skinner diz que, mais cedo ou mais tarde, seremos capazes de criar um buda quimicamente. Não há necessidade de meditação, não há necessidade de se tornar mais consciente. A única necessidade é mudar a química. De certo modo, ele está certo, mas de um jeito muito perigoso, porque, se certas substâncias químicas são retiradas do seu corpo, seu comportamento muda. Se certos hormônios são introduzidos no seu corpo, seu comportamento muda. Se você é um homem, você se comporta como homem, mas não é *você* que se comporta como homem; são apenas os hormônios em você que fazem que se comporte como um. Se esses hormônios forem alterados e outros hormônios forem introduzidos, que pertençam à estrutura feminina, você se comportará como mulher. Portanto, não é realmente o seu comportamento, é um comportamento hormonal. Não é você que está com raiva, mas certos hormônios em você. Não é que você esteja calado e meditativo; são certos hormônios ou substâncias químicas em você.

Por isso um cientista que pensa como Skinner dirá que esse é o motivo pelo qual Buda é um fracasso – porque ele continua falando sobre coisas irrelevantes. Você diz a uma pessoa: "Não fique zangado", mas essa pessoa está cheia de substâncias químicas, hormônios, que produzem raiva. Então, para um behaviorista, é como se a pessoa estivesse com uma febre alta, uma febre de 40 graus, e você continuasse falando sobre coisas bonitas e dizendo a ela: "Fique em silêncio, medite, não seja tão febril!". Parece absurdo – o que o homem pode fazer? A menos que você mude algo no corpo dele, a febre vai continuar. A febre é criada por um certo vírus, certos fenômenos químicos. A menos que isso seja alterado, a menos que a química mude, ele permanecerá febril. Portanto, não há necessidade de conversar, é absolutamente absurdo.

O mesmo se aplica à raiva de um Skinner, de um Pavlov; o mesmo vale para o sexo: você continua falando sobre celibato e o corpo está cheio de energia sexual, hormônios – essa energia sexual não depende de você. Em vez disso, você depende dessa energia. Então você continua falando sobre celibato, mas nada é possível através dessas conversações.

Num certo sentido, eles estão certos, mas, ainda assim, apenas num certo sentido. Eles estão certos ao dizer que, se as substâncias químicas forem alteradas, se todos os hormônios sexuais forem expulsos do seu corpo, você não será capaz de ser sexual. Mas você não se tornará um buda. Você simplesmente vai ser impotente, incapaz. Faltará algo em você.

Num buda não falta nada. Pelo contrário, algo novo chegará à vida dele. Não é que ele não tenha hormônios sexuais; eles estão presentes. Então o que aconteceu com ele? A consciência dele se aprofundou e essa consciência entrou até nas células sexuais. Agora as células sexuais estão presentes, mas elas não podem se comportar independentemente da vontade dele. A menos que o centro ordene que elas entrem em ação, elas não poderão agir. Permanecerão inativas.

Numa pessoa impotente, as células sexuais não existem. Num buda, elas estão presentes e são mais fortes do que numa pessoa comum – mais fortes, porque não são usadas. A energia é acumulada nelas, estão borbulhando, mas a consciência penetrou nas células agora. Agora a consciência não é apenas o ponto de partida; ela se tornou o mestre.

A abordagem de Skinner pode prevalecer nos próximos dias, pode se tornar uma grande força. Assim como Marx de repente se tornou uma grande força para a economia externa da sociedade, um dia Pavlov e Skinner podem se tornar uma força central para a economia interna do corpo humano e da mente humana, e podem provar o que eles dizem – eles podem provar! Mas o fenômeno tem dois aspectos.

Você vê uma lâmpada – se você destruir a lâmpada, a luz vai desaparecer, mas não é que a eletricidade não esteja ali. O mesmo acontece quando você desliga a corrente: a lâmpada fica intacta, mas a luz desaparece. Então a luz pode desaparecer de duas maneiras. Se você destruir a lâmpada, a eletricidade estará presente, mas, como não há um meio pelo qual expressá-la, ela não pode se tornar luz. Se suas células sexuais forem destruídas, a sexualidade estará em você, mas sem meios para se expressar. Essa é uma maneira.

Skinner fez experimentos com muitos animais. Apenas operando uma glândula em particular, um cão feroz se torna semelhante a um Buda. Ele se senta em silêncio, como se estivesse meditando; você não conseguiria incitá-lo a ser feroz novamente. Faça o que fizer, ele olhará para você sem raiva. Não é que o cachorro tenha se tornado um buda, nem que a mente interior tenha desaparecido. O cão é o mesmo, mas o meio através do qual a raiva podia ser expressa está ausente. Isso é impotência. O meio desapareceu, não o desejo. Se o meio for destruído, a lâmpada não existir mais, você pode dizer: "Onde está a luz e onde está a eletricidade?". Estão ali, mas agora não podem ser vistas.

O Oriente tem trabalhado de outro modo – não tentando destruir a lâmpada; isso é estupidez, porque, se destruir a lâmpada, você nem estará ciente da corrente elétrica por trás dela. Mude a corrente, transforme a corrente, deixe a corrente passar para uma nova dimensão e a lâmpada vai estar lá intacta, viva, mas sem luz.

Skinner e os behavioristas podem prevalecer porque mostram uma saída muito fácil. Você está com raiva: você pode ser operado, sua química pode ser alterada. Você se sente excitado sexualmente; você pode ser operado, seus hormônios podem ser alterados. Seus problemas serão resolvidos não por você, mas por um cirurgião, por um farmacêutico, por outra pessoa. Mas sempre que um problema é resolvido por outra pessoa, você perde uma grande oportunidade, porque, quando *você* o resolve, você cresce. Quando alguém resolve seus problemas, você permanece igual. O problema pode ser resolvido através do seu corpo e não haverá problemas, mas você também não será mais um ser humano.

A ênfase dos budas está na transformação da consciência, e a primeira coisa a fazer é criar uma força maior de consciência interior para ajudar a conscientização a se espalhar.

Os Upanishads dizem: "Estabelecer-se no sol da consciência é a única lâmpada".

O Sol está muito distante. A luz solar leva dez minutos para viajar até a Terra, e a luz viaja muito rápido – quase 300 mil quilômetros por segundo. Leva dez minutos para a luz do Sol chegar à Terra; é muito, muito longe. Mas, pela manhã, o Sol nasce e banha até as flores do seu jardim. E se a sua energia se tornar um Sol lá no âmago do seu centro, se o seu centro se tornar um centro solar, se você se conscientizar, conscientizar-se centralmente, se a sua consciência crescer, então os raios da sua consciência chegarão a todas as partes do seu corpo, em cada célula. Então sua consciência penetrará em todas as células do seu corpo.

É como o Sol, quando nasce pela manhã; tudo começa a criar vida na terra. De repente, surge a luz e o sono desaparece; a noite monótona desaparece. De repente, tudo parece renascer. Os pássaros começam a cantar e eles estão novamente voando, as flores se abrem e tudo está vivo novamente – graças ao simples toque do calor, dos raios do Sol. Então, quando você tem uma consciência central, uma consciência central em você, ela começa a atingir todos os poros, todos os recônditos; em cada célula ela penetra. E você tem muitas, muitas células – trilhões de células no seu corpo. Você é uma cidade grande, uma grande nação. Trilhões de células, e agora elas estão todas inconscientes. Sua consciência nunca as alcançou. Cresça em consciência e cada célula será penetrada. E no momento em que sua consciência toca as células, é diferente. A própria qualidade muda. Um homem está dormindo – o Sol nasce e o homem desperta. Ele é o mesmo homem que estava dormindo? O sono e o despertar desse homem são a mesma coisa? Um botão estava fechado e o Sol nasceu; o botão se abre e se torna uma flor. Essa flor é igual ao botão? Algo novo a penetrou. Uma vivacidade, uma capacidade de crescer e florescer apareceu. Um pássaro estava apenas dormindo, como se estivesse morto, como se fosse matéria morta, mas o sol nasce e o pássaro voa. É o mesmo pássaro? Trata-se de um fenômeno diferente. Algo tocou o pássaro e o pássaro criou vida. Tudo ficou em silêncio e agora tudo está cantando. A manhã é uma canção.

O mesmo fenômeno acontece dentro das células do corpo de uma pessoa iluminada. Ele é conhecido como *buddha-kaya* – o corpo de um iluminado, de um buda. É um corpo diferente. Não é o mesmo corpo que você tem, nem o mesmo corpo que Sidarta Gautama tinha antes de se tornar um buda.

Buda está à beira da morte, e alguém pergunta a ele: "Você está morrendo? Quando morrer, onde estará?". Buda diz: "O corpo que nasceu morrerá. Mas existe outro corpo – o *buddha-kaya*, o corpo de um buda, que nem nasce nem morre. Eu deixei esse corpo que me foi concedido, que veio dos meus pais. Assim como uma cobra deixa a pele velha todos os anos, eu o deixei. Agora existe o *buddha-kaya* – o corpo de buda".

O que isso significa? Seu corpo pode se tornar um corpo de buda. Quando sua consciência atinge todas as células, a própria qualidade do seu ser muda, sofre uma transmutação. Porque todas as células estarão vivas, conscientes, iluminadas. Não existirá escravidão. Você se tornou o mestre. Apenas por se tornar um centro consciente, você se tornou um mestre.

Os Upanishads dizem: "Estabelecer-se no sol da consciência é a única lâmpada". Então, por que você está fazendo uma lâmpada de barro para o templo? Pegue a lâmpada interior! Por que está queimando velas no altar? Elas não vão ajudar. Acenda a vela interior, torne-se um corpo de buda. Deixe todas as suas células tornarem-se conscientes; não deixe que nenhuma parte do seu ser permaneça inconsciente.

Como criar esse centro de conscientização? Eu vou apresentar vários métodos, mas seria bom começar com o Buda. Ele inventou um dos métodos mais maravilhosos, um poderoso método, para criar um fogo interior, um sol interior de consciência. E não é só isso – esse método faz que simultaneamente a luz interior comece a penetrar nas próprias células do corpo e irradiar para todo o seu ser.

Buda usou a respiração como método – respirar com consciência. O método é conhecido como "Anapanasati Yoga" – o yoga da consciência da inspiração e da expiração. Você está respirando, mas é uma coisa inconsciente. E a respiração é *prana*, a respiração é o elã vital de Bergson, a vitalidade, a própria vitalidade, a própria luz – e é inconsciente. Você não está consciente dela. Se precisasse estar consciente dela, poderia cair morto neste momento, porque seria muito difícil respirar.

Seria um problema se você tivesse que "respirar". Porque você teria que se lembrar constantemente de fazer isso, e você não consegue se lembrar nem o que fez um minuto atrás! Se faltar um minuto de respiração, você não existiria mais. Por isso a respiração é inconsciente; ela não depende de você. Mesmo que você ficasse em coma por meses, continuaria respirando. Buda usa a respiração como veículo para fazer duas coisas simultaneamente: para criar consciência e para permitir que essa consciência penetre nas próprias células do corpo. Ele disse: "Respire conscientemente". Não é um exercício, um ritual especial. É apenas fazer da respiração um objeto de consciência – sem nenhuma mudança. Não há necessidade de mudar sua respiração; que ela seja como é: natural. Que ela seja como é; não a mude. Mas faça outra coisa: quando você respirar, respire conscientemente. Deixe sua consciência acompanhar a inspiração. Quando expirar, deixe que sua consciência saia junto com o ar. Entre e saia. Mova-se conscientemente com a respiração. Deixe que sua atenção fique com a respiração; flua com ela; não esqueça nem uma única respiração.

Segundo relatos, Buda dizia que, se conseguir ficar consciente da sua respiração, mesmo que seja por uma única hora, você já estará iluminado. Mas nem uma única respiração deve ser perdida. Uma hora é suficiente. Parece tão pouco, apenas um fragmento de tempo, mas não é. Quando você tentar, uma hora de conscientização parecerá milênios, porque normalmente você não consegue ficar consciente por mais de cinco ou seis segundos – e isso também apenas se você for uma pessoa muito alerta. Caso contrário, você perderá cada segundo. Você vai começar – o ar está entrando. O ar entrou e você foi para outro lugar! De repente você se lembra e observa que o ar está saindo. O ar saiu e você foi para outro lugar.

Mover-se com a respiração significa que nenhum pensamento deve ser permitido, porque o pensamento chamará sua atenção, o pensamento vai distraí-lo. Por isso Buda nunca diz para você parar de pensar, mas diz: "Apenas respire conscientemente". Automaticamente, o pensamento vai parar. Você não pode fazer as duas coisas, pensar e respirar conscientemente. Um pensamento vem à sua mente e sua atenção é desviada. Um único pensamento e você se torna inconsciente do seu processo respiratório. Então Buda usou uma técnica muito simples e muito vital. Ele dizia aos discípulos: "Façam o que estiverem fazendo, não se esqueçam de uma coisa muito simples: lembre-se do ar que entra e sai. Mova-se com ele; flua com ele". Quanto mais você tentar, mais fará um esforço para ficar consciente da respiração, mais conseguirá ficar consciente. A consciência aumentará a cada segundo. É uma coisa árdua, difícil – mas depois que você conseguir sentir, será uma pessoa diferente, um ser diferente num mundo diferente.

Isso funciona de duas maneiras: quando você respira conscientemente, inspirando e expirando, aos poucos você chega ao seu centro, porque a respiração toca o centro do seu ser. Toda vez que você inspira, a respiração entra em contato com o centro do seu ser.

Fisiologicamente, você acha que a respiração é apenas para a purificação do sangue, que é apenas uma função do seu coração, que é corporal. Você acha que é uma função da sua circulação, parte de um sistema de bombeamento para refrescar a circulação do sangue, para fornecer ao sangue mais oxigênio, que é necessário, e jogar fora o dióxido de carbono, que é lixo, material usado, para removê-lo e substituí-lo.

Mas essa é apenas a parte fisiológica. Se você começar a tomar consciência da sua respiração, pouco a pouco você se aprofundará – começará a entrar mais profundamente no seu coração. E um dia começará a sentir um centro bem perto do seu umbigo. Esse centro só pode ser sentido se você respirar continuamente – porque, quanto mais perto você chega do centro, mais você tende a perder a consciência.

Você pode começar quando o ar estiver entrando. Quando ele estiver apenas tocando seu nariz, você pode começar a ficar alerta. Quanto mais fundo ele for, mais a consciência ficará difícil. Um pensamento virá, algum som ou algo acontecerá e você se afastará da consciência da sua respiração.

Se você chegar ao centro, onde, por um único instante, a respiração para e há uma lacuna, o salto pode acontecer. O ar entra, o ar sai – entre esses dois movimentos, há uma lacuna sutil. Essa lacuna é o seu centro. Quando você se move com a respiração, após um longo esforço, você se torna consciente da lacuna, quando não há nenhum movimento respiratório, quando o ar não entra nem sai. Entre esses dois instantes, há uma lacuna sutil, um intervalo – nesse intervalo você está no centro.

Por isso, a respiração é usada pelo Buda como uma passagem para se chegar cada vez mais perto do centro. Quando você expirar, fique atento à respiração. Novamente, há uma lacuna. São duas lacunas, uma lacuna dentro e uma lacuna fora. O ar entra, o ar sai – há uma lacuna. O ar sai e o ar entra – outra lacuna. É ainda mais difícil ficar consciente da segunda lacuna.

Veja este processo. Seu centro está entre a inspiração e a expiração. Existe outro centro – o centro cósmico. Você pode chamá-lo de "deus". Quando o ar sai e o ar entra, há novamente uma lacuna. Nessa lacuna está o centro cósmico. Esses dois centros não são duas coisas diferentes, mas primeiro você toma consciência do seu centro interior e depois fica consciente do seu centro exterior, e, por fim, descobre que esses dois centros são um só. Então, o "fora" e o "dentro" perdem o significado.

Buda diz: "Mova-se conscientemente com a respiração e você criará um centro de consciência". E depois que esse centro é criado, a consciência começa a acompanhar a respiração e vai para o sangue, para as próprias células – porque toda célula precisa de ar, toda célula precisa de oxigênio. Toda célula, por assim dizer, respira – cada uma das células! E agora, dizem os cientistas, parece que até a Terra respira. E devido ao conceito de Einstein de um universo em expansão, agora os cientistas teóricos dizem que, aparentemente, o universo inteiro está respirando.

Quando você inspira, seu peito se expande. Quando você expira, seu peito se retrai. Ora, alguns cientistas dizem que parece que o universo inteiro respira. Quando todo o universo está inspirando, ele se expande. Quando todo o universo expira, ele se retrai.

Nos antigos Puranas hindus, que são textos mitológicos, está escrito que a criação é a inspiração de Brahma, e a destruição, o fim do mundo, é a expiração. Cada respiração equivale a uma criação.

Em miniatura, no nível atômico, o mesmo está acontecendo em você. Quando sua consciência se une desse modo à respiração, ela leva sua consciência para as próprias células. Os raios agora penetram em todo o corpo por meio do corpo de Buda. Na verdade, você não tem um corpo material. Você tem um corpo de consciência. Isso é o que se entende por Sutra Upanishádico: "Estabelecer-se sob o sol da consciência...". Essa é a única lâmpada.

Assim como estamos aprendendo sobre o método de Buda, seria bom entender um outro método. O Tantra usou o sexo, que é outra força vital. Se quer ir fundo, você tem que usar as forças vitais, as mais profundas em você. O Tantra usa o sexo. Quando você está num ato sexual, está muito perto do centro da criação, até da própria fonte da vida. Se você conseguir iniciar um ato sexual conscientemente, ele se torna uma meditação.

É muito difícil, mais difícil que a respiração. Você pode respirar conscientemente em pequena medida, é claro, mas o próprio fenômeno do sexo requer sua inconsciência. Se você se tornar consciente, perderá o desejo sexual e a entrega ao prazer. Se você ficar consciente, não haverá desejo sexual dentro de você. Por isso, o Tantra fez a coisa mais difícil do mundo. Na história dos experimentos com a consciência, o Tantra é o mais profundo.

Mas é claro que a pessoa pode enganar, e, com o Tantra, o engano é muito fácil, porque ninguém além de você sabe qual é o fato. Ninguém mais pode saber. Mas apenas uma pessoa em cem consegue ter sucesso no método tântrico de conscientização, porque o sexo precisa de inconsciência. Por isso, um tântrico, um discípulo do Tantra, tem de trabalhar com o sexo, com o desejo sexual, assim como com a respiração. Ele tem que estar consciente dela. Quando iniciar o ato sexual, tem que estar consciente.

O seu próprio corpo, a energia sexual, chega a um ápice e explode. O buscador tântrico chega a esse ápice conscientemente, e existe um método para julgar qual é o caso. Se a liberação sexual ocorrer automaticamente e você não for o mestre, isso significa que não tem consciência dela. Então o inconsciente assumiu o controle. O sexo chega ao ápice e você não pode fazer nada além de liberar essa energia. Essa liberação não é feita por você. Você pode iniciar um processo sexual, mas nunca pode concluí-lo. Quem sempre assume o fim é o inconsciente.

Se você conseguir reter o orgasmo e ele se tornar um ato consciente, para liberá-lo ou não; se você conseguir voltar desse ápice sem liberação ou se conseguir mantê-lo por horas a fio – se for um ato consciente –, então você é um mestre. E se o homem consegue atingir o ápice sexual, ficar à beira do orgasmo, e conseguir retê-lo e ter consciência dele, de repente ele se torna consciente do seu centro mais profundo – de repente. E não é que fique apenas consciente do centro mais profundo dentro de si mesmo; ele também fica consciente do centro da parceira, do centro mais profundo dela.

É por isso que um praticante de Tantra, se for homem, sempre reverenciará a parceira. A parceira não é apenas um objeto sexual, ela é divina, ela é uma deusa. E o ato não é carnal. Se você conseguir iniciá-lo conscientemente, será o ato espiritual mais profundo possível. Mas o mais profundo é praticamente impossível.

Portanto, você pode usar a respiração ou o sexo, embora a respiração seja mais fácil. Será difícil usar o método do Tantra. A mente gostaria de usá-lo, mas será difícil. Somente o processo de respiração é simples. E para esta era, acho que o método de Buda será muito útil. É moderado, fácil, não muito perigoso.

E existem muitos outros métodos. Com qualquer método, você pode se estabilizar nessa luz interior. E quando tiver feito isso, sua luz começará a fluir para as células do seu corpo. Em seguida, todo o seu mecanismo será revitalizado e você terá um corpo de buda, um corpo de alguém iluminado.

> *Um amigo, doutorado em computação, cuja tese foi em inteligência artificial, diz que o ser humano é um computador bioquímico e nada mais. Buda disse que todas as coisas são compostas e que não existe self, alma, espírito, nenhum "eu", o que parece estar de acordo com o ponto de vista do meu amigo. Você poderia, por favor, me ajudar, porque sinto que falta algo nesses pontos de vista, mas eu mesmo não consigo ver o que é.*

O ser humano certamente é um biocomputador, mas não é apenas isso. Sobre a maioria das pessoas, pode-se dizer que são apenas biocomputadores e nada mais. Normalmente, a pessoa é apenas o corpo e a mente, e ambos são compostos. A menos que a pessoa pratique a meditação, não se pode encontrar nela aquele algo mais, algo transcendental ao corpo e à mente.

Os psicólogos, particularmente os behavioristas, estudam o ser humano há meio século, mas estudam o ser humano comum e, claro, a tese deles é comprovada por todos esses estudos. O ser humano comum, o ser humano inconsciente, não tem mais nada nele além do composto corpo-mente. O corpo é o lado exterior da mente e a mente é o lado interior do corpo. Ambos nascem e ambos vão morrer um dia.

Mas há algo mais. Esse algo a mais torna a pessoa desperta, iluminada, um Buda, um Cristo. Mas um Buda ou um Cristo não está disponível para ser estudado por Pavlov, Skinner, Delgado e outros. O estudo deles é sobre o ser humano inconsciente, e, claro, quando você estuda o ser humano inconsciente, você não encontra nada de transcendental nele. O transcendental existe no ser humano inconsciente apenas como potencial, como possibilidade; ele ainda não está realizado, ainda não é uma realidade. Portanto, você não pode estudá-lo.

Você pode estudá-lo apenas num Buda – mas, mesmo assim, estudar é obviamente muito difícil, quase impossível, porque o que você estudará num Buda novamente será o comportamento dele. Se você está determinado a pensar que não há mais nada ali, se já tiver concluído isso, então, mesmo no comportamento dele, você verá apenas reações mecânicas; você não verá a espontaneidade. Para ver essa espontaneidade, você também precisa se tornar um praticante de meditação.

A Psicologia pode se tornar apenas uma psicologia real quando a meditação se torna seu fundamento. A palavra "psicologia" significa ciência da alma. A psicologia moderna ainda não é uma ciência da alma.

Buda certamente negou o *self*, o ego, o "eu". Ele não negou a alma, e o eu e a alma não são sinônimos. Ele nega o eu porque o eu existe apenas no ser humano inconsciente. O ser humano inconsciente precisa de uma certa ideia de "eu"; caso contrário, ele fica sem um centro. Ele não conhece o seu verdadeiro centro. Ele tem que inventar um centro falso para que possa pelo menos funcionar neste mundo; caso contrário, seu funcionamento se tornará impossível. Ele precisa de uma certa ideia de "eu".

Você já deve ter ouvido falar da famosa declaração de Descartes: *Cogito ergo sum*, "Penso, logo existo".

Um professor, ensinando a filosofia de Descartes, recebeu uma pergunta de um aluno: "Senhor, eu penso, mas como sei que existo?".

O professor fingiu passar os olhos pela sala de aula. "Quem está fazendo a pergunta?", ele disse.

"Eu", respondeu o aluno.

É preciso uma certa ideia de "eu"; caso contrário, funcionar tornar-se impossível. Então, como não conhecemos o verdadeiro "eu", nós o substituímos por um falso "eu" – algo inventado, um composto.

Buda nega o *self* porque, para ele, *self* é simplesmente outro nome para ego, com um leve toque de espiritualidade; tirando isso, não há diferença. A palavra que ele usa é *anatta*. *Atta* significa "eu", *anatta* significa "não eu". Mas ele não está negando a alma. Na realidade, somente quando o eu for completamente abandonado, você conhecerá a alma. Mas Buda não disse nada sobre isso, porque nada poderia ser dito.

A abordagem dele é *via negativa*. Ele diz: você não é o corpo, você não é a mente, você não é o eu. Ele continua negando, eliminando; ele elimina tudo o que se pode conceber, e então ele não diz nada sobre o que resta. O que resta é a sua realidade – um céu totalmente limpo, sem nuvens, sem pensamento, sem identidade, sem emoção, sem desejo, nenhum ego, sem nada mais. Todas as nuvens desapareceram... fica apenas um céu límpido.

É inexprimível, inominável, indefinível. Por isso ele fica absolutamente calado sobre isso. Ele sabe que, se alguma coisa for dita sobre isso, você imediatamente voltará à sua antiga ideia de eu. Se ele disser: "Existe uma alma em você", o que você vai entender? Você vai pensar: "Ele chama isso de alma e nós a chamamos de eu – é a mesma coisa. O eu supremo, talvez, o eu espiritual; não simplesmente o ego comum". Mas espiritual ou não espiritual, a ideia de ser uma entidade separada é o x da questão. Buda nega que você seja uma entidade separada do todo. Você é uno com a unidade orgânica da existência, então não há necessidade de dizer nada sobre sua separação. Até a palavra "alma" lhe dará uma certa ideia de separação; você tende a entendê-la à sua maneira inconsciente.

Seu amigo diz que o ser humano é um computador bioquímico e nada mais – um computador bioquímico pode dizer isso? Um computador bioquímico pode negar o eu, a alma? Nenhum biocomputador ou qualquer outro tipo de computador tem qualquer ideia de eu ou "não eu". Seu amigo está fazendo isso – certamente ele não é um composto bioquímico. Nenhum computador bioquímico pode escrever uma tese sobre inteligência artificial! Você acha que a inteligência artificial pode escrever uma tese sobre a inteligência artificial? Algo mais é necessário.

É errado pensar que Buda concorda com esse ponto de vista – de maneira alguma, a experiência de Buda é a da meditação. Sem meditação ninguém pode ter ideia do que Buda está falando. A observação do seu amigo é do ponto de vista de um observador científico; não é a experiência dele, não é a observação dele. Ele está estudando computadores bioquímicos, inteligência artificial, algo de fora. Quem está estudando?

Você pode imaginar dois computadores estudando um ao outro? O computador só pode saber apenas aquilo com o que foi alimentado; não pode fazer mais do que isso. A informação tem que ser fornecida a ele, então ele a mantém em sua memória – ele é um sistema de memória, que pode fazer milagres quando se trata de Matemática. Um computador pode ser muito mais eficiente do que qualquer Albert Einstein, no que diz respeito à Matemática, mas um computador não pode ser um praticante de meditação. Você pode imaginar um computador sentado silenciosamente, sem fazer nada, observando a primavera chegar e a grama crescer?

Existem muitas qualidades impossíveis para o computador. Um computador não pode se apaixonar. Você pode manter muitos computadores juntos – eles não vão se apaixonar! Um computador não pode ter nenhuma experiência de beleza, um computador não conhece a felicidade. Um computador não pode ter consciência. Um computador é incapaz de sentir o silêncio. Essas são as qualidades que provam que o ser humano é algo maior do que a inteligência artificial.

A inteligência artificial pode fazer trabalhos científicos, trabalhos matemáticos, cálculos – e com muita rapidez e eficiência, porque é uma máquina. Mas uma máquina não tem consciência do que está fazendo. Um computador não pode sentir tédio, um computador não pode sentir falta de sentido, um computador não pode experimentar a angústia. Um computador não pode iniciar uma investigação sobre a verdade, não pode renunciar ao mundo e se tornar um *sanyasin*; ele não pode ir para as montanhas ou para os mosteiros. Não pode conceber nada além da mecânica – e tudo o que é significativo vai além do que é mecânico.

Parte III
A Psicologia dos Budas em Ação

A psicologia dos budas é o yoga, a disciplina, a jornada interior, a ciência – seja lá o nome que você quiser dar – de saber que existe algo dentro de você que só pode ser conhecido se você for para dentro de você, se você *estiver* dentro de você. Nenhuma outra maneira, nenhuma outra abordagem é possível.

A Consciência é a Chave

O inconsciente só pode ser transformado através da consciência. É difícil, mas não há outro caminho. Existem muitos métodos para se aumentar a consciência, mas essa conscientização é necessária. Você pode usar métodos para adquirir mais consciência, mas você precisará *ficar* consciente.

Se alguém perguntar se existe algum método para dissipar a escuridão que não seja a luz, vou dizer que esse é o único caminho, por mais difícil que seja – porque a escuridão é simplesmente a ausência de luz. Então você tem que criar a presença de luz, para que a escuridão não esteja presente.

A inconsciência nada mais é do que uma ausência – a ausência de consciência. Não é algo positivo em si, por isso você não pode fazer nada com relação a ela, exceto ficar consciente. Se a inconsciência fosse algo que existisse por si só, então seria uma questão diferente; mas não é. Inconsciência não significa algo, ela apenas significa não consciência. É apenas uma ausência. Não tem existência; por si mesma, ela não existe. A palavra "inconsciente" simplesmente mostra a ausência de consciência e nada mais.

Quando dizemos "escuridão", a palavra é enganosa, porque, no momento em que dizemos "escuridão", parece que a escuridão é algo que existe. Ela não existe, então você não pode fazer nada com a escuridão diretamente – ou pode?

Você pode não ter observado o fato, mas com a escuridão você não pode fazer nada diretamente. O que quer que queira fazer com a escuridão você terá que fazer com a luz, não com escuridão. Se quiser escuridão, basta apagar a luz. Se não quiser escuridão, então acenda a luz. Mas você não pode fazer nada diretamente com a escuridão; terá que fazer por intermédio da luz.

Por que você não pode fazer algo diretamente com a escuridão? Não pode porque não existe nada como a escuridão, por isso você não pode tocá-la diretamente. Você tem que fazer algo com luz, daí conseguirá fazer algo com a escuridão.

Se a luz existir, então a escuridão não existe. Se a luz não estiver presente, então a escuridão estará. Você pode trazer luz para este cômodo, mas não pode trazer escuridão. Você pode apagar a luz deste cômodo, mas não pode tirar a escuridão dele. Não há conexão entre você e a escuridão. Por quê? Se houvesse escuridão, o ser humano poderia se relacionar com ela de alguma forma, mas a escuridão não existe.

A linguagem dá uma ideia falaciosa de que a escuridão é alguma coisa. Escuridão é um termo negativo. Ela não existe. Ela indica apenas que a luz não está presente – nada mais – e o mesmo acontece com a inconsciência. Então, se você pergunta o que fazer para não ser inconsciente, você faz uma pergunta irrelevante. Você terá que ficar consciente; você não pode fazer mais nada.

Claro, existem muitos métodos para ficar consciente – isso é diferente. Existem muitas maneiras de criar luz, mas a luz terá que ser criada. Você pode criar um incêndio e lá não haverá trevas. Você pode usar uma lâmpada de querosene e lá não haverá trevas. Você pode usar eletricidade e não haverá escuridão. Mas seja qual for o caso, seja qual for o método para produzir luz, a luz deve ser produzida.

A luz é uma necessidade – e todas as técnicas de meditação são apenas métodos para produzir consciência. Elas não são alternativas, lembre-se; elas não são alternativas à conscientização – não existem alternativas. A consciência é a única possibilidade de dissipar a escuridão, de dissipar a inconsciência. Mas como criar consciência? O método mais puro é perceber o que acontece na fronteira entre o inconsciente e o consciente – ter uma percepção desse ponto.

A raiva existe – a raiva é produzida na escuridão. A raiva tem suas raízes no inconsciente; são apenas os galhos e as folhas que entram no consciente. As raízes, as sementes, as fontes de energia da raiva estão no inconsciente. Você toma consciência apenas dos ramos distantes. Esteja consciente desses ramos – quanto mais consciente você estiver, mais será capaz de olhar o que existe na escuridão.

Você já reparou que, se olhar profundamente na escuridão por um certo tempo, uma luz fraca começa a aparecer? Se você se concentrar na escuridão, começa a sentir e começa a ver. Você pode treinar e, então, na própria escuridão, haverá uma certa quantidade de luz – porque, realmente, neste mundo, nada pode ser absoluto. Tudo é relativo. Quando nós dizemos "escuridão", não significa escuridão absoluta. Significa apenas que há menos luz. Se você praticar, vai poder ver na escuridão, será capaz de ver. Olhe, focalize a escuridão e então, aos poucos, seus olhos se fortalecerão e você começará a ver.

A escuridão interior, a inconsciência, é a mesma coisa. Olhe para ela – mas você só conseguirá ver alguma coisa se não estiver ativo. Se começar a agir, sua mente se distrairá. Não faça nada interiormente. A raiva está ali – não faça nada. Não condene, não aprecie, não se entregue a ela e não a reprima. Não faça nada – apenas olhe, observe.

Entenda a diferença. O que acontece normalmente é justamente o contrário. Se você está com raiva, então sua mente se concentra na causa exterior da raiva – sempre! Alguém o insultou e você ficou com raiva. Há três coisas acontecendo nesse momento: a causa exterior da raiva, a fonte interior da raiva e você, que está entre essas duas coisas.

A raiva é a sua energia interior. A causa que ativou a sua energia está fora de você. E você está no meio. O modo natural de a mente agir é não tomar consciência da fonte interior, mas se concentrar na causa externa. Sempre que você fica com raiva, você está profundamente concentrado na causa exterior.

O mestre jainista Mahavira considera a raiva uma espécie de meditação. Ele deu a ela o nome de *roudra dhyan*, meditação sobre atitudes negativas. É porque você está muito concentrado; na verdade, quando você está com uma raiva profunda, está tão concentrado que o mundo inteiro desaparece e apenas a causa da raiva importa. Sua energia total está focada na causa da raiva e você está tão concentrado na causa que se esquece completamente de si mesmo. Por isso, com raiva, você pode fazer qualquer coisa e depois dizer: "Eu estava fora de mim". *Você* não estava de fato presente.

Para ter consciência, você precisa dar uma guinada. Você tem que se concentrar não na causa externa, mas na fonte interior. Esqueça a causa. Feche os olhos e vá até o fundo do seu ser e procure a fonte. Agora você pode usar a mesma energia que teria desperdiçado com alguém de fora – a energia move-se para dentro.

A raiva tem muita energia. Raiva *é* energia, o mais puro dos incêndios interiores. Não a desperdice com algo fora de você.

Pegue outro exemplo. Você está se sentindo excitado sexualmente: sexo também é energia, fogo. Mas sempre que se sente assim, você começa a se focar em alguém de fora, não na fonte. Você começa a pensar em alguém – no seu amante, no ser amado, em fulano ou sicrano... Quando você está cheio de energia sexual, seu foco está sempre no outro. Você está dissipando energia. Não apenas no ato sexual você dissipa energia, mas no pensamento sexual também, ainda mais porque um ato sexual é uma coisa momentânea. Quando ele chega ao ápice, a energia é liberada e você é catapultado de volta. Mas o pensamento sexual pode estar presente o tempo todo. Você pode liberar energia continuamente no pensamento sexual, e pode dissipá-la.

E todo mundo está dissipando energia. Noventa por cento do nosso pensamento é sexual. Seja o que for que você esteja fazendo no mundo lá fora, o sexo é uma preocupação constante dentro de você – e você pode nem estar ciente disso.

Você está sentado numa sala de espera e uma mulher entra: sua postura muda de repente. Sua coluna fica mais ereta, sua respiração se altera, sua pressão arterial sobe. Você pode não estar ciente de tudo isso, mas todo o seu corpo reage sexualmente. Você era uma determinada pessoa quando a mulher não estava; agora você é outra pessoa.

Um grupo exclusivamente masculino é uma coisa e um grupo exclusivamente feminino é outra, bem diferente. Deixe um homem entrar na sala, ou uma mulher, e todo o padrão de energia do grupo muda de repente. Você pode não estar consciente disso, mas, quando sua mente está focada em alguém, sua energia começa a fluir.

Quando você se sentir sexualmente excitado, volte-se para a fonte, não para a causa – lembre-se disso. A ciência está mais preocupada com a causa e a consciência está mais preocupada com a fonte. A fonte está sempre dentro; a causa está sempre do lado de fora. Ao olhar a causa, você está se envolvendo com uma reação em cadeia. Ao olhar a causa, você se conecta com o seu ambiente. Ao olhar a fonte, você se conecta consigo mesmo. Então lembre-se disso – esse é o mais puro método para transformar energia inconsciente em energia consciente. Dê um giro de 180 graus – olhe para dentro! Vai ser difícil, porque nossa maneira de olhar adquiriu um certo padrão. Somos como uma pessoa com torcicolo, que não consegue virar o pescoço e olhar para trás. Nossos olhos ficaram fixos; temos olhado para fora há muitas vidas, há milênios, então não sabemos como olhar para dentro.

Faça o seguinte: sempre que algo acontecer em sua mente, siga-a até a fonte. A raiva está ali – um *flash* repentino vem até você: feche os olhos e medite sobre isso. De onde essa raiva está surgindo? Nunca faça a pergunta: quem fez isso acontecer? Quem me deixou com raiva? Essa é a pergunta errada. Pergunte que energia em você está se transformando em raiva. De onde está vindo essa raiva, onde ela está borbulhando? Qual é a fonte dentro de você de onde essa energia está partindo?

Você está ciente de que, com raiva, você consegue fazer coisas que não pode fazer quando não está com raiva? Uma pessoa com raiva pode atirar longe uma grande pedra facilmente. Quando ela não está com raiva, não consegue nem levantá-la. Ela tem muita energia quando está com raiva; uma fonte oculta está agora com ela. Então, se um homem está enlouquecido de raiva, ele se torna muito forte. Por quê? De onde vem essa energia? Ela não vem de fora. Agora todas as suas fontes estão queimando simultaneamente – raiva, sexo, tudo está queimando simultaneamente. Toda fonte de energia está disponível.

Preocupe-se em ver de onde a raiva está vindo, de onde vem o desejo sexual. Siga-o, depois dê alguns passos para trás. Medite em silêncio e siga a raiva até as suas raízes. É difícil, mas não é impossível. Não é fácil – não vai ser fácil, porque é uma luta contra um hábito de longa data. Todo o passado tem que ser rompido e você tem que fazer algo novo, que nunca fez antes. É apenas o peso do puro hábito que criará a dificuldade. Mas tente e você estará criando uma nova direção para a energia se mover. Você estará se tornando um círculo, e num círculo a energia nunca é dissipada.

Se a minha energia irromper e irradiar para fora de mim, ela nunca poderá se tornar um círculo; ela é simplesmente dissipada. Se houver um movimento para dentro, então a mesma energia que estava irradiando para fora volta novamente para você. Minha meditação leva essa energia de volta à mesma fonte de onde a raiva estava vindo e ela se torna um círculo. Esse círculo interior é a força de um buda. A energia sexual, quando não é irradiada para outra pessoa, volta para a fonte. Esse círculo de energia sexual é a força de um buda.

Somos fracos não porque temos menos energia do que um buda: temos a mesma quantidade de energia, todos nascemos com a mesma quantidade de energia, mas estamos acostumados a dissipá-la. Ela simplesmente se afasta de nós e nunca volta à sua fonte. Não pode voltar! Depois que ela está fora de você, não consegue mais voltar – ela já se foi.

Uma palavra surge em mim e eu a pronuncio; ela voa para longe. Ela não vai voltar para mim, e a energia que foi usada ao produzi-la foi usada para irradiá-la para fora, é dissipada. Uma palavra surge em mim e eu não a irradio para fora; eu permaneço em silêncio. Então a palavra se move, se move e se move, e cai na fonte original novamente. A energia foi "reconsumida".

Silêncio é energia. Não ficar com raiva é energia. Mas não é repressão. Se você reprime a raiva, você esgota sua energia novamente. Não a reprima – observe-a e siga-a. Não lute – apenas retroceda e leve a raiva de volta com você. Esse é o mais puro método de conscientização.

E outras coisas podem ser usadas. Para iniciantes, certos dispositivos são possíveis. Então, vou falar sobre três dispositivos. Um tipo de dispositivo está na base da consciência corporal. Esqueça a raiva, esqueça o sexo – eles são difíceis de lidar e, quando você está envolvido com eles, fica tão enlouquecido que não consegue meditar. Quando está com raiva, não consegue meditar; não consegue nem pensar sobre meditação. Você fica simplesmente louco. Então esqueça isso; é difícil. Portanto, use seu próprio corpo como um dispositivo para aumentar sua consciência.

Buda disse: "Quando você andar, ande conscientemente. Quando respirar, respire conscientemente". O método budista é conhecido como Anapanasati Yoga – o yoga da inspiração e da expiração, a consciência da inspiração e da expiração. O ar entra: mova-se com ele; perceba, fique consciente de que o ar está se movendo. Quando expirar novamente, mova-se com o ar. Fique dentro, fique fora, com a respiração.

A raiva é difícil, o sexo é difícil – a respiração não é tão difícil. Mova-se com a respiração. Não inspire nem expire sem consciência. Essa é uma meditação. Agora você está focando a respiração e, quando está focado na respiração, os pensamentos param automaticamente. Você não consegue pensar, porque, no momento em que pensa, sua consciência se desvia da respiração e vai para o pensamento. Você deixa de focar a respiração.

Experimente e você saberá. Quando estiver consciente da respiração, os pensamentos cessam. A mesma energia que você usa para pensar agora está usando para ter consciência da respiração. Se você começar a pensar, perderá a noção da respiração, esquecerá a respiração e começará a focá-la nos pensamentos. Você não pode fazer as duas coisas simultaneamente.

Se você optou por focar a respiração, saiba que é um processo longo. Você tem que se aprofundar nisso. Demora no mínimo três meses e no máximo três anos. Se for feito continuamente, 24 horas por dia... é um método para monges, para aqueles que desistiram de tudo; somente eles podem observar a respiração 24 horas por dia. É por isso que monges budistas e outras tradições de monges reduzem a vida ao mínimo, para que não haja perturbação. Eles vão pedir comida na rua e vão dormir sob uma árvore – isso é tudo, todo o tempo deles é dedicado à prática de ficar conscientes – por exemplo, da respiração.

O monge budista precisa estar continuamente consciente da sua respiração. O silêncio que você vê no rosto de um monge budista é o silêncio da consciência da respiração e nada mais. Se você tomar consciência, seu rosto ficará silencioso, porque, quando não há pensamentos, seu rosto não pode demonstrar ansiedade. Seu rosto fica relaxado. A contínua consciência da respiração irá deter a mente. A mente continuamente atribulada vai parar. E, se a mente parar e você estiver simplesmente consciente da respiração, se a mente não estiver funcionando, você não poderá ficar com raiva, você não poderá ser sexual.

Sexo, raiva, ganância, ciúme ou inveja – qualquer necessidade como essas precisa do mecanismo da mente na qual se apoiar. Se o mecanismo parar, você não pode fazer nada. Isso novamente nos leva para o primeiro método – agora a energia que foi usada no sexo, na raiva, na ganância, na ambição, não tem saída. Você continua se preocupando continuamente com a respiração, dia e noite. Buda disse:

"Mesmo durante o sono, tente ficar consciente de que está respirando". Vai ser difícil no começo, mas, se você conseguir ficar consciente durante o dia, então, aos poucos, sua consciência conseguirá invadir o seu sono.

Qualquer coisa invadirá seu sono, se você estiver profundamente arraigado na mente durante o dia. Se você estiver preocupado com uma determinada coisa durante o dia, ela invade o seu sono. Se você estivesse pensando continuamente em sexo, esse pensamento invade o sono. Se você ficar com raiva o dia inteiro, a raiva invadirá o seu sono. Por isso Buda diz que não há dificuldade no que se refere a isso – se a pessoa está continuamente preocupada com a respiração e com a consciência da respiração, ela acabará tomando consciência dela durante o sono. Você não conseguirá sonhar depois disso. Se a sua consciência estiver presente, na inspiração e na expiração, então, durante o sono, você não poderá sonhar.

No momento em que você sonha, a consciência desaparece. Se a consciência está presente, os sonhos são impossíveis. Por isso um monge budista adormecido não é como você. O sono dele tem uma qualidade diferente. Tem uma profundidade diferente e uma certa consciência.

Ananda disse ao Buda: "Eu o observo há anos e há anos estamos juntos. Parece um milagre: você dorme como se estivesse acordado. Você fica na mesma postura a noite toda". A mão não saía do lugar, a perna permanecia na mesma posição. Buda dormia na mesma postura a noite toda. Nem um único movimento! Por noites a fio, Ananda se sentava, observava e pensava: "Que tipo de sono é esse!". Buda não se mexia. Ele era como um cadáver e acordava na mesma posição em que ia dormir. Ananda perguntou: "O que você está fazendo? Estava dormindo ou não? Você nunca se mexe!".

Buda disse: "Chegará um dia, Ananda, em que você saberá. Isso mostra que você não está praticando o Anapanasati Yoga como deveria; mostra apenas isso. Caso contrário, essa pergunta não surgiria.

Você não está praticando o Anapanasati Yoga – se está continuamente consciente da sua respiração durante o dia, é impossível não ficar consciente dela à noite. E se a mente está preocupada com a consciência, os sonhos não podem penetrá-la. E se não houver sonhos, a mente fica clara, transparente. Seu corpo está dormindo, mas você não está. Seu corpo está relaxando, você está consciente – a chama está lá dentro". "Portanto, Ananda", contam que o Buda disse: "Eu não estou dormindo – apenas o corpo está com sono. Eu estou consciente! E não apenas no sono. Ananda – quando eu morrer, você verá: estarei consciente de que apenas o corpo morrerá".

Pratique a consciência com a respiração; então sua consciência será capaz de invadir o sono. Ou pratique a consciência com os movimentos do corpo. Buda tem uma palavra para isso: ele chama de "atenção plena". Ele diz "Ande atentamente". Andamos sem que a mente interfira nesse andar.

Um certo homem estava sentado diante de Buda enquanto conversava. Ele ficava mexendo a perna e o dedo do pé o tempo todo. Não havia razão para isso. Buda parou de falar e perguntou ao homem: "Por que está mexendo a perna? Por que está mexendo o dedo?". De repente, quando o Buda chamou a atenção dele para o gesto, o homem parou. Então Buda perguntou: "Por que você parou tão de repente?".

O homem disse: "Eu nem sabia que estava mexendo o dedo do pé ou a perna! Eu não estava consciente! No momento em que você perguntou, fiquei consciente".

Buda disse: "Que absurdo! Sua perna está se mexendo e você não está consciente? Então, o que você está fazendo com seu corpo? Você é um homem vivo ou morto? Esta é sua perna, este é o dedo do seu pé, e você fica mexendo ambos e nem percebe? Então do que você está consciente? Você pode matar um homem e dizer: 'Eu não estava consciente'". E, na realidade, quem mata não está consciente. É difícil matar alguém quando você está consciente.

Buda dizia: "Mova-se, ande, mas sempre com plena consciência. Saiba interiormente que você está andando. Você não deve usar nenhuma palavra; você não deve usar nenhum pensamento. Você não deve dizer para si mesmo 'Estou andando', porque, se disser, você não estará consciente do andar – você ficou consciente do seu pensamento e perdeu a consciência do andar. Apenas seja somaticamente consciente – não mentalmente. Apenas sinta que você está andando. Crie uma consciência somática, uma sensibilidade, para que você possa sentir diretamente, sem que a mente interfira".

O vento está soprando – você está sentindo. Não use palavras. Apenas sinta e fique atento ao sentimento. Você está deitado na praia, a areia está fria, muito fria. Sinta! Não use palavras. Apenas sinta – o frescor da areia, o frio penetrante que ela transmite. Apenas sinta! Fique consciente disso; não use palavras. Não diga: "A areia está muito fria". No momento em que você disser, já perdeu o momento existencial. Você já intelectualizou o momento.

Você está com seu amante ou seu amado: sinta a presença dele, não use palavras. Apenas sinta o calor, o amor fluindo. Apenas sinta a união que aconteceu. Não use palavras. Não diga "Eu te amo"; você terá destruído o momento. A mente interferiu. E, no momento em que você diz "Eu te amo", o sentimento tornou-se uma memória passada. Apenas sinta sem palavras. Qualquer coisa que você sinta sem palavras, sinta totalmente sem a mente interferir, dará a você a atenção plena.

Você está comendo: coma conscientemente, prove tudo com atenção. Não use palavras. O sabor por si já é algo maravilhoso e penetrante. Não use palavras e não destrua o momento. Sinta-o em seu âmago. Você está bebendo água: sinta-a passar pela garganta, não use palavras. Apenas sinta, esteja atento a isso. O movimento da água, o frescor, o matar a sede, a satisfação que se segue – sinta!

Você está sentado ao Sol: sinta o calor, não use palavras. O Sol está tocando você. Há uma profunda comunhão. Sinta! Dessa maneira, a consciência somática, a consciência corporal se desenvolve. Se você desenvolver uma consciência corporal, novamente a mente dá uma parada. A mente não é necessária. E se a mente parar, você é novamente jogado no inconsciente profundo. Num estado muito, muito alerta, você consegue penetrar na escuridão. Agora você tem uma luz com você e a escuridão desaparece.

Se você é voltado para o corpo, vai achar bom ser somaticamente consciente. Aqueles que não são voltados para o corpo, é melhor que fiquem conscientes da respiração.

Existem muitos métodos. Mas qualquer método é apenas um esforço para possibilitar a conscientização. Você não pode escapar da consciência. Você pode começar de onde quiser, mas a conscientização é a chave.

Métodos para a Atualidade

Por que você criou técnicas novas e ativas de meditação, como a meditação Kundalini e a meditação dinâmica, mesmo já existindo uma tradição que inclui centenas de técnicas de yoga, sufismo, budismo etc.?

Os métodos antigos de meditação foram, todos eles, desenvolvidos no Oriente. Eles nunca levam em conta o homem ocidental; o homem ocidental foi excluído. Estou criando técnicas que não são apenas para as pessoas do Oriente, mas que são para todos os seres humanos – sejam eles do Oriente ou do Ocidente.

Existe uma diferença entre a tradição oriental e a tradição ocidental – e é a tradição que cria a mente. Por exemplo, a mente oriental é muito paciente e isso é fruto de milhares de anos de ensinamentos para que as pessoas sejam pacientes, qualquer que sejam as condições em que vivam.

A mente ocidental é muito impaciente. As técnicas orientais não são aplicáveis a ambas. A mente oriental foi condicionada a manter um certo equilíbrio, tanto no sucesso quanto no fracasso, tanto na riqueza quanto na pobreza, tanto na doença quanto na saúde, tanto na vida quanto na morte. A mente ocidental não tem essa ideia de equilíbrio; ela fica muito perturbada. Com o sucesso, ela fica perturbada; começa a se sentir no topo do mundo, começa a sentir um certo complexo de superioridade. No fracasso, vai para o outro extremo; sente-se no quinto dos infernos. Fica infeliz, profundamente angustiada, e sente um terrível complexo de inferioridade. Ela fica devastada.

E a vida consiste em ambos. Há momentos que são belos e há momentos que são vis. Existem momentos em que você está apaixonado, há momentos em que você está com raiva, com ódio. A mente ocidental simplesmente se comporta de acordo com a situação. Está sempre tumultuada. A mente oriental aprendeu... É um condicionamento, não uma revolução, é só um treinamento, uma disciplina, uma prática. Por baixo, é a mesma coisa, mas um forte condicionamento faz que ela mantenha um certo equilíbrio.

A mente oriental é muito lenta porque não faz sentido ser veloz; a vida segue seu próprio curso e tudo é determinado pelo destino, por isso o que você ganha, você não ganha com a sua velocidade, com a sua pressa. O que você recebe, recebe porque já está predestinado. Portanto, não há por que ter pressa. Sempre que algo está destinado a acontecer, isso acontece – nem um segundo antes nem um segundo depois.

Isso criou um fluxo muito lento no Oriente. É quase como um rio que não estivesse fluindo; a corrente é tão lenta que não dá para detectá-la. Além disso, de acordo com o condicionamento oriental, você já viveu milhões de vidas e existem milhões pela frente a serem vividas, então o tempo de vida não é de apenas 70 anos; o tempo de vida é vasto e enorme. Não há pressa, há muito tempo pela frente, para que ter pressa? Se não acontecer nesta vida, pode acontecer em outra.

A mente ocidental é muito rápida, veloz, porque o condicionamento é apenas para esta vida – 70 anos – e há muito a fazer. Um terço da sua vida você passa dormindo, um terço da sua vida você passa estudando, fazendo treinamentos – o que resta?

Grande parte da sua vida você usa para ganhar seu sustento. Se você contar tudo, ficará surpreso: dos 70 anos, não lhe resta nem sete para fazer o que você deseja. Naturalmente, há pressa, uma corrida louca, tão louca que você esquece para onde está indo. Tudo o que você lembra é se está indo depressa ou não. O meio se torna o fim.

Da mesma maneira, em diferentes direções... a mente oriental foi cultivada de maneira diferente da mente ocidental. Esses 112 métodos de meditação desenvolvidos no Oriente nunca levaram em consideração o homem ocidental; eles não foram desenvolvidos para o homem ocidental. O homem ocidental ainda não existia. O *Tantra Vigyana Bhairava* foi escrito de cinco a dez mil anos antes de nós – época em que essas 112 técnicas chegaram à perfeição.

Naquela época, não havia homem ocidental, nem sociedade ocidental, nem cultura ocidental. O Ocidente ainda era bárbaro, primitivo, não valia a pena levá-lo em consideração. O Oriente representava o mundo inteiro, no auge do seu crescimento, riqueza, civilização.

Meus métodos de meditação foram desenvolvidos por pura necessidade. Eu quero que a distinção entre o Ocidente e o Oriente desapareça.

Depois do *Tantra Vigyana Bhairava* de Shiva, nesses cinco ou dez mil anos, ninguém desenvolveu um único método novo. Mas eu observei as diferenças entre o Oriente e o Ocidente: o mesmo método não pode ser aplicado a ambos. Primeiro, as mentes oriental e ocidental devem ser levadas a um estado. Essas técnicas de meditação dinâmica, meditação Kundalini e outras são todas catárticas; a base delas é a catarse.

Você tem que jogar fora todo o lixo que está abarrotando a sua mente. A menos que você a descarregue, não conseguirá se sentar em silêncio. É como dizer a uma criança para que ela se sente silenciosamente no canto da sala. É muito difícil, ela está tão cheia de energia! Você está reprimindo um vulcão! A melhor maneira é primeiro dizer a ela: "Vá correr lá fora, em volta da casa dez vezes; depois, venha e se sente aqui".

Assim é possível, você tornou possível. Ela própria vai querer se sentar, relaxar, depois de correr tanto. Ela está cansada, está exausta; agora, sentada ali, ela não vai reprimir sua energia, ela já expressou sua energia correndo em volta da casa dez vezes. Agora está mais tranquila.

Os métodos catárticos consistem simplesmente em jogar fora toda a sua impaciência, sua rapidez, sua pressa, suas repressões.

Mais um fator deve ser lembrado: que eles são absolutamente necessários para o homem ocidental, antes que ele possa fazer algo como *vipassana* – apenas se sentar silenciosamente, sem fazer nada, só vendo a grama crescer. Mas você tem que ficar sentado em silêncio, sem fazer nada – essa é uma condição básica para a grama crescer por si só. Se você não conseguir ficar sentado em silêncio, sem fazer nada, vai atrapalhar a grama.

Eu sempre adorei jardins e, onde quer que eu tenha morado, cultivei belos jardins, gramados. Eu costumava conversar com as pessoas sentado no meu jardim, e percebi que todas ficavam arrancando as folhas de grama do chão... apenas energia agitada. Se elas não tinham nada para fazer, simplesmente arrancavam a grama. Eu tinha que dizer a elas: "Se você continuar fazendo isso, vai precisar se sentar lá dentro, na sala. Não posso deixar que você destrua o meu gramado".

Elas paravam por um tempo e, quando começavam a me ouvir, inconscientemente, suas mãos começavam outra vez a arrancar a grama. Portanto, ficar sentado em silêncio, sem fazer nada, é de fato ficar sentado em silêncio e sem fazer nada. É fazer um grande favor à grama. A menos que você não esteja fazendo nada, a grama não pode crescer; você vai parar, você vai arrancar, você vai atrapalhar.

Por isso, esses métodos são absolutamente necessários para a mente ocidental. Mas surgiu um novo fator: eles se tornaram necessários para a mente oriental também. A mente para a qual Shiva escreveu esses 112 métodos de meditação não existe mais – nem mesmo no Oriente agora. A influência ocidental tem sido tremenda. As coisas mudaram.

Na época de Shiva, não havia civilização ocidental. O Oriente estava no auge da sua glória; era chamada de "pássaro de ouro". Tinha todos os luxos e confortos: era realmente rica.

Agora a situação se inverteu: o Oriente está escravizado há dois mil anos, explorado por quase todo mundo, invadido por dezenas de países, continuamente saqueado, estuprado, queimado. Agora o Oriente é como um mendigo.

E trezentos anos de domínio britânico na Índia destruíram o próprio sistema educacional da Índia – que era uma coisa totalmente diferente. Os britânicos forçaram a mente oriental a se instruir de acordo com os padrões ocidentais. Eles quase transformaram a *intelligentsia* oriental numa *intelligentsia* ocidental de segunda categoria. Eles transmitiram ao Oriente sua doença da rapidez, da pressa, da impaciência, da angústia contínua, da ansiedade.

Se você contemplar os templos de Khajuraho ou os de Konarak, vai poder ver o Oriente em suas verdadeiras cores. Apenas em Khajuraho havia cem templos; apenas trinta estão de pé, setenta foram destruídos pelos muçulmanos. Milhares de templos de tremenda beleza e arquitetura foram destruídos. Apenas trinta sobreviveram; e apenas por acidente, porque eles faziam parte de uma floresta. Talvez os invasores tenham se esquecido deles.

Mas a influência britânica na mente indiana era tão grande que até mesmo um homem como Mahatma Gandhi queria que esses trinta templos fossem cobertos de lama para que ninguém pudesse vê-los. Só de pensar nas pessoas que criaram essa centena de templos... Cada templo deve ter levado séculos para ser construído. Eles são tão delicados em sua estrutura, tão proporcionais e tão bonitos que não existe nada igual no planeta.

E você pode imaginar que não existiam apenas os templos. Se havia uma centena de templos, devia haver uma cidade de milhares de pessoas; caso contrário, não faria sentido construir uma centena de templos. Onde estão essas pessoas? Assim como os templos, essas pessoas foram massacradas.

E esses templos que tomo como exemplo, como sua arquitetura pareceria pornográfica para a mente ocidental, para Mahatma Gandhi também parecia pornográfica.

A Índia deve muito a Rabindranath Tagore. Ele foi o homem que impediu Mahatma Gandhi e outros políticos que estavam prontos para cobrir os templos, de escondê-los dos olhos das pessoas. Rabindranath Tagore disse: "Isso é uma completa estupidez. Eles não são pornográficos, são absolutamente lindos".

Existe um fio muito tênue entre pornografia e beleza. Uma mulher nua não é necessariamente pornográfica; um homem nu não é necessariamente pornográfico. Um homem bonito, uma mulher bonita, nus, podem ser exemplos de beleza, de saúde, de proporção. Eles são os produtos mais gloriosos da natureza. Se um cervo pode estar nu e ser bonito – e ninguém pensa que um cervo seja pornográfico –, então por que um homem nu ou uma mulher nua não podem ser vistos apenas em sua beleza?

Havia damas na época da rainha Vitória, na Inglaterra, que cobriam as pernas das cadeiras com um pano porque as pernas não deviam ficar à mostra – as pernas das cadeiras! Mas como eram chamadas de pernas, pensava-se que não seria civilizado deixá-las nuas. Houve um movimento na época da rainha Vitória, para que as pessoas que levavam seus cães para passear na rua os cobrissem com um pano. Os cães não deviam ficar nus... Como se a própria nudez fosse pornográfica. É a mente que é pornográfica.

Estive em Khajuraho centenas de vezes e não vi uma única escultura pornográfica. O retrato ou uma estátua de alguém nu só se torna pornografia se provocar a sua sexualidade. Esse é o único critério: se provocar a sua sexualidade, se for um incentivo para o seu instinto sexual. Mas não é o caso de Khajuraho. Na verdade, os templos foram feitos com o propósito contrário. Eles foram feitos para que se meditasse sobre um homem e uma mulher fazendo amor. E as pedras criaram vida. As pessoas que as criaram deviam ser os maiores artistas que o mundo já conheceu.

As esculturas foram feitas para se meditar, eram objetos de meditação. O lugar era um templo e os meditadores ficavam sentados, olhando as esculturas e observando a si mesmos para ver se elas despertavam algum desejo sexual. Esse era o critério: se descobrissem que nenhum desejo sexual vinha à tona, isso era um certificado de que podiam entrar nos templos. Todas essas esculturas estão fora do templo, nas paredes externas; no interior, não há estátuas nuas. Mas esse era um estágio necessário, para que as pessoas primeiro meditassem. E quando ficava claro que não havia desejo – pelo contrário, que aquelas estátuas tinham feito o desejo carnal por sexo se acalmar – então elas podiam entrar no tempo; do contrário, não. Seria como profanar o templo, maculá-lo, insultá-lo.

As pessoas que criaram esses templos criaram também uma literatura extensa, volumosa. Antes de Buda e Mahavira, o Oriente nunca foi repressivo com respeito à sexualidade. Foi só com Buda e Mahavira que, pela primeira vez, o celibato se tornou algo espiritual. Do contrário, antes de Buda e Mahavira, todos os videntes do Upanishads, dos Vedas, eram pessoas casadas; não eram celibatárias, elas tinham filhos.

E não eram pessoas que tivessem renunciado ao mundo; elas usufruíam de todos os luxos e de todos os confortos. Moravam em florestas, mas tudo lhes era oferecido pelos seus discípulos, pelos seus reis, pelos seus amantes. E seus *ashrams*, suas escolas, suas academias, na floresta, eram muito abastadas.

Com Buda e Mahavira, o Oriente começou a tradição doentia do celibato, da repressão. E quando o cristianismo entrou em cena na Índia, surgiu uma tendência muito forte para a repressão. Esses trezentos anos de cristianismo fizeram a mente do Oriente ficar quase tão repressiva quanto a mente ocidental.

Por isso agora meus métodos podem ser aplicados a ambas. Eu os chamo de métodos preliminares. Eles foram projetados para destruir tudo o que pode impedir você de fazer uma meditação silenciosa. Quando a meditação dinâmica ou a meditação Kundalini forem bem-sucedidas, você está purificado. Você apagou a repressão. Você apagou a rapidez, a pressa, a impaciência. Agora é possível entrar no templo.

É por esse motivo que falei sobre a aceitação do sexo, porque, sem aceitar o sexo, você não pode se livrar da repressão. E eu quero que você esteja completamente imaculado, natural. Eu quero que você esteja num estado em que esses 112 métodos possam ser aplicáveis a você.

Essa é a minha razão para conceber esses métodos – eles são simplesmente métodos para limpar a mente.

Eu também incluí os métodos terapêuticos ocidentais, porque a mente ocidental, e por sua influência, a mente oriental, ambas, ficaram doentes. É um fenômeno raro hoje encontrar uma mente saudável. Todo mundo está sentindo um certo tipo de náusea, uma náusea mental, um certo vazio, que é como uma ferida que machuca. Todo mundo está tendo sua vida transformada num pesadelo. Todo mundo está preocupado, com muito medo da morte; não apenas com medo da morte, mas também com medo da vida. As pessoas estão vivendo com o coração, as pessoas estão vivendo de uma maneira morna: não intensamente como Zorba, o Grego, não com um sabor saudável, mas com uma mente doentia. É preciso viver, então estão vivendo. É preciso amar, então estão amando. É preciso fazer isso ou aquilo, ser assim ou assado, então elas estão seguindo o rebanho; fora isso, não existe nenhum incentivo vindo do próprio ser.

As pessoas não estão transbordando de energia. Não estão arriscando tudo para viver plenamente. Não são aventureiras e, se não forem aventureiras, não podem ser saudáveis. A aventura é o critério, a investigação do desconhecido é o critério. As pessoas nunca são jovens; desde a infância, elas simplesmente se tornam idosas. A juventude nunca acontece.

Os métodos terapêuticos ocidentais não podem ajudar você a crescer espiritualmente, mas podem preparar o terreno. Eles não podem semear as sementes das flores, mas podem preparar o solo – que é uma necessidade. Essa foi uma das razões pelas quais incluí terapias no meu trabalho.

Há também outro motivo: quero unir Ocidente e Oriente.

O Oriente desenvolveu métodos de meditação. O Ocidente não desenvolveu métodos de meditação, o Ocidente desenvolveu psicoterapias. Se quisermos que a mente ocidental se interesse pelos métodos de meditação, se quisermos que a mente oriental se aproxime do Ocidente, então tem que haver uma troca, um dar e um receber. Não deve ser apenas oriental – algo da evolução ocidental precisa ser incluída. E eu acho que essas terapias são muito úteis. Elas não podem ir muito longe, mas, até onde vão, são boas. A partir daí, pode-se usar as meditações.

Mas a mente ocidental deve sentir que algo do seu desenvolvimento próprio foi incluído nessa união, nessa fusão; não deve ser algo unilateral. E essas terapias são significativas; elas não podem fazer mal, só podem ajudar. Eu as usei durante muitos anos, com tremendo sucesso. Elas ajudaram as pessoas a purificar seus seres, prepararam-nas para entrar no templo da meditação. Meu esforço é desfazer a separação entre Ocidente e Oriente. A Terra deve ser uma só, não apenas do ponto de vista, mas também espiritual.

Algumas pessoas acham que essa é uma maneira inteligente de se fazer uma lavagem cerebral. Mas ela é mais do que isso: é uma lavagem mental, não só uma lavagem cerebral. A lavagem cerebral é muito superficial. O cérebro é o mecanismo que a mente usa. Você pode lavar o cérebro com muita facilidade – qualquer mecanismo pode ser lavado e lubrificado. Mas se a mente que está por trás do cérebro está poluída, está suja, está cheia de desejos reprimidos, cheia de coisas feias, logo o cérebro estará cheio de todas essas coisas feias também.

E não vejo que haja algo errado nisso – lavar é sempre bom! Eu acredito em lavagem a seco. Eu não uso métodos antigos de lavagem.

E, sim, as pessoas vão se sentir enganadas, como se a mente delas estivesse lhes sendo tirada, e essa era a única coisa preciosa que elas tinham. Mas isso será apenas no começo. Depois que a mente for tirada, elas ficarão surpresas ao perceber que, por trás da mente, está o verdadeiro tesouro. E a mente era apenas um espelho, refletia o tesouro, mas não tinha nenhum tesouro em si. O tesouro está por trás da mente – isto é, seu próprio ser.

Existe algum método de meditação que seja útil no tratamento de um tipo particular de doença mental?

A psiquiatria moderna está enraizada e baseada na doença – não sabe nada sobre bem-estar. A psicologia moderna e todos os seus ramos estão basicamente seguindo o modelo médico. Foi aí que Sigmund Freud errou. Ele contribuiu com algo imensamente valioso, mas ainda assim não entendeu o principal. Ele estava muito interessado no anormal, no doente. E lentamente, porque tudo o que ele estudou não passava de doença, começou a sentir que não havia esperança para o homem.

Estudar a doença é necessário, porque as pessoas doentes precisam de ajuda. Mas elas não podem receber ajuda de fato se não se souberem o que é bem-estar. No máximo, é possível ajudar as pessoas a se ajustarem à sociedade, mas a própria sociedade está doente.

É o que as psicoterapias modernas continuam fazendo. Sempre que alguém fica um pouco desajustado, o trabalho do psiquiatra é levá-lo de novo a se ajustar. O ajuste é considerado normal. Mas esse não é necessariamente o caso – porque, se a própria sociedade é anormal, se ajustar a ela será uma anormalidade, não o contrário.

Na realidade, pessoas como o psiquiatra Ronald David Laing suspeitam de todo o projeto. A sociedade é anormal e você ajuda pessoas a se ajustarem a ela? Você serve à sociedade, você não serve a essas pessoas. Você é um agente da sociedade, do *status quo*, do sistema. A pessoa que você está tratando – através de drogas, tratamentos de choque, por meio de psicanálise e mil outros métodos – pode ser, na realidade, uma pessoa normal e, como ela é normal, não consegue se ajustar a um sociedade anormal.

Basta pensar num Buda – um Buda não consegue se ajustar à sociedade. Os budas sempre foram rebeldes. Eles não podem se curvar diante da sociedade, não podem se render à sociedade – a sociedade está doente! A sociedade tem vivido sob uma maldição, a maldição que foi criada pelos sacerdotes e pelos políticos. Tem vivido numa grande conspiração. As pessoas não foram autorizadas a serem saudáveis, porque pessoas saudáveis são perigosas. As pessoas não têm permissão para serem inteligentes, porque pessoas inteligentes são perigosas.

Seu sistema educacional existe não para ajudar as pessoas a se tornarem inteligentes, mas para impedir que as pessoas se tornem inteligentes. Ele existe para que todos possam ser reduzidos a um ser medíocre, de modo que todo mundo seja reduzido a um estudioso idiota. E 25 anos de condicionamento, desde o jardim de infância até a universidade, pode reduzir alguém a um estudioso idiota, pode fazer de qualquer um alguém medíocre – porque sua educação exige que as pessoas sejam capazes de reproduzir tudo o que lhes foi ensinado. Esse é o critério para julgar a inteligência delas.

Esse pode ser o critério para julgar a memória que elas têm, parecida com a de um papagaio, mas não é o critério da inteligência delas. Inteligência é um fenômeno totalmente diferente. A inteligência não tem nada a ver com repetição; de fato, a inteligência abomina a repetição. A inteligência sempre tentará viver a vida à sua maneira. A inteligência vai querer fazer só o que lhe interessa. Ela vai querer sondar os mistérios da vida, mas não de acordo com fórmulas definidas ou estratégias prescritas. A inteligência é sempre original.

As universidades não permitem a existência de pessoas originais. Elas eliminam as pessoas originais; todo o seu esforço é para destruir a originalidade, porque as pessoas originais sempre criarão problema para a sociedade. Elas não serão tão facilmente manipuladas e não poderão ser tão facilmente reduzidas a funcionários e professores – não poderão ser tão facilmente reduzidos a máquinas eficientes. Eles querem se afirmar; vão tentar viver a vida não de acordo com um padrão, mas de acordo com sua própria visão.

Se alguém ama música, mesmo que tenha que viver como um mendigo, vai persistir na vida de músico. Mesmo se tiver a escolha de se tornar primeiro-ministro, ele vai preferir viver como um mendigo e continuar tocando sua música. Isso será inteligência, porque somente quando você vive sua vida de acordo a sua própria luz, de acordo com suas próprias ideias, de acordo com a sua própria voz interior, você alcança a felicidade, a realização.

Para se tornar primeiro-ministro, você não precisa de inteligência. Na verdade, se você tem inteligência, não pode se tornar um primeiro--ministro, porque quem que tem inteligência gostaria de entrar para a política? Quem que tem inteligência gostaria de entrar nesse jogo vil? O sujeito inteligente vai querer se tornar poeta, pintor ou dançarino, mas quem vai querer se tornar político? Não a pessoa inteligente, apenas aqueles que ainda são bárbaros, apenas aqueles que ainda gostam de violência e de ter domínio sobre as outras pessoas.

As universidades destroem a inteligência. O sistema educacional é muito destrutivo para a inteligência – serve à sociedade e a sociedade é anormal, muito anormal. Em três mil anos, cinco mil guerras foram travadas – você pode dizer que esta sociedade é saudável? Pode dizer que esta sociedade é sã? As pessoas estão sempre prontas para matar, assassinar ou cometer suicídio. Que tipo de sociedade é esta?

A psiquiatria e a psicanálise tentam ajustar as pessoas. Elas chamam pessoas não ajustadas à sociedade de "anormais". É por isso que os psicólogos continuam dizendo que Jesus era anormal. Na verdade, eles dizem que ele era neurótico. Jesus neurótico! E as pessoas que conseguiram assassinar esse homem? Elas eram saudáveis? Jesus é neurótico e Pôncio Pilatos é saudável, normal.

Se Jesus é neurótico, então Buda é neurótico, Mahavira é neurótico, Pitágoras, Patanjali, Lao Tzu, Zaratustra, todos são neuróticos. Sócrates é neurótico – e os juízes que decidiram que ele devia ser envenenado e morto, eles, sim, são normais.

A Terra inteira é um manicômio. Quem está doente? E como você pode decidir o que é doença e defini-la, sem saber o que é saúde e bem-estar?

Sigmund Freud errou, porque ele só estudava pessoas doentes. Pessoas doentes podem ser estudadas, porque a doença sempre acontece na periferia. Bem, as pessoas não podem ser estudadas, porque o bem-estar acontece no centro; brota em seu ser. A doença é superficial, o bem-estar é intrínseco. Sigmund Freud não pode estudar um buda, porque ele não será capaz de encontrar nenhum sintoma.

Você pode ir a um médico e perguntar: "Qual é a definição de saúde?", e você ficará surpreso ao perceber que nenhum médico consegue responder à sua pergunta. No máximo, ele pode dizer: "Se uma pessoa não está doente, ela é saudável". Que tipo de definição é essa? "Quando uma pessoa não tem doenças, ela é saudável". A saúde é um fenômeno positivo e você o está definindo negativamente.

A doença eles conseguem definir; conseguem definir o que é câncer e o que é tuberculose, e podem definir todos os tipos de doenças – milhões de doenças eles conseguem definir. Mas um único fenômeno, a saúde, permanece indefinível – ainda não foi estudado.

A menos que a Psicologia fique enraizada nas pessoas que são puras e íntegras – que são iluminadas, alertas, conscientes, que transcenderam todos os tipos de identificação, que se tornaram consciência pura –, a menos que a psicologia estude essas pessoas... Mas para isso a Psicologia terá que mudar seus métodos. Não pode continuar imitando a Fisiologia, a Física, a Química e as Ciências Naturais. Para isso será preciso que ela aprenda muito da literatura, da poesia, da música. Terá que se aproximar das artes, em vez de seguir a ciência.

Foi uma desgraça que Sigmund Freud fosse basicamente um médico, um clínico. A ideia dele de fazer da Psicologia uma ciência era uma ideia da ciência médica. Ele começou a estudar pessoas doentes e baseou todo o seu entendimento nas doenças.

E, quando você trata pessoas doentes, apenas pessoas doentes procuram você – lentamente, tudo o que você vem a saber sobre o ser humano é aquilo que descobriu por meio das pessoas doentes. Então isso se torna seu entendimento sobre os seres humanos. É por isso que o que Freud diz sobre você está basicamente errado. Ele fala sobre a pessoa doente – não é sobre o ser humano, não é sobre a humanidade. Não se trata de um verdadeiro ser humano, é algo sobre uma pessoa doente.

Por exemplo, se você estuda apenas pessoas cegas e conclui que ninguém é capaz de enxergar, que tipo de entendimento será esse? Isso não será verdade no que diz respeito aos seres humanos em geral, será verdade apenas no que diz respeito aos cegos.

Os psiquiatras só estudam pessoas doentes e começam a tirar conclusões sobre a humanidade, começam a definir a humanidade. Isso vai além dos limites dela. Primeiro você terá que entender o todo – a pessoa doente e a pessoa que está bem, ambas. Na realidade, a pessoa que está perfeitamente bem deve ser o critério; ela deveria ser o fator decisivo.

A Psicologia tem que se tornar a psicologia dos budas. Só então será verdadeira, autêntica.

Meu esforço não é o mesmo que faz um psiquiatra ou um psicoterapeuta. Eu não estou tratando pessoas doentes. Meu esforço é para liberar as fontes de bem-estar em você. Não estou interessado em tratá-lo, estou interessado em libertar você.

Você pergunta: existe algum método de meditação útil no tratamento de um tipo particular de doença mental? Não. Isso não significa que a meditação não possa ajudar – ela ajuda, mas é algo acidental. Ela ajuda, mas a melhora é apenas uma consequência, um subproduto.

Meu esforço básico é para criar budas – pessoas que são plenas, inteiras. Não estou tratando pessoas doentes – embora algumas pessoas doentes venham me procurar e são ajudadas, mas esse não é o meu propósito aqui. Essa não é uma comunidade terapêutica, é uma comunidade espiritual. As terapias estão acontecendo aqui, mas não são destinadas a pessoas doentes, porque na minha visão toda a humanidade está doente, é anormal.

As terapias que acontecem aqui não estão particularmente interessadas em qualquer tipo particular de doença. Nós estamos simplesmente ajudando as pessoas ditas normais a se tornarem *realmente* normais.

A meu ver, todo ser humano é criado por pessoas doentes, pessoas anormais – os pais, os professores –, e naturalmente continuam transmitindo suas doenças aos filhos. A menos que a pessoa fique alerta sobre o que fizeram com ela, a menos que ela ouse, seja corajosa, tenha coragem de abandonar todo condicionamento, nunca se tornará normal.

Muitos grupos terapêuticos que existem aqui são apenas para ajudar as pessoas comuns, as chamadas pessoas normais; tenha consciência de que elas não são normais – esse é o primeiro passo para se tornar normal. Depois que você entendeu que não é normal, as coisas começam a mudar. Uma grande consciência começa a surgir em você: algo tem que ser feito, algo se torna urgente.

Ajudamos as pessoas a abandonar seus condicionamentos – hindus, cristãos, muçulmanos, comunistas, ajudamos as pessoas a abandonar *todos* os seus condicionamentos, porque apenas um ser sem condicionamentos é realmente normal e natural. Condicionamentos são perversões.

Portanto, não estamos na verdade interessados em ajudar os chamados doentes, nosso trabalho é ajudar as pessoas ditas normais. Mas, às vezes, pessoas doentes vêm e são beneficiadas. Esse é apenas um fenômeno marginal, limítrofe.

Não sei dizer qual meditação ajudará qual doença em particular. Na realidade, toda meditação ajuda de uma maneira ou de outra, porque todas as técnicas de meditação consistem basicamente em fazer você ir para o mesmo ponto de silêncio interior. O método pode ser ativo ou o método pode ser passivo, não importa; o objetivo é o mesmo. Pode ser um método sufi, pode ser um método Zen – o objetivo é o mesmo. O objetivo é fazer você ficar tão silencioso que todo pensamento desapareça e você se torne apenas um espelho, refletindo aquilo que existe.

Minha definição de Deus: aquilo que é. E uma vez que você comece a ver o que existe e comece a entrar em sintonia com isso, surge o bem-estar. Você se torna parte desse universo tremendamente belo.

A psicanálise e a psiquiatria ajudam pessoas doentes. A meditação ajuda as pessoas que já estão bem, mas gostariam de conhecer o ápice do bem-estar – gostaria de ir ao Everest do bem-estar, o que Abraham Maslow chama de "experiências de pico". Essas experiências de pico são um direito de todos. Se você não tem experiências de pico, você está perdendo algo imensamente valioso.

Mas a meditação vai um passo além de Abraham Maslow e das psicologias humanísticas. Não é apenas uma questão de alcançar experiências de pico – porque experiências de pico são momentâneas; você não pode permanecer no pico para sempre. Você pode ter uma profunda experiência orgástica, pode chegar ao êxtase, mas, no momento em que o alcançou, você já começa a descer ladeira abaixo. Você não pode ficar no pico; ali não existe espaço para alguém ficar.

Todos os picos são a repetição do antigo mito de Sísifo. Sísifo foi punido pelos deuses porque se rebelou contra eles. Ele tem que empurrar uma pedra até o pico de uma montanha, mas o pico é pequeno e a rocha é grande; no momento em que a rocha chega ao pico, começa a cair, escorregando de volta, ladeira abaixo.

Essa é a história de todo ser humano. Você não pode ficar no pico. Você fará a jornada, a longa jornada, para atingir o pico, o ápice, e, quando tiver atingido, acabou. No momento em que você se dá conta de que atingiu o pico, você não está mais lá; já começou a descer ladeira abaixo. Não há espaço para permanecer lá.

A meditação ajuda você a não apenas alcançar experiências de pico, belas experiências – que é algo apenas para iniciantes –, mas para ter uma consciência orgástica total. Não é a experiência de pico, não é a experiência orgástica, mas uma consciência orgástica para que você fique 24 horas num êxtase orgástico. Para que a sua vida inteira, a cada momento, seja uma celebração.

Meu esforço é para a meditação, para a religiosidade. Eu ajudo as pessoas primeiro a conhecer as experiências de pico, para que um grande desejo possa surgir nelas para permanecer nesses picos. Mas ninguém pode permanecer nesses picos. Então outro esforço começa na sua vida, para criar a *consciência* orgástica. Picos são experiências; eles são momentâneos. A consciência orgástica é uma transformação do seu ser. É um novo nascimento, uma ressurreição. Atingir experiências de pico ajuda muitas pessoas doentes. Não estou preocupado com isso, mas ajuda.

Eu gostaria de saber como o uso da terapia no seu trabalho difere de outras terapias, como a abordagem da psicanalítica freudiana, os grupos humanísticos e de crescimento.

É fundamentalmente diferente de qualquer outra terapia que já tenha existido. A diferença mais fundamental é que todas essas terapias são para pessoas doentes, aquelas que não estão mentalmente sadias. Essas terapias são um esforço para levá-las de volta à vida normal. Todas essas terapias atendem às necessidades da sociedade.

A sociedade deixa as pessoas loucas, malucas, esquizofrênicas. As terapias as trazem de volta à sua mente normal, medíocre, para que possam funcionar novamente no antigo padrão em que não conseguiam funcionar antes.

Todas as terapias, sejam freudianas ou junguianas ou adlerianas... A função delas é a mesma do sacerdote no passado. Elas são os padres de uma época sofisticada, mas a função delas é a mesma. São contra a revolução, contra a mudança.

Por que essa sociedade continua produzindo pessoas doentes? Nenhum animal fica doente dessa maneira. Por que a sociedade humana continua criando pessoas esquizofrênicas? Por que existem tantos estupros, por que existem tantas pessoas sucumbindo sob o peso da culpa, por que existem tantos assassinatos, suicídios? E mesmo que uma pessoa de alguma forma consiga viver normalmente, no fundo ninguém é normal. Todo mundo tem pesadelos, todo mundo tem medo, todo mundo tem ganância, todo mundo se sente inseguro. Essas terapias estão a serviço da sociedade que deixa as pessoas loucas.

A diferença básica é que estou tentando ajudar as pessoas a entender que elas não são responsáveis pelos seus problemas mentais; elas são vítimas. Meu objetivo não é fazer que elas fiquem normais para a Igreja, voltar para o escritório e para o mesmo cônjuge e o mesmo mundo. Não, minha função é dar às pessoas uma nova individualidade, uma inteligência rebelde, uma perspectiva em que possam ver que a sociedade as manipulou e explorou, quase as matou.

Essa é a primeira parte da terapia que eu uso no meu trabalho: a pessoa deve estar ciente de que é a sociedade que é doente e ela é apenas uma vítima.

Segundo, conscientizamos a pessoa de que ela é uma vítima porque é mais inteligente que as outras pessoas. Idiotas não enlouquecem, eles não têm a capacidade de enlouquecer. Para ter uma mente doente, primeiro você precisa ter uma mente. Pessoas comuns que são consideradas saudáveis mentalmente são, na realidade, intelectualmente retardadas; mesmo se quisessem enlouquecer não poderiam. A loucura requer alguma inteligência.

Não é por acaso que muitos dos grandes pintores, poetas, cientistas, músicos – pessoas que tocaram algumas dimensões do ápice da inteligência – enlouqueceram.

Muitos deles cometeram suicídio. Estranho... nós criamos, na realidade, um mundo estranho onde idiotas são normais e gênios são anormais; onde idiotas não enlouquecem, mas gênios sim, e sofrem todos os tipos de tortura mental. As antigas terapias tentam trazê-los de volta, forçá-los de volta à humanidade comum, retardada.

Claro que essas pessoas são uma minoria, por isso naturalmente elas acham que há algo errado com elas. Entre milhões de pessoas que são retardadas, ser inteligente é realmente inseguro. É inseguro, é perigoso. Num mundo onde as pessoas estão vivendo abaixo da idade mental de 13 anos – que é a idade mental média das massas – ter mais inteligência criará problemas para você. Elas são "a sociedade" e você é apenas um indivíduo desamparado.

Meu esforço é para conscientizar essas pessoas de que a doença delas é significativa. Elas não precisam se sentir envergonhadas, deveriam, na realidade, se alegrar, porque têm inteligência – inteligência suficiente, mais inteligência do que a das pessoas normais, comuns. É por isso que estão com problemas. Elas não conseguem se ajustar à sociedade; sentem em todo lugar um desajuste. Isso é o que dá às pessoas a ideia de que há algo errado com elas. A realidade é exatamente o contrário. Eles são as pessoas certas, mas são uma minoria muito pequena. E a maioria é idiota, mas são a maioria. Seus chamados terapeutas estão simplesmente servindo a seus interesses particulares.

Meu esforço é dar a você a confiança de que sua doença é simbólica, que você não tem uma mente defeituosa, que você não deve se sentir mal com isso. Na verdade, você deve se sentir grato à existência porque levantou questões que pessoas comuns não levantam. Você criou problemas em sua vida que pessoas comuns não criam. E como você não estava ajustado à maioria, às massas, à multidão, eles denunciaram você, como se fosse louco.

Os freudianos e junguianos e os adlerianos, todos eles aceitam a ideia de que você é louco e precisa de tratamento. E todo o seu tratamento está levando você para o mais baixo denominador da sociedade. Meu esforço é exatamente o contrário: primeiro fazer você se sentir relaxado com a sua situação, ajudar você a reconhecer que é a sociedade que está doente, não você, que a sociedade precisa de uma mudança e uma revolução, não você. Se você não está se ajustando à sociedade, a razão não é que você seja louco. A razão é que você tem tanta inteligência que não consegue se ajustar a todas essas pessoas retardadas.

Segundo, e que é ainda mais importante, a terapia em meu trabalho ajuda você a recuperar sua confiança, o respeito por si mesmo, a compreensão de que não há nada de errado com você. Mas esse é apenas o fundamento. *Depois disso*, o verdadeiro trabalho começa. Todo mundo ao seu redor o forçou a acreditar que algo está errado com você – primeiro temos que eliminar todo esse absurdo e fazê-lo respeitar a si mesmo. Então começa o verdadeiro trabalho de meditação.

A terapia está apenas preparando o terreno. Ela não basta.

É apenas para desfazer o que a sociedade fez com você. Depois que isso está desfeito, depois que você está livre, então começa o verdadeiro trabalho: a exploração da sua própria interioridade. Por isso a terapia, a meu ver, é apenas a base para criar espaço e o desejo de explorar sua realidade.

Todos esses terapeutas, psicanalistas, psiquiatras, eles não têm nada a ver com meditação. Eles não estão lá para ajudá-lo a crescer. Na realidade, eles estão lá para cortar tantos galhos quanto possível – sua altura, seu crescimento –, para que você se torne semelhante a outros pigmeus. E como você aceita as ideias da massa comum, você permite que eles cortem a sua inteligência, para destruir o seu questionamento, para impedir qualquer possibilidade de ir mais fundo que as pessoas comuns. Meu trabalho é, primeiro, aliviar você dessa carga e lhe dar visão, a percepção de que isso não é o fim. Só não ficar doente não pode ser o fim. Só não ficar doente não é suficiente. Você tem que ser psicologicamente saudável, inteiro. E, a menos que você se realize, o trabalho não estará concluído.

A terapia para no ponto em que você se tornou novamente normal, em que você foi arrastado de volta. Meu trabalho respeita sua doença, porque ela reflete toda a sociedade. Você se tornou uma vítima porque era mais vulnerável, mais aberto, mais disponível. Você foi ferido por todos os lados. Você era mais inocente e era inteligente o suficiente para não acreditar em superstições e ideologias idiotizadas. Tudo isso só lhe trouxe condenação. As religiões costumavam mandá-lo para o inferno, agora elas se tornaram ultrapassadas e ninguém se incomoda muito com o inferno. Ninguém acredita nele. Agora você está sendo enviado para o divã do psicanalista, que é uma tortura constante por anos e anos. Na realidade, não existe um único ser humano que tenha sido totalmente psicanalisado. Que ciência mais estranha!

Ela leva sete, nove, dez anos e, ainda assim, você não é totalmente analisado. Os problemas ainda estão lá. Talvez você os olhe com mais aceitação, talvez você tenha tomado consciência de que não pode expressá-los na sociedade, não pode se comportar de maneira que as pessoas pensem que você é estranho. Eles ensinaram você a se ajustar, e isso exige anos e milhares de dólares – apenas para ser ajustar aos idiotas!

Meu esforço é para devolver a você sua individualidade. É a sua individualidade que se rebela contra as normas sociais, e é a sua individualidade que se recusa a ser destruída. Minha função é ajudá-lo a descobrir a sua individualidade revolucionária, a sua singularidade. Eu não estou aqui para fazer de você uma engrenagem desta grande civilização e desta cultura que criamos há milhões de anos. Terminamos fazendo da Terra inteira um grande manicômio.

Há uma história de Kahlil Gibran. Um amigo dele ficou louco. Ele não podia acreditar, porque aquele homem era muito inteligente! E ele tinha sido colocado num manicômio?! Gibran foi vê-lo. Ele estava muito triste e com pena do amigo.

Encontrou o amigo sentado num banco, debaixo de uma árvore, no jardim do manicômio. Gibran se aproximou dele e quis demonstrar sua solidariedade. O homem começou a rir. Gibran disse: "Parece que você realmente ficou louco. Estou aqui, demonstrando minha solidariedade, minha compaixão, minha amizade, e você está rindo?".

O homem disse: "Eu tenho que rir, porque aquelas pessoas que são loucas, só porque são a maioria não vão me convencer de que eu sou louco. Na verdade, desde que eu vim para este asilo de loucos me sinto imensamente feliz, porque deixei o manicômio lá de fora. Aqui eu posso ter tanta sanidade quanto eu quiser. Ninguém vai se intrometer.

"Você não devia sentir pena de mim – na verdade, lamento muito por você. Que diabos você está fazendo naquele grande manicômio lá fora? Por que não vem morar aqui comigo?".

Kahlil Gibran ficou chocado, mas um grande ponto de interrogação surgiu na cabeça dele. Talvez aquele homem estivesse certo.

Para mim, não há talvez. Aquele homem estava certo.

Portanto, a terapia usada no meu trabalho é uma busca pela sua individualidade e singularidade. Quando você for libertado da ideia de que está doente, vai se abrir uma nova dimensão. Depois disso, você pode se tornar mais consciente e, por fim, iluminado. Eu uso a sua doença para atingir sua saúde plena, sua totalidade. Dessa totalidade, seus terapeutas estão completamente inconscientes. Eles não sabem nem o que estão fazendo. Estão simplesmente servindo aos políticos, às religiões, aos interesses escusos; não estão ajudando você. Fazem parte do *status quo*.

Os terapeutas que trabalham comigo não fazem parte do *status quo*. Eles são basicamente pessoas que estão ajudando você a se livrar de todas essas ideias que os outros lhe impuseram, de que existe algo errado em você. Quando você estiver completamente livre desse lixo, a meditação se torna simples, muito espontânea. Você sai dessa sociedade podre e fica entregue à existência inteira. Depois que você começa a criar raízes e fica centrado em si mesmo, as meditações são muito fáceis. E elas podem levar você à experiência suprema da vida.

Essas pessoas normais nunca atingem essa experiência. Elas nem sequer têm inteligência para adoecer! Um homem morto simplesmente não pode ficar doente. O homem morto está sempre saudável, não há como ele ficar doente. Nem que você lhe dê uma injeção de veneno, não há como ele adoecer; ele vai continuar perfeitamente saudável.

É a vida que é frágil e pode facilmente adoecer, ser destruída. A inteligência é ainda mais frágil. Se a vida é uma árvore, então a inteligência é uma flor – ainda mais frágil. Mais colorida, mais viva, mais expressiva, mais poética – mas mais frágil. E a iluminação é o auge da fragilidade. É como a fragrância; você não consegue se apossar dela. Você pode sentir a presença da fragrância, você pode sentir o aroma da existência dela, mas não há como segurá-la na mão.

Portanto, meu uso da terapia é fundamentalmente diferente. A finalidade dela é diferente, a abordagem é diferente. As outras terapias respeitam a sociedade e condenam o indivíduo. Eu respeito o indivíduo e condeno a multidão, porque as massas não têm alma. É apenas uma grande multidão de pessoas quase mortas, que não sabem o que é a vida e que nunca saberão.

Portanto, as terapias são a base e a meditação. Quando uma aceitação profunda chegar até você, você poderá crescer.

> Pesquisas indicam que certos estados de consciência provocados por técnicas de meditação parecem evocar padrões específicos de ondas cerebrais. Esses estados agora estão sendo criados por uma estimulação eletrônica e auditiva do cérebro, e podem ser aprendidos através do biofeedback.
>
> O tradicional "estado meditativo" – sentar-se em silêncio (ou ao menos num estado alerta e tranquilo) – compõe-se de ondas alfa sincrônicas e bilaterais. Uma meditação mais profunda também tem ondas teta bilaterais. O estado chamado

"consciência lúcida" tem ondas alfa e teta sincrônicas bilaterais de meditação profunda, além das ondas beta dos processos normais de pensamento. A "consciência lúcida" pode ser aprendida através do biofeedback, *utilizando os equipamentos mais modernos.*

Esses tipos de estimulação e o biofeedback *são ferramentas úteis para o praticante de meditação? Qual é a relação dessas técnicas tecnológicas com a meditação além da técnica? Esse é um exemplo da união entre a ciência e a meditação?*

É uma pergunta muito complexa. Você terá que entender primeiro uma das coisas mais básicas sobre a meditação: que nenhuma técnica leva à meditação. As técnicas mais antigas e as novas técnicas científicas de *biofeedback* são a mesma coisa no que se refere à meditação.

A meditação não é consequência de nenhuma técnica. A meditação acontece além da mente. Nenhuma técnica pode ir além da mente. Mas há um grande mal-entendido nos círculos científicos, e isso tem uma certa base. A base de todo mal-entendido é o fato de que, quando o ser de uma pessoa está em estado de meditação, ele cria certas ondas na mente. Essas ondas podem ser criadas a partir de fora, por meios técnicos. Mas essas ondas não produzem a meditação – esse é o mal-entendido.

A meditação cria essas ondas; é a mente refletindo o mundo interior.

Você não pode ver o que está acontecendo lá dentro. Mas você pode ver o que está acontecendo na mente. Agora existem instrumentos sensíveis... Podemos ver que tipo de onda existe quando uma pessoa está dormindo, que tipos de onda existe quando uma pessoa está sonhando, que tipo de onda existe quando uma pessoa está em meditação.

Mas, criando as ondas, você não pode criar a situação – porque essas ondas são apenas sintomas, indicadores.

Tudo bem, você pode estudá-las. Mas lembre-se de que não há atalho para a meditação, nem dispositivo mecânico que possa ser de alguma ajuda. Na verdade, a meditação não precisa de técnica – científica ou não.

Meditação é simplesmente um entendimento.

Não se trata de se sentar em silêncio, não se trata de entoar um mantra. É uma questão de entender os sutis mecanismos da mente. Quando você entende esses mecanismos, uma grande percepção surge em você, e ela não vem da mente. Essa consciência surge em seu ser, em sua alma, em sua consciência.

A mente é apenas um mecanismo, mas, quando essa percepção surge, ela com certeza cria um certo padrão de energia ao redor dela. Esse padrão de energia é observado pela mente – a mente é um mecanismo muito sutil.

E você está estudando de fora, então, no máximo, pode estudar a mente, pois, sempre que uma pessoa fica em silêncio, serena, pacífica, um certo padrão de onda inevitavelmente aparece na mente, e o pensamento científico concluirá: se podemos criar esse padrão de onda na mente, através de algumas tecnologias de *biofeedback*, então o ser interior alcançará os píncaros da consciência.

Isso não vai acontecer. Não é uma questão de causa e efeito. Essas ondas na mente não são a causa da meditação; elas são, pelo contrário, o efeito. A partir do efeito, você não poderá avançar em direção à causa.

É possível que, com o *biofeedback*, você possa aprender a criar certos padrões na mente e eles vão provocar uma sensação de paz, silêncio e serenidade à pessoa. Porque a própria pessoa não sabe o que é meditação e não tem nenhuma maneira de comparar, por isso ela pode ser levada a acreditar que é meditação – mas não é. Porque, no momento em que o mecanismo de *biofeedback* para, as ondas desaparecem, e o silêncio, a paz e a serenidade também desaparecem. E você pode continuar praticando com esses instrumentos científicos durante anos; isso não vai mudar o seu caráter, não vai mudar sua moralidade, não vai mudar sua individualidade. Você vai permanecer igual.

A meditação transforma. Leva você a níveis mais elevados de consciência e muda todo o seu estilo de vida. Muda suas reações, transformando-as em respostas, e isso a tal ponto que é quase inacreditável que a pessoa que antes reagia à mesma situação com raiva agora esteja agindo com profunda compaixão, com amor – na mesma situação.

A meditação é um estado de ser, alcançado por meio da compreensão. Ela precisa de inteligência, não precisa de técnicas. Não existe uma técnica que possa lhe dar inteligência. Caso contrário, teríamos transformado todos os idiotas em gênios; todas as pessoas medíocres se tornariam Albert Einstein, Bertrand Russell, Jean-Paul Sartre. Não existe maneira de mudar sua inteligência a partir de fora, deixá-la mais aguçada, mais penetrante, fornecer a ela mais informações. É simplesmente uma questão de compreensão, e ninguém mais pode fazer isso por você – nenhuma máquina, nenhum ser humano.

Durante séculos, os chamados gurus têm ludibriado a humanidade. No futuro, em vez de gurus, essas máquinas gurus é que vão enganar a humanidade.

Os gurus enganavam as pessoas, dizendo, "Nós daremos a você um mantra. Basta repetir o mantra". Certamente, repetindo um mantra continuamente você cria o campo de energia de um certo comprimento de onda; mas a pessoa permanece igual, porque é apenas na superfície. É como se você tivesse jogado uma pedrinha num lago sereno e ondulações surgissem e se movessem por todo o lago, de uma margem a outra, sem tocar as profundezas do lago. As profundezas estão completamente alheias ao que está acontecendo na superfície. E o que você vê na superfície também é ilusório. Você acha que ondulações estão se movendo – isso não é verdade. Nada está se movendo.

Quando joga uma pedra no lago, não é que as ondulações comecem a se mover. Você pode verificar isso colocando uma florzinha na água. Você vai ficar surpreso: a flor permanece no mesmo lugar. Se as ondas se movessem e fossem na direção da margem, elas teriam levado a flor com elas. Mas a flor permanece ali. As ondas não estão se movendo; é apenas a água subindo e descendo no mesmo lugar, criando a ilusão de movimento. As profundezas do lago não saberão nada sobre isso. E não haverá mudança no caráter, na beleza do lago, ao criar essas ondas.

A mente está entre o mundo e você.

Aconteça o que acontecer no mundo, a mente é afetada; e você pode entender através da mente o que está acontecendo lá fora.

Por exemplo, você está olhando para mim – não pode *me* ver; é sua mente que é afetada por certos raios e cria um retrato mental. Você está dentro e, a partir de dentro, você vê a foto. Você não me vê; você não pode me ver. A mente é o mediador. Assim como quando a consciência interior é afetada pelo lado de fora, ela pode interpretar o que está acontecendo lá fora. O que os cientistas estão tentando fazer é o mesmo: eles estão estudando praticantes de meditação e lendo seus comprimentos de onda, os campos de energia criados pela meditação. E, naturalmente, a abordagem científica é que, se esses padrões aparecerem sem nenhuma exceção quando uma pessoa está em meditação, esta a chave: pode-se criar esses padrões na mente, para que a meditação possa ocorrer no interior dela.

É aí que está a falácia.

Você pode criar o padrão na mente e, se a pessoa não conhece a meditação, ela pode sentir um silêncio, uma serenidade – por um instante, enquanto essas ondas permanecerem. Mas você não pode enganar um praticante de meditação, porque ele verá que esses padrões estão aparecendo na mente...

A mente é uma realidade inferior, e a realidade inferior não pode mudar a realidade superior. A mente é a serva, ela não pode mudar o mestre.

Mas você pode experimentar. Saiba apenas que se trata de uma máquina de *biofeedback* ou de um mantra OM, não importa; isso apenas cria uma paz mental, e paz mental não é meditação.

A meditação é o voo além da mente e não tem nada a ver com paz mental.

Um pensador americano, Joshua Liebman, escreveu um livro muito famoso chamado *Peace of Mind* [Paz de Espírito]. Escrevi uma carta para ele muitos anos atrás, quando me deparei com o livro, dizendo "Se você é uma pessoa sincera e honesta, deveria retirar o livro do mercado, porque paz de espírito não existe. A mente é o problema. Só quando não há mente, há paz, portanto, como pode haver paz de espírito? E qualquer paz de espírito é apenas uma falácia; significa simplesmente que o ruído diminuiu a tal ponto que você acha que é silêncio. E você não tem nada com o que comparar".

Um homem que sabe o que é meditação não pode ser enganado por qualquer técnica, porque nenhuma técnica pode lhe dar compreensão do funcionamento da mente.

Por exemplo, você sente raiva, sente inveja, sente ódio, sente luxúria. Existe alguma técnica que possa ajudá-lo a se livrar da raiva? Do ciúme? Do ódio? Da luxúria sexual? E se essas coisas continuarem, seu estilo de vida vai permanecer o mesmo de antes.

Existe apenas uma maneira – nunca houve outra. Existe uma, e apenas uma, maneira de entender que ficar com raiva é estupidez: observe a raiva em todas as suas fases, esteja alerta para que ela não o pegue de surpresa; permaneça vigilante, vendo cada passo da raiva. E você ficará surpreso: à medida que a conscientização sobre os caminhos da raiva cresce, a raiva começa a evaporar.

E, quando a raiva desaparece, há paz. A paz não é uma conquista positiva. Quando o ódio desaparece, existe amor. O amor não é uma conquista positiva. Quando o ciúme desaparece, existe uma profunda simpatia por todos.

Tente entender...

Mas todas as religiões corromperam sua mente, porque elas não lhe ensinaram como observar, como entender; em vez disso, elas lhe deram conclusões – que a raiva é ruim. E no momento em que você condena algo, você já tomou uma certa posição de julgamento. Você julgou. Agora não pode mais estar consciente.

A consciência precisa de um estado de não julgamento.

E todas as religiões têm ensinado as pessoas a julgar: isso é bom, isso é ruim, isso é pecado, isso é virtude – isso é toda a porcaria com a qual há séculos a mente do homem é carregada. Então, com relação a tudo – no momento em que você vê alguma coisa –, já existe imediatamente um julgamento sobre isso dentro de você. Você não pode simplesmente ver aquilo, você não pode ser apenas um espelho, sem dizer coisa alguma.

A compreensão surge quando você se tornar um espelho, um espelho de tudo o que se passa na mente.

Existe uma linda história – não apenas uma história, mas uma história real, um fato histórico.

Um discípulo de Buda Gautama estava viajando para propagar a mensagem dele. Ele foi ver Buda Gautama, para receber as bênçãos do mestre e perguntar se havia uma última mensagem, algo que ele gostaria de dizer aos seus discípulos.

E Buda Gautama disse: "Lembre-se de uma coisa: enquanto caminha, mantenha o olhar apenas um metro à frente, olhando apenas um metro à sua frente".

Desde aquele dia, ao longo de 25 séculos, monges budistas têm andado da mesma maneira. Essa foi uma estratégia para evitar que os monges olhassem para as mulheres, em particular. Aqueles discípulos eram monges. Eles tinham feito o voto do celibato.

Ananda, outro discípulo de Buda Gautama, não conseguia entender qual era o problema, por que o monge deveria manter os olhos sempre um metro à frente. Ele perguntou: "Eu quero saber qual o porquê."

Buda disse: "É assim que ele evitará olhar para uma mulher, pelo menos para o rosto de uma mulher; no máximo, verá os pés dela".

Mas Ananda disse: "Pode haver situações em que uma mulher esteja em perigo. Por exemplo, ela caiu em um poço e está gritando por socorro. O que seu discípulo deveria fazer? Ele terá que ver o rosto dela, seu corpo".

Buda disse: "Em situações especiais, ele pode olhar para ela, mas não é a regra, é apenas a exceção".

Ananda disse: "E o que dizer sobre tocar uma mulher? Porque pode haver situações em que uma mulher caia na rua. O que seu discípulo deveria fazer? Ele deveria ajudá-la a se levantar ou não? Ou uma idosa quer atravessar a rua – o que o seu discípulo deveria fazer?".

Buda disse: "Como exceção – mas lembre-se de que não é uma regra –, ele pode tocar a mulher com uma condição, e se ele não cumprir a condição, não serão mais permitidas a ele as exceções. A condição é que ele permaneça apenas como um espelho, ele não deve fazer nenhum julgamento, tomar nenhuma atitude. 'Que mulher linda!', isso é um julgamento. 'Que mulher mais justa', esse é outro julgamento. Ele deve permanecer como um espelho, só assim estará autorizado a fazer exceções. Caso contrário, deixe a mulher se afogar no poço – alguém a salvará. E você, salve a si mesmo!".

O que ele está dizendo é o seguinte: em todas as situações em que a mente iniciar qualquer tipo de desejo, ganância, luxúria, ambição, possessividade, o meditador tem que ser apenas um espelho. E por quê? Ser apenas um espelho significa que você está simplesmente consciente.

Em pura consciência, a mente não pode arrastá-lo para a lama, para a sarjeta. Na raiva, no ódio, no ciúme, a mente é absolutamente impotente diante da consciência. E pelo fato de a mente ser absolutamente impotente, todo o seu ser está num profundo silêncio – uma paz que ultrapassa a compreensão.

Naturalmente, essa paz, esse silêncio, essa alegria, essa felicidade afetarão a mente, criarão ondulações na mente, mudarão os comprimentos de onda na mente, e o cientista quer ler essas ondas, esses padrões de ondas, e ele estará pensando: "Se esses padrões de ondas puderem ser criados em alguém por dispositivos mecânicos, então poderemos criar a profundidade de um Buda Gautama".

Não seja burro.

Todos os seus dispositivos técnicos podem ser bons, podem ser úteis. Eles não farão nenhum mal; vão dar um gostinho de paz, de silêncio... Embora muito superficial, ainda é alguma coisa para aqueles que nunca conheceram a paz.

Para os sedentos, até a água suja parece limpa.

Para os sedentos, até a água suja é uma grande bênção.

Portanto, você pode começar seus experimentos com todas as minhas bênçãos, mas lembre-se de que não é meditação o que você está dando às pessoas – você mesmo não conhece a meditação. Você pode estar dando a elas um pouco de descanso, um pouco de relaxamento – e não há nada de errado nisso.

Mas, se você lhes der a ideia de que isso é meditação, então você certamente estará sendo prejudicial – porque essas pessoas vão se contentar com as coisas técnicas, com o silêncio superficial, pensando que isso é tudo e que estão meditando.

Você pode ser útil para as pessoas. Diga a elas, "Isso é apenas uma maneira mecânica de deixar sua mente em paz, e uma mente em paz não é a verdadeira paz – a verdadeira paz é quando a mente está ausente. E não é possível fazer isso a partir do lado de fora, só a partir do lado de dentro. E por dentro você tem sua inteligência, a compreensão para fazer o milagre".

É bom para pessoas que não conseguem relaxar, que não conseguem encontrar alguns momentos de paz, cuja mente está continuamente tagarelando – seus dispositivos técnicos são bons, seus mecanismos de *biofeedback* são bons. Mas deixe claro para elas que isso não é meditação, é apenas um dispositivo mecânico para ajudá-las a relaxar, para lhes dar uma sensação superficial de silêncio. Se esse silêncio criar uma necessidade nelas de encontrar a fonte de paz real, interior, autêntica, então esses dispositivos técnicos foram benéficos e os técnicos que os utilizaram não foram barreiras, mas pontes. Torne-se uma ponte.

Dê às pessoas o gostinho de paz que é possível por meio das máquinas, mas não lhes dê a falsa ideia de que isso é meditação. Diga-lhes que esse é apenas um eco distante do real; se quiserem o real, elas terão que passar por uma busca interior profunda, uma compreensão profunda da mente, uma consciência de todos os modos astutos da mente, para que seja possível colocá-la de lado. Depois disso, a mente não estará mais entre elas e a existência, e as portas estarão abertas.

A meditação é a experiência suprema de felicidade.

Ela não pode ser produzida por drogas, não pode ser produzida por máquinas, não pode ser produzida a partir de fora.

Esqueça a Iluminação

A iluminação é uma consequência da compreensão de que viver no passado é tolice, porque trata-se simplesmente de lembranças. Mas milhões de pessoas estão perdendo seu tempo com lembranças. Milhões de outras pessoas estão vivendo no futuro. Você não pode morar no futuro; está fazendo castelos no ar.

Entender que nem passado nem futuro existem... que tudo o que você tem é um instante muito breve: só este instante. Você nem tem dois instantes ao mesmo tempo. Quando um instante se for, aí é que vem outro. Você sempre tem apenas um instante nas mãos; e ele é tão breve e tão fugaz que, se você estiver pensando no passado e no futuro, vai perdê-lo. E essa é a única vida e a única realidade que existe.

Compreendendo todo esse processo, uma coisa fica evidente: a razão por que a mente evita o presente, que é real, e por que ela tenta se envolver com o passado e o futuro, que não são reais. Ao tentar entender isso, uma coisa fica bem clara: que no instante presente a mente não pode existir.

A mente é simplesmente uma coleção de lembranças do passado e – com base nessas lembranças – fantasias sobre o futuro.

A mente não conhece três tempos. Ela conhece apenas dois: passado e futuro. O presente não existe para a mente. O existencial é inexistente para a mente; e o que não é existencial é existencial para a mente. Por isso todo o esforço para saber como sair da mente, como sair do inexistencial e ficar no meio-termo – onde está a existência.

Como ficar no presente? Esse é o truque da meditação. E no momento em que você está no presente, a iluminação é mera consequência. Não transfira isso para a mente – ela fará disso imediatamente um objetivo. A mente não pode fazer outra coisa. Não pode colocar esse objetivo no passado, porque você nunca o experimentou; portanto, o passado está fechado. Você ainda não o experimentou; naturalmente, ele tem que ser colocado em algum lugar do futuro. E isso sempre acontece no presente.

Então esqueça a iluminação. Ela é um subproduto, uma consequência; você não pode fazer nada sobre ela. Essa é a beleza dos subprodutos: você tem que fazer outra coisa, e o subproduto vem naturalmente. Você precisa aprender a estar no presente cada vez mais. Em outras palavras: você precisa aprender a estar, cada vez mais, num estado de "não mente".

Não é por acaso que os místicos chamavam a meditação de "não mente": se você chama de meditação, novamente a mente faz disso um objetivo. Então você tem que alcançar a meditação. Depois disso, não faz diferença se o objetivo é a iluminação ou a meditação: o objetivo permanece, o futuro permanece e continua destruindo o presente.

Os místicos que mudaram o nome de "meditação" para "não mente" foram visionários. Ora, a "não mente" não pode se tornar um objetivo; a mente não pode torná-la um objetivo. É simplesmente absurdo – como a mente pode tornar a "não mente" um objetivo? Ela simplesmente dirá que não é possível; a mente é tudo, não existe "não mente".

Essa era uma estratégia para não permitir que você a tornasse um objetivo. Muito poucas pessoas entenderam a estratégia: que essa é a razão por que chamaram isso de "não mente" – para impedir que a mente fizesse da meditação um objetivo.

Portanto, fique cada vez mais num estado de "não mente". Apenas continue a eliminar memórias, fantasias sobre o futuro, para limpar o momento presente. E, à medida que se aprofunda, à medida que você se torna mais e mais capaz de vivenciar a "não mente", a iluminação vem por conta própria.

A iluminação é simplesmente reconhecer o seu ser, reconhecer a eternidade do seu ser, reconhecer que não houve morte antes, nem haverá morte no futuro – que a morte é uma ficção. Ver seu ser em sua completa nudez, em sua beleza absoluta, em sua grandeza, em seu silêncio, sua bem-aventurança, seu êxtase – tudo isso está incluído na palavra "iluminação".

Depois de provar desse sumo, a mente começa a perder o domínio sobre você, porque você encontrou algo que é qualitativamente tão elevado, tão gratificante, tão tremendamente satisfatório que a mente sente que a função dela acabou. Ela parece feia, porque só lhe deu infelicidade, preocupações, ansiedade. Em que ela contribuiu para você? O controle dela diminui; ela começa a se esconder nas sombras e aos poucos desaparece.

Você continua a viver, mas agora sua vida é vivida momento a momento; e o resultado disso é que uma pequena lacuna de "não mente" começa a crescer. Não há fim para esse crescimento.

A iluminação apenas começa, nunca acaba.

Ninguém disse isso antes. Todos eles disseram que ela é perfeita – mas perfeição significa que o crescimento não é possível. Ela já aconteceu e, portanto, todo crescimento, toda evolução está concluída.

Mas, por experiência própria, posso dizer, com muita propriedade, que tudo a que você está preso para sempre não pode fazê-lo permanecer em êxtase, não pode fazê-lo permanecer feliz. Você começará a deixar de dar valor a isso.

Foi extasiante porque você vivia em agonia; comparado a essa agonia era extasiante. Você viveu sofrendo, cheio de mágoas; comparado a isso, foi uma satisfação, foi gratificante. Mas agora, dia após dia, mês após mês, ano após ano, vida após vida, você está esquecido dessa agonia, do gosto desse sofrimento. E com esse esquecimento, sua iluminação se tornará comum – algo ao qual você nem dará mais valor, pois vai parecer sem graça, morto. O êxtase é o mesmo, mas você não conseguirá sentir do mesmo modo. Chegou a uma parada completa e a vida não conhece ponto final.

Mas por que todos esses místicos insistiram em dizer que a iluminação é perfeição? Porque eles estavam receosos. Logicamente não foram capazes de enfrentar os filósofos, os críticos... porque, se você diz que é imperfeito, isso significa que algo mais tem que acontecer. Você ainda não atingiu a meta – algo ainda está faltando. Então é parcial o que você alcançou. Se não é perfeição, é algo parcial.

Para evitar chamar a iluminação de parcial, eles disseram que ela é a perfeição. Mas esqueceram que um dia alguém pode questionar essa perfeição. Ela ainda não foi questionada, mas estou levantando essa questão agora: a perfeição vai estar morta, não pode estar viva, porque nada vai acontecer. Será o mesmo amanhã e depois de amanhã, até a eternidade.

Você ficará totalmente entediado com seu êxtase, com seu contentamento, e não há como voltar atrás. Você não consegue sentir agonia outra vez, aqueles momentos de infelicidade outra vez, porque tudo isso saiu do seu ser. Não há caminho de volta e, no futuro, até onde você pode ver, tudo permanecerá igual.

Eu nego a perfeição. A iluminação parece perfeita porque nada parece estar faltando no momento. Tudo o que você sempre sonhou – é muito mais do que isso. Tudo o que você já concebeu – é muito mais do que isso. Então parece absoluto, perfeito, definitivo; mas isso é uma falácia. Ela vai crescer, vai se tornar mais vasta. Novas qualidades serão adicionadas a ela; e, toda vez, vai ser uma surpresa, porque você nunca tinha pensado nessa qualidade.

Portanto, eu quero que fique bem claro que a iluminação é apenas um começo, o início de uma tremenda evolução, que não tem limites. Só depois dela você vai poder prosseguir dançando, cantando. E você pode ficar emocionado a cada momento, porque nunca sabe o que o próximo instante vai trazer – novas ideias, novas visões, novas experiências.

E não há limitação para isso. Nunca chega um ponto em que você pode dizer que a jornada terminou. A jornada apenas começa, nunca acaba.

Outros místicos não disseram isso porque temiam que, se dissessem às pessoas que a jornada só começa e nunca termina, elas nunca iriam começar. Qual é o objetivo de uma jornada que começa e nunca acaba? Então faça outra coisa. Por que desperdiçar a vida nessa jornada, se não poderá dizer: "Voltei para casa?".

Mas quero ser absolutamente sincero sobre a iluminação. E quero que seja uma emoção que não acabe. Isso não é algo que deponha contra ela, é algo favorável – que tudo continua se expandindo, tudo continua crescendo, tudo continua se elevando cada vez mais; e ainda o céu infinito está lá, o universo infinito está lá.

E, se o universo puder ser infinito... o que é inconcebível para a mente; você não pode conceber o universo como algo infinito. A mente não pode conceber o infinito, pela simples razão de que a mente funciona através da lógica. Ela dirá: "Pode estar longe, mas em algum lugar vai ter que terminar. Como isso pode continuar indefinidamente? Podemos nunca chegar ao fim, podemos nunca encontrar a fronteira onde o universo termina – isso é possível porque somos limitados –, mas não significa que o universo seja ilimitado".

A lógica não pode concebê-la, o pensamento não pode ter nenhuma justificativa para isso. E se você começar a pensar, não poderá acreditar. Você pode empurrar a fronteira o máximo que puder, mas o limite permanece.

Mas a verdade é que a fronteira não pode existir, porque uma fronteira sempre precisa de duas coisas: algo deste lado e algo do outro lado. Você não pode fazer um limite apenas com um lado. Você tem uma cerca em torno da sua casa porque existe a casa do vizinho. Sua cerca não é o fim – é simplesmente o início de outra casa.

Portanto, se algum dia a lógica o forçar a concluir que deve haver um limite, você precisa perguntar: o que existirá além do limite? Deve haver alguma coisa. Mesmo que não seja nada, esse nada também fará parte do universo. Por que você está criando limites? Então esse vazio também será o universo.

Depois de entender que todo limite precisa de duas coisas – algo que fecha e algo que abre – você poderá ter alguma ideia de que um universo finito é impossível. Somente um universo infinito é possível.

Mas, para o universo infinito, você precisa de uma infinidade de crescimento, porque, se chegar a um ponto em que acha que tem que se tornar perfeito, você fica fora de sintonia com o universo.

Deve-se usar a mesma lógica para compreender a evolução. Ela tem que ser para sempre – porque novamente existe a questão do limite.

Você não pode estabelecer limites para a existência.

Os limites não pertencem à realidade.

Um dos meus professores, o doutor S. S. Roy, escreveu uma tese de doutorado sobre Bradley e Shankara – ambos são absolutistas, ambos acreditam na perfeição. E a tese de doutorado dele foi aceita, ele obteve o título de doutor.

Mas eu disse a ele: "Você pode ter conseguido seu título, mas, se eu estivesse na banca de examinadores, você não teria conseguido, porque Shankara e Bradley estão pregando – e você está tentando fazer um estudo comparativo, dizendo que eles estão falando a mesma coisa, ou seja, que existe um limite para a perfeição. E você está dizendo isso com tanta ênfase que parece que também acredita".

Ele disse: "Sim, eu estudei Shankara e Bradley durante toda a minha vida, e eles exerceram um imenso impacto sobre mim. São os maiores filósofos do mundo".

Mas eu disse: "Eles são apenas infantis, pois ambos acreditam que existe um limite para a perfeição. Então nenhum crescimento é possível. Perfeição é morte e vida é crescimento".

E perguntei a ele diretamente: "Você preferia ser perfeito e estar morto ou imperfeito e vivo? Essas são as opções".

Ele disse: "Nunca pensei sobre isso – que perfeição significa morte e imperfeição significa crescimento. Mas, quando você disse isso, me pareceu correto".

E eu disse: "Simplesmente pense: há quanto tempo existe vida? Ela ainda não alcançou a perfeição. O crescimento não parou, a evolução não parou, e a existência segue pela eternidade. Então, que razão pode haver para pensarmos que o amanhã será perfeito?

"Toda a eternidade no passado falhou ao torná-lo perfeito. Que razão existe para pensar que apenas mais um dia é necessário, ou alguns dias ou alguns anos? Estamos sempre no meio". Eu disse a ele: "Estamos sempre no meio. Nunca conheceremos o início, porque nunca houve um início, e nunca saberemos o fim, porque não haverá nenhum fim".

Estamos sempre no meio, crescendo. É crescimento eterno, em todas as dimensões.

E o mesmo se aplica à iluminação.

Como a observação leva a "não mente"? Eu sou cada vez mais capaz de observar meu corpo, meus pensamentos e sentimentos, e isso parece bonito. Mas os instantes sem pensamentos são poucos e muito espaçados. Quando ouço você dizendo "a meditação é testemunhar", sinto que entendo. Mas, quando você fala sobre "não mente", não parece nada fácil entender. Você poderia comentar?

A meditação é uma peregrinação muito longa. Quando eu digo que meditação é testemunho, estou me referindo ao início da meditação. E, quando digo que meditação é "não mente", estou me referindo ao fim da peregrinação. O testemunhar é o começo e a "não mente" é a realização. Testemunhar é o método para alcançar a "não mente". Naturalmente, você sentirá que é mais fácil testemunhar. Isso está mais próximo a você.

Mas testemunhar é justamente como plantar sementes: há um longo período de espera. Você não está apenas esperando, mas confiando que a semente vai brotar, que vai se tornar um arbusto; que um dia a primavera chegará e o arbusto terá flores. A "não mente" é o último estágio da floração.

Semear é obviamente muito fácil; está ao alcance das suas mãos. Mas fazer o arbusto florir está além da sua capacidade. Você pode preparar todo o terreno, mas as flores virão por conta própria; você não pode forçá-las a brotar. A primavera está além do seu alcance – mas, se a sua preparação for perfeita, a primavera chegará; isso é absolutamente garantido.

Está muito bom o jeito como você está avançando. O testemunho é o caminho, e você começa a sentir de vez em quando um instante sem pensamentos. São vislumbres da "não mente"... mas só por um instante.

Lembre-se de uma lei fundamental: aquilo que pode existir apenas por um instante também pode se tornar eterno. Você não tem dois instantes ao mesmo tempo, apenas um instante por vez. E, se puder transformar um instante num estado sem pensamentos, você está aprendendo o segredo. Depois disso não há mais impedimento, não há mais razão para você não poder mudar o segundo instante, que também virá sozinho, com o mesmo potencial e a mesma capacidade.

Se você conhece o segredo, tem a chave-mestra que pode "destrancar" cada momento, permitindo um vislumbre da "não mente". A "não mente" é o estágio final, quando a mente desaparece para sempre e uma lacuna sem pensamentos se torna sua realidade intrínseca. Se esses poucos vislumbres estão chegando, eles mostram que você está no caminho certo e está usando o método correto.

Mas não seja impaciente. A existência precisa de uma imensa paciência. Os mistérios supremos são revelados apenas àqueles que têm uma imensa paciência.

Eu me lembro que...

No antigo Tibete, era costume, um sinal de respeito, que toda família contribuísse para o grande experimento da expansão da consciência. Por isso, o primeiro filho de cada família era recebido nos mosteiros para serem treinados em meditação. Acho que nenhum país já fez um experimento tão vasto no campo da consciência humana.

A destruição do Tibete pelas mãos da China comunista é uma das maiores calamidades que poderia ter acontecido com a humanidade. Não é apenas uma questão de ser um país pequeno; é uma questão de haver ali um grande experimento que estava acontecendo havia séculos no Tibete.

O primeiro filho de toda família era enviado aos mosteiros, ainda muito pequeno, com 5 ou 6 anos, no máximo. Mas o Tibete sabia que as crianças tinham mais possibilidade de aprender a testemunhar do que os adultos. Os adultos já estão completamente estragados. A criança é inocente e, portanto, a lousa da mente dela está vazia; ensinar uma criança sobre o vazio é muito fácil.

Mas, para uma criança, principalmente para uma criança pequena, ficar num mosteiro era muito difícil. Lembro-me de uma história... Estou contando apenas uma; deve ter ocorrido centenas de histórias como essa. Era inevitável.

Uma criança pequena, de 6 anos, é enviada ao mosteiro. A mãe dela chora, porque a vida num mosteiro, para uma criança pequena, é muito difícil. O pai diz à criança: "Não olhe para trás. Temos que preservar a reputação da nossa família. Nunca, em tempo algum, na história da nossa família, um filho um dia olhou para trás. Qualquer que seja o teste aplicado na entrada do mosteiro – mesmo que a sua vida esteja em risco –, não olhe para trás. Não pense em mim ou na sua mãe, nem nas lágrimas dela.

"Estamos enviando você para o mais completo experimento sobre a consciência humana, com grande alegria, embora a separação seja dolorosa. Mas sabemos que você passará por todos os testes; você tem o nosso sangue e é claro que preservará a dignidade da nossa família".

A criancinha vai a cavalo para o mosteiro, conduzida por um criado, que segue em outro cavalo. Quando a estrada faz uma curva, surge nela um desejo imenso de olhar para trás e dar mais uma última olhada na casa da família, no jardim. O pai deve estar parado lá, a mãe deve estar chorando... mas ela se lembra do que o pai disse: "Não olhe para trás".

E ela não olha para trás. Com lágrimas nos olhos, vira-se para a estrada. Agora não pode mais ver sua casa e não sabe quanto tempo vai demorar – talvez muitos anos – para voltar a ver o pai, a mãe e os outros familiares.

Ela chega ao mosteiro. No portão, o abade vai ao encontro dela, recebe-a gentilmente, como se ela fosse um adulto, faz uma reverência e a criança faz uma reverência para o abade.

E o abade diz: "Seu primeiro teste será se sentar do lado de fora do portão, com os olhos fechados, imóvel, até ser chamado".

A criancinha senta-se no portão, do lado de fora, com os olhos fechados. As horas passam... e ela nem consegue mais se mexer. As moscas pousam no rosto dela, mas ela não pode espantá-las. É uma questão de dignidade que o abade lhe mostrou. Ela não pensa mais como uma criança; tão respeitada, ela tem que cumprir o desejo da família, as expectativas do abade.

O dia inteiro passa e até outros monges do mosteiro começam a sentir pena da criança. Com fome, com sede, ela está simplesmente esperando. Eles começam a sentir que a criança é pequena, mas tem muita coragem e determinação.

Por fim, quando o Sol está se pondo, o dia inteiro já se passou, o abade vem e leva a criança. Ele diz: "Você passou no primeiro teste, mas há muitos outros pela frente. Eu respeito sua paciência, sendo uma criança tão pequena. Você permaneceu imóvel, não abriu os olhos. Você não perdeu a coragem, você confiou que sempre que for a hora certa será chamado".

E depois anos de treinamento na prática de testemunhar, a criança é autorizada a ver os pais novamente, depois, talvez, de dez anos, vinte anos. Mas o critério era que, até que ela experimentasse a "não mente", não poderia ver os pais, a família. Depois que atingisse a "não mente", poderia voltar para o mundo. Agora não há mais problema.

Quando uma pessoa está num estado de "não mente", nada pode distraí-la do próprio ser. Não há poder maior do que o poder da "não mente". Nenhum dano pode ser causado a uma pessoa assim. Sem apego, sem ganância, sem ciúmes, sem raiva, nada pode vir à tona nela. A "não mente" é como um céu limpo, sem nuvens.

Você pergunta: "Como a observação leva a "não mente"?

Existe uma lei intrínseca: os pensamentos não têm vida própria. Eles são parasitas; vivem da sua identificação com eles. Quando você diz: "Estou com raiva", você está despejando energia vital na raiva, porque está se identificando com a raiva.

Mas, quando você diz: "Estou observando a raiva na minha tela mental, dentro de mim", você não está mais dando vida, sumo, energia à raiva. Você é capaz de ver que, como não está identificado, a raiva é absolutamente impotente, não tem impacto sobre você, não muda você, não afeta você. É absolutamente vazia e morta. Ela vai passar e vai deixar o céu limpo e a tela da mente vazia.

Lentamente, muito lentamente, você começa a se afastar dos seus pensamentos. Esse é todo o processo de testemunhar e observar. Em outras palavras – George Gurdjieff costumava chamá-lo de não iden-tificação –, você não se identifica mais com seus pensamentos. Você fica simplesmente distante e alheio – indiferente, como se fossem os pensamentos de outra pessoa. Você rompeu suas conexões com eles. Só agora pode vê-los.

A observação requer uma certa distância. Se você estiver identificado, não abre uma distância, eles ficam muito perto. É como se você estivesse colocando o espelho muito perto dos olhos; você não pode ver o seu rosto. É necessária uma certa distância para que possa ver o seu rosto no espelho.

Se os pensamentos estiverem muito perto, você não consegue observar. Você fica impressionado e é influenciado pelos seus pensamentos: a raiva o torna raivoso, a ganância o torna ganancioso, a luxúria o torna lascivo, porque não há distância; esses pensamentos estão tão perto que você acaba pensando que você e seus pensamentos são uma coisa só.

A observação destrói essa unidade e cria uma separação. Quanto mais você observa, maior é a distância. Quanto maior a distância, menos energia seus pensamentos estão recebendo de você. E eles não têm outra fonte de energia. Em breve começam a morrer, desaparecem. Nesses momentos de desaparecimento, você tem os primeiros vislumbres da "não mente".

É isso que você está experimentando. Você diz: "Eu sou cada vez mais capaz de observar meu corpo, meus pensamentos e sentimentos, e isso é lindo". Esse é apenas o começo. Até o começo é imensamente bonito – só o fato de estar no caminho certo, mesmo sem dar um único passo, já lhe dará imensa alegria, sem motivo algum.

E, quando você começar a seguir o caminho certo, sua felicidade, suas belas experiências, se tornarão cada vez mais profundas, cada vez mais amplas, com novas nuances, com novas flores, novas fragrâncias.

Você diz: "Mas momentos sem pensamentos são poucos e esparsos". É uma grande conquista, porque as pessoas não conhecem nem uma única lacuna. Os pensamentos estão sempre com pressa, uma sucessão de pensamentos, para-choques contra para-choques, a fila continua, esteja você acordado ou dormindo. O que você chama de sonhos não passam de pensamentos em forma de imagens... porque a mente inconsciente não conhece a linguagem verbal. Não há escola nem instituto de treinamento que ensine a linguagem do inconsciente.

O inconsciente é muito primitivo, é como uma criança pequena. Você já olhou os livros dos seus filhos pequenos? Se quer ensinar uma criança, precisa primeiro desenhar uma imagem grande. Por isso você vê, nos livros infantis, fotos, imagens coloridas, com pouca coisa escrita. A criança está mais interessada nas imagens. Ela é primitiva, entende a linguagem das imagens.

Lentamente, você associa as fotos ao idioma – sempre que ela vê uma manga, sabe: "É uma manga". E ela começa a aprender que, embaixo da foto da manga, há uma certa palavra descrevendo-a. O interesse dela está na manga, mas a palavra "manga" lentamente é associada à fruta. A criança cresce, as fotos se tornam menores e a linguagem vai se tornar mais ampla. Quando ela entra na universidade, as fotos desapareceram dos livros; só as palavras permanecem.

A propósito, isso me obriga a dizer que a televisão levou a humanidade de volta a um estágio primitivo, porque as pessoas estão novamente olhando imagens. Existe um perigo no futuro – já é evidente que as pessoas pararam de ler a boa literatura. Quem se importa em ler, quando pode ver o filme na TV? Esse é um fenômeno perigoso, porque há coisas que não podem ser reproduzidas em imagens. A boa literatura pode ser apenas parcialmente reproduzida em imagens. O perigo é que as pessoas comecem a esquecer a linguagem, sua beleza e sua magia, e novamente se tornem primitivas, ao assistir à televisão.

Agora, o americano médio está assistindo à televisão durante seis horas todos os dias. Isso vai destruir algo que nós alcançamos com grande dificuldade. Ora, essa pessoa que está assistindo à televisão por sete horas e meia todo dia... Você não pode esperar que ela leia Shakespeare, Kalidas, Rabindranath Tagore, Hermann Hesse, Martin Buber ou Jean-Paul Sartre. Quanto mais grandiosa a literatura, menor a possibilidade de colocá-la em imagens.

As imagens são coloridas, emocionantes, fáceis, mas não se comparam à linguagem verbal. O futuro deve ser protegido de muitas coisas. Os computadores podem destruir os sistemas de memória das pessoas, porque não haverá necessidade – você pode manter um computador pequeno, do tamanho de um maço de cigarros, no bolso. Ele vai conter tudo o que você precisa saber. Agora não há necessidade de ter a sua própria memória; basta apertar um botão e o computador está pronto para fornecer as informações necessárias.

O computador pode destruir todo o sistema de memória da humanidade, que foi desenvolvida ao longo de muitos séculos e com grande dificuldade. A televisão pode acabar com toda a literatura de qualidade e com a possibilidade de pessoas como Shelley ou Byron nascerem de novo no nosso mundo. São ótimas invenções, mas ninguém pensou nas implicações. Eles vão reduzir toda a humanidade ao retardamento.

O que você está sentindo é uma ótima indicação de que está no caminho certo. É sempre uma dúvida para o buscador se ele está avançando na direção certa ou não. Não há segurança, não há nenhuma garantia. Todas as dimensões estão abertas; como você vai escolher o caminho certo?

Eis as formas e os critérios de como você deve escolher. Se você seguir qualquer caminho, qualquer metodologia e isso lhe trouxer alegria, mais sensibilidade, mais atenção, e uma sensação de imenso bem-estar – esse é o único critério de que você está no caminho certo. Se você se sentir mais infeliz, mais zangado, mais egoísta, mais ganancioso, mais lascivo – essas são indicações de que você pode estar seguindo no caminho errado.

No caminho certo, sua felicidade vai crescer mais e mais a cada dia e a experiências que lhe inspirarão sentimentos bonitos se tornarão extremamente psicodélicas, coloridas – cores que você nunca viu neste mundo, fragrâncias que você nunca experimentou neste mundo. Então você poderá trilhar esse caminho sem medo de que possa estar errado.

Essas experiências interiores o manterão sempre no caminho certo. Lembre-se apenas de que, se elas estão crescendo, isso significa que você está avançando. Agora você tem apenas alguns instantes de falta de pensamentos... Não é uma conquista simples; é uma ótima conquista, porque as pessoas passam a vida inteira sem vivenciar nem sequer um instante sem pensamentos.

Essas lacunas vão ficar cada vez maiores.

À medida que você se tornar mais e mais centrado, mais e mais vigilante, essas lacunas começarão a ficar maiores. E esse dia não está muito longe – se você continuar avançando sem olhar para trás, sem se perder – se continuar seguindo em frente, não está longe o dia em que você sentirá pela primeira vez que as lacunas se tornaram tão grandes que as horas passarão e nem sequer um único pensamento surgirá. Você estará tendo experiências cada vez maiores de "não mente".

A conquista final é quando você estiver 24 horas por dia cercado pela "não mente".

Isso não significa que você não possa usar sua mente; essa é uma falácia difundida por aqueles que não sabem nada sobre a "não mente". Não mente não significa que você não pode usar a mente; significa simplesmente que a mente não pode usar você.

"Não mente" não significa que a mente está destruída.

"Não mente" significa simplesmente que a mente é posta de lado. Você pode colocá-la em ação a qualquer momento que precisar se comunicar com o mundo. Ela será sua serva. Agora ela é o mestre. Mesmo quando você está sentado, sozinho, ela continua tagarelando sem falar – e você não pode fazer nada, você está totalmente impotente.

"Não mente" significa simplesmente que a mente foi colocada no lugar dela. Como uma serva, ela é um ótimo instrumento; como mestre, ela é lamentável. Ela é perigosa. Ela destruirá a sua vida inteira.

A mente é apenas um meio que você usa quando deseja se comunicar com os outros. Mas, quando está sozinho, não há necessidade de usar a mente. Portanto, sempre que você quiser usá-la, você pode.

E lembre-se de mais uma coisa: quando a mente permanece silenciosa por horas, torna-se revigorada, jovem, mais criativa, mais sensível, rejuvenescida pelo descanso.

A mente das pessoas comuns surge em torno dos 3 ou 4 anos e depois continua funcionando por 70 anos, 80 anos, sem férias. Naturalmente, elas não podem ser muito criativas. Vivem absolutamente cansadas – e cansadas de lixo. Milhões de pessoas no mundo todo vivem sem nenhuma criatividade. Criatividade é uma das experiências mais felizes que existem. Mas a mente delas está o tempo todo cansada... eles não estão num estado de energia transbordante.

A pessoa sem mente mantém a mente em repouso, cheia de energia, imensamente sensível, pronta para entrar em ação no momento em que for ordenado. Não é por acaso que as pessoas que vivenciaram a "não mente" percebem que suas palavras começam a ter uma magia própria. Quando usam a mente, ela tem um carisma, tem uma força magnética. Tem uma espontaneidade tremenda e o frescor das gotas de orvalho no início da manhã, antes de o Sol nascer. E a mente é o meio mais evoluído da natureza para a expressão e a criatividade.

Portanto, a pessoa que medita – ou, em outras palavras, a pessoa que atingiu a "não mente" – transforma até sua prosa em poesia. Sem nenhum esforço, as palavras dela se tornam tão cheias de autoridade que ela não precisa de nenhum argumento. Elas se tornam seus próprios argumentos. A força que carrega se torna uma verdade autoevidente. Não há necessidade de se respaldar na lógica ou nas escrituras. As palavras de uma pessoa sem mente carrega com elas uma certeza intrínseca. Se você estiver pronto para receber e ouvir, você sentirá isso em seu coração:

A verdade autoevidente.

Olhe ao longo das eras: Buda Gautama nunca foi contestado por nenhum dos seus discípulos; nem Mahavira, nem Moisés, nem Jesus. Havia algo nas palavras deles, na presença deles, que os convenciam. Sem qualquer esforço para converter você, você é convertido. Nenhum dos grandes mestres foram missionários; eles nunca tentaram converter ninguém, mas converteram milhões.

É um milagre – mas o milagre consiste numa mente descansada, numa mente sempre cheia de energia e usada apenas de vez em quando.

Quando falo com você, tenho que usar a mente. Quando estou sentado na minha sala, e isso é quase o dia inteiro, esqueço tudo sobre a mente. Sou apenas puro silêncio... E enquanto isso a mente está descansando. Quando falo com você, esses são os únicos momentos em que uso a mente. Quando estou sozinho, estou completamente sozinho e não há necessidade de usar a mente.

Você diz: "Quando ouço você dizendo "meditação é testemunhar", sinto que entendo. Mas, quando você fala sobre a "não mente", não parece nada fácil de entender".

Como pode parecer fácil? Porque é a sua possibilidade futura. A meditação você começou; pode estar nos primeiros estágios, mas você tem uma certa experiência que faz você me entender. Mas, se conseguir entender a meditação, não se preocupe, a meditação certamente levará "não mente", assim como todo rio corre em direção ao oceano, sem mapas, sem guias. Todo rio, sem exceção, um dia chega ao oceano. Toda meditação, sem exceção, um dia chega ao estado de "não mente".

Mas, naturalmente, quando o Ganges está no Himalaia, correndo pelas montanhas e vales, não tem ideia do que é o oceano, não pode conceber a existência do oceano, mas está correndo em direção a ele, porque a água tem a capacidade intrínseca de sempre encontrar o lugar mais baixo. E os oceanos são o lugar mais baixo... Por isso os rios nascem nos picos do Himalaia, começam a correr imediatamente em direção a espaços inferiores e, por fim, são obrigados a encontrar o oceano.

O contrário é o processo de meditação: ele avança para os picos mais altos, e o pico final é a "não mente". "Não mente" é um termo simples, mas significa exatamente iluminação, libertação, liberdade de toda escravidão, experiência de imortalidade e não morte.

Essas são palavras complexas e eu não quero que você tenha medo, então uso um termo simples: "não mente".

Epílogo

Relaxe e a Iluminação Acontece

É possível tornar-se iluminado de uma maneira realmente fácil e descontraída, sem muito esforço e com muitas sonecas?

Você pergunta para mim, um homem que nunca faz nada. Simplesmente por meio do relaxamento... sem nenhum esforço e com muitas sonecas! Na maior parte do tempo, estou dormindo. Acabei de me levantar para falar com vocês de manhã, depois volto a dormir; então eu me levanto de novo à noite para falar com vocês e volto a dormir. Meu período total de sono deve ser de umas 18 horas. Durante seis horas estou acordado, duas horas com vocês, uma hora para o meu banho, para as minhas refeições, e o restante estou em absoluto *samadhi*. E eu nem sonho – tão preguiçoso! E você está fazendo *a mim* essa pergunta?

É nisso que se resume toda a minha filosofia, que você não deve fazer nenhum esforço, que você deve relaxar, para que a iluminação chegue. Ela chega quando descobre que você está realmente relaxado, sem tensão, sem esforço, e imediatamente se derrama sobre você como milhares de flores.

Mas todas as religiões têm ensinado exatamente o contrário: que a iluminação é muito árdua, é necessário muito esforço ao longo da vida, talvez muitas vidas, e também não há certeza, não há garantia. Você pode se desviar o caminho, mesmo que falte apenas um passo para a iluminação. E você não sabe o caminho para a iluminação! Portanto, há todas as possibilidades de você perder o caminho, de se desviar. Algumas pessoas conseguiram atingir a iluminação meio por acaso. Só por acidente.

Milhões de pessoas tentaram e não encontram nada e não sabem que a própria busca está deixando que fiquem muito tensos; o próprio esforço acaba produzindo um estado em que a iluminação não pode acontecer. A iluminação só pode acontecer quando você está tão silencioso, tão relaxado, que quase não existe. Só um puro silêncio e imediatamente a explosão, a explosão da sua alma luminosa.

As pessoas que foram muito ávidas em sua busca simplesmente destruíram a inteligência delas, ou o corpo, e eu não acho que alcançaram a iluminação. As poucas pessoas que alcançaram a iluminação conseguiram isso num estado relaxado. Relaxamento é o próprio solo em que as rosas da iluminação brotam.

Então é bom que você queira relaxar, ficar à vontade, sem esforço e muitos cochilos. Essa é a receita; você vai ficar iluminado. Você pode se iluminar hoje! A iluminação é seu ser mais íntimo. Se você ficar muito preocupado em fazer esforço, em procurar, em buscar, fazendo isso, fazendo aquilo, você nunca vai alcançar seu próprio eu. No relaxamento, você não está indo a lugar nenhum, você não está fazendo nada e a grama começa a crescer por si só.

Tudo o que é necessário é atenção, inteligência, consciência, que não são esforços; testemunhar, observar, isso não causa tensão. São experiências muito alegres. Você não se cansa delas. Você fica muito calmo e quieto.

A inteligência não costuma ser uma parte dos seus chamados santos. Eles a destruíram completamente com seus esforços idiotas. E eu lhes digo que todos os esforços para alcançar a iluminação são uma estupidez.

A iluminação é a sua natureza! Só que você não sabe, caso contrário já estaria iluminado. Até onde eu sei, vocês estão todos iluminados, porque posso ver uma chama luminosa dentro de vocês. Quando os vejo, não vejo seu corpo, eu vejo o seu ser, que é apenas uma bela chama.

Dizem que Buda Gautama ficou surpreso ao ver que, no momento em que ele se iluminou, toda a existência se tornou iluminada, porque seus próprios olhos mudaram, sua própria visão mudou. Ele podia olhar tão profundamente dentro de todo mundo, até dos animais e das árvores, quanto podia olhar para si mesmo. Ele podia ver que estavam todos avançando rumo à iluminação.

Tudo precisa realizar sua própria natureza. Sem isso, a vida não tem alegria, não é uma festa.

Seja um pouco inteligente e a iluminação acontecerá naturalmente; você nem precisa pensar nisso.

Uma mulher entra num banco e vai à sala do presidente. Ela caminha direto para a mesa dele e diz: "Gostaria de fazer uma aposta de dez mil dólares".

"Sinto muito, senhora", responde o presidente, "mas este banco não faz apostas".

"Não quero apostar com o banco", diz ela, "quero apostar com você. Aposto que amanhã, às dez horas, seus testículos estarão quadrados".

"Eu acho que a senhorita é muito tola", diz o presidente, "mas aceitarei a aposta. Esteja aqui às dez da manhã e traga os dez mil dólares".

Às nove e cinquenta e cinco, a mulher entra no banco com um cavalheiro alto e majestoso. "Quem é esse homem?", pergunta o presidente. "Ele é meu advogado", responde a mulher. "Veio ver se tudo vai ser feito corretamente".

"Tudo bem", diz o presidente, e, rindo, ele abaixa as calças.

A mulher se aproxima e sente se os testículos estão quadrados. Nesse momento, o advogado surta. "O que há com ele?", pergunta o presidente.

"Bem", responde a mulher, "Apostei cinquenta mil dólares que às dez da manhã eu entraria num banco e pegaria o presidente pelas bolas".

Seja um pouquinho inteligente!

O gerente, parecendo zangado, caminha até a mesa de um funcionário e dá um tapinha no ombro dele.

"Escute", ele diz, "faça um favor para mim e para todos aqui? Pode parar de assobiar enquanto trabalha?".

"Ei, cara", diz o rapaz, "mas quem aqui está trabalhando?".

Um chefe canibal resolve fazer um cruzeiro pelo Mediterrâneo e, na primeira noite, ele se senta para jantar e pede a carta de vinhos. Escolhe uma garrafa de vinho francês e bebe tudo de um gole só. Então o garçom se aproxima dele e pergunta se ele gostaria de ver o menu.

"Não, obrigado", responde o chefe. "Apenas me traga a lista de passageiros".

Um missionário católico é capturado por canibais e fica surpreso ao descobrir que o chefe tinha frequentado uma escola na Inglaterra e falava um inglês perfeito.

"Não consigo entender", diz o padre indignado. "Como você pode ter passado tanto tempo na civilização e ainda comer pessoas?"

"A-ha!, exclamou o chefe. "Mas agora eu uso garfo e faca!"

Apenas seja um pouco inteligente. O mundo não é inteligente. Está funcionando de uma maneira muito pouco inteligente e está criando todo tipo de sofrimento para todos, em vez de ajudar as pessoas a serem mais felizes. Todo mundo está puxando as pernas uns dos outros, arrastando-os para a escuridão mais profunda, para a lama mais profunda, para os problemas mais profundos. Parece que, neste mundo, todo mundo gosta apenas de uma coisa: causar sofrimento aos outros. É por isso que uma nuvem de escuridão envolve a Terra. Caso contrário, seria um festival contínuo de luzes – e não luzes comuns, mas luzes do seu próprio ser.

Por que os sacerdotes conseguiram convencer o homem de que a iluminação é uma tarefa muito difícil, quase impossível? A razão está em sua mente, sempre interessada no difícil, no impossível, porque isso lhe oferece um desafio, e o ego precisa de desafios para se tornar cada vez maior e maior.

Os sacerdotes conseguiram convencê-lo de que a iluminação é muito difícil, quase impossível. Entre milhões de pessoas, apenas de vez em quando uma delas atinge a iluminação. A ideia deles era que você não deveria ser iluminado. Para impedi-lo de atingir a iluminação, eles usaram um dispositivo muito inteligente. Eles desafiaram seu ego e você se interessou por todo tipo de ritual, por todo tipo de austeridade, de autotortura. Você tornou sua própria vida a mais profunda angústia possível.

Mas essas pessoas que fizeram da vida uma tortura são masoquistas, não podem atingir a iluminação. Elas continuam cada vez se enterrando mais na escuridão. E essas pessoas que vivem na escuridão começam a rastejar como escravos com muita facilidade, porque elas perderam toda a sua inteligência, toda a sua consciência nesse estranho esforço.

Você já viu um cachorro no inverno descansando ao Sol de manhã cedo? Ele vê o rabo e imediatamente fica interessado. O que é isso? Ele pula para pegar o rabo. Mas então fica louco, porque isso parece muito estranho. Quando ele pula, a cauda também pula. No entanto, a distância entre o cão e a cauda permanece a mesma. Ele dá voltas e voltas. Eu já vi: quanto mais a cauda pula, mais determinado ele fica; ele usa toda sua força de vontade, tenta de todas as maneiras pegá-lo. Mas o pobre cachorro não sabe que não é possível pegá-lo. O rabo já faz parte dele. Por isso quando ele pula, o rabo também pula.

A iluminação não é difícil, não é impossível. Você não tem que fazer nada para atingi-la. É apenas a sua natureza intrínseca, é sua própria subjetividade. Tudo o que você precisa fazer é por um instante relaxar totalmente, esquecer tudo que faz, todos os esforços, para que não fique mais ocupado. Essa consciência desocupada de repente fica consciente de que "eu sou a iluminação".

A iluminação é a coisa mais fácil do mundo, mas os padres nunca quiseram que o mundo inteiro fosse iluminado. Caso contrário, as pessoas não seriam cristãs, não seriam católicas, não seriam hindus, não seriam muçulmanas. Elas precisam ser mantidas longe da iluminação. Precisam ser mantidas cegas com relação à sua própria natureza. E eles descobriram uma maneira muito inteligente de fazer isso. Eles não precisam fazer nada, têm apenas que lhe transmitir a ideia de que é uma tarefa muito difícil, impossível.

Seu ego imediatamente fica interessado. O ego nunca se interessa pelo óbvio. Nunca se interessa por aquilo que você é. Ele está interessado apenas num objetivo distante – quanto mais distante o objetivo, maior o interesse. Mas a iluminação não é um objetivo e não está nem a um centímetro de você – ela é você!

O buscador é a busca.

O observador é o que está sendo observado.

O sabedor é o que sabe.

Depois de entender que sua própria natureza é a iluminação...

Na realidade, a palavra sânscrita para religião é *dharma*. Ela significa natureza, sua própria natureza. Não significa Igreja, e não significa uma teologia, significa simplesmente sua natureza. Por exemplo, qual é o *dharma* do fogo? Ser quente. E qual é o *dharma* da água? Fluir para baixo. Qual é a natureza do ser humano? Qual é o *dharma* do ser humano? Tornar-se iluminado, conhecer sua própria divindade.

Se você puder entender como é fácil, ou melhor, como dispensa esforços, realizar a sua própria natureza... Vou dizer que você é inteligente apenas se puder entender isso. Se não conseguir entender isso, você não é inteligente, você é simplesmente um egoísta que está tentando... Assim como alguns egoístas estão tentando ser os homens mais ricos do mundo e outros estão tentando ser os mais poderosos, alguns egoístas estão tentando se tornar iluminados. Mas a iluminação não é possível para o ego: riquezas são possíveis, poder é possível, prestígio é possível; e são coisas difíceis, muito difíceis.

Um dia perguntaram a Henry Ford, um dos homens mais ricos do seu tempo, embora tenha nascido pobre: "O que você desejaria ter na sua próxima vida?".

Ele disse: "Eu não quero ser um dos homens mais ricos do mundo novamente. Isso tem sido uma autotortura contínua a minha vida toda. Eu não consigo viver. Costumava chegar à fábrica de manhã cedo, às sete horas, e os operários chegavam às oito, os funcionários chegavam às nove e o gerente chegava às dez e ia embora às duas; todo mundo saía às cinco e eu tinha que trabalhar até tarde da noite, às vezes até dez, às vezes até a meia-noite.

"Trabalhei duro para me tornar um dos homens mais ricos do mundo e me tornei o homem mais rico. Mas para quê? Não pude aproveitar nada. Eu trabalhei mais do que meus funcionários. Eles aproveitavam mais a vida. Eu não tinha férias. Mesmo nas férias eu costumava ir à fábrica para elaborar planos para o futuro".

É difícil, mas você pode se tornar o homem mais rico do mundo se trabalhar bastante. É difícil, mas você pode chegar ao topo do Everest se fizer esforço suficiente. Mas, se você fizer algum esforço, a iluminação se tornará impossível para você. Se você pensar em todas as suas tensões e preocupações para atingir a iluminação, você estará avançando na direção errada, para longe da iluminação.

Você precisa de desapego total, de um estado de ser totalmente pacífico, sem tensão, silencioso. E de repente... a explosão. Todos nós nascemos iluminados, quer percebamos isso ou não.

A sociedade não quer que você perceba. As religiões não querem que você perceba. Os políticos não querem que você perceba, porque isso vai contra todo interesse deles. Eles estão vivendo e sugando seu sangue, porque você não é iluminado. Eles são capazes de reduzir toda a humanidade a rótulos estúpidos: cristãos, hindus, muçulmanos, como se fossem coisas, mercadorias. Eles colam na sua testa um rótulo dizendo quem você é.

Na Índia, você de fato encontra brâmanes com símbolos na testa. Você vê o símbolo e sabe a qual classe de brâmane esse homem pertence. Eles são como mercadorias. Têm seus símbolos marcados na testa. Você pode não ter seu símbolo marcado na testa, mas sabe, lá no fundo, que está gravado dentro do seu ser que você é cristão, budista, hindu.

Quando você se tornar iluminado, será simplesmente luz, uma alegria para si mesmo e para os outros, uma bênção para si mesmo e para toda a existência, e você será a liberdade suprema. Ninguém poderá explorá-lo, ninguém poderá de forma alguma escravizar você. E esse é o problema: ninguém quer que você se torne iluminado. A menos que você entenda isso, continuará nas mãos de pessoas com interesses escusos, que são parasitas. A única função delas é descobrir como sugar seu sangue.

Se você quer liberdade, a iluminação é a única liberdade. Se você quer individualidade, a iluminação é a única individualidade. Se você quer uma vida cheia de bênçãos, a iluminação é a única experiência. E é muito fácil, totalmente fácil; é a única coisa que você não precisa fazer nada para conseguir, porque já está em você. Você apenas tem que relaxar e ver.

Portanto, na Índia, não temos nada equivalente à filosofia ocidental. Filosofia significa pensar sobre a verdade, "amor pelo conhecimento". Na Índia, o que temos é uma coisa totalmente diferente. Nós chamamos isso de *darshan*. E *darshan* não significa pensar, significa ver.

Sua verdade não deve ser pensada, precisa ser vista. Ela já está diante de você. Você não precisa ir a lugar algum para encontrá-la. Você não precisa pensar nela, você precisa parar de pensar para que ela possa surgir em seu ser.

É necessário um espaço desocupado dentro de você para que a luz que está oculta possa se expandir e preencher o seu ser. Não só preencher o seu ser, mas começar a irradiar do seu ser. Toda a sua vida torna-se uma beleza, uma beleza que não é do corpo, mas é uma beleza que irradia de dentro, é a beleza da sua consciência.

Apêndice

Sobre OSHO

Osho desafia categorizações. Suas milhares de palestras abrangem desde a busca individual por significado até os problemas sociais e políticos mais urgentes que a sociedade enfrenta hoje. Seus livros não são escritos, mas transcrições de gravações em áudio e vídeo de palestras proferidas de improviso a plateias de várias partes do mundo. Em suas próprias palavras, "Lembrem-se: nada do que eu digo é só para você... Falo também para as gerações futuras".

Osho foi descrito pelo *Sunday Times*, de Londres, como um dos "mil criadores do século XX", e pelo autor americano Tom Robbins como "o homem mais perigoso desde Jesus Cristo". O *jornal Sunday Mid-Day*, da Índia, elegeu Osho – ao lado de Buda, Gandhi e o primeiro-ministro Nehru – como uma das dez pessoas que mudaram o destino da Índia.

Sobre sua própria obra, Osho afirmou que está ajudando a criar as condições para o nascimento de um novo tipo de ser humano. Muitas vezes, ele caracterizou esse novo ser humano como "Zorba, o Buda"

– capaz tanto de desfrutar os prazeres da terra, como Zorba, o Grego, quanto desfrutar a silenciosa serenidade, como Gautama, o Buda.

Como um fio de ligação percorrendo todos os aspectos das palestras e meditações de Osho, há uma visão que engloba desde a sabedoria perene de todas as eras passadas até o enorme potencial da ciência e da tecnologia de hoje (e de amanhã).

Osho é conhecido pela sua revolucionária contribuição à ciência da transformação interior, com uma abordagem de meditação que leva em conta o ritmo acelerado da vida contemporânea. Suas singulares meditações ativas OSHO têm por objetivo, antes de tudo, aliviar as tensões acumuladas no corpo e na mente, o que facilita a experiência da serenidade e do relaxamento, livre de pensamentos, na vida diária.

Dois trabalhos autobiográficos do autor estão disponíveis:

Autobiografia de um Místico Espiritualmente Incorreto, publicado por esta mesma editora.

Glimpses of a Golden Childhood [Vislumbres de uma Infância Dourada].

OSHO International Meditation Resort

Localização

Localizado a cerca de 160 quilômetros a sudeste de Mumbai, na florescente e moderna cidade de Puna, Índia, o **OSHO** International Meditation Resort é um destino de férias diferente. Estende-se por 28 acres de jardins espetaculares numa bela área residencial cercada de árvores.

OSHO Meditações

Uma agenda completa de meditações diárias para todo tipo de pessoa, segundo métodos tanto tradicionais quanto revolucionários, particularmente as Meditações Ativas OSHO®. As meditações acontecem no Auditório OSHO, sem dúvida o maior espaço de meditação do mundo.

OSHO Multiversity

Sessões individuais, cursos e *workshops* que abrangem desde artes criativas até tratamentos holísticos de saúde, transformação pessoal, relacionamentos e mudança de vida, meditação transformadora do cotidiano e do trabalho, ciências esotéricas e abordagem Zen, além de esportes e recreação. O segredo do sucesso da OSHO Multiversity reside no fato de que todos os seus programas são combinados com a meditação, amparando o conceito de que nós, como seres humanos, somos muito mais que a soma de nossas partes.

OSHO Basho Spa

O luxuoso Basho Spa oferece, para o lazer, piscina ao ar livre rodeada de árvores e plantas tropicais. *Jacuzzi* elegante e espaçosa, saunas, academia, quadras de tênis... Tudo isso enriquecido por uma paisagem maravilhosa.

Cozinha

Vários restaurantes com deliciosos pratos ocidentais, asiáticos e indianos (vegetarianos) – a maioria com itens orgânicos produzidos especialmente para o Resort OSHO de Meditação. Pães e bolos são assados na própria padaria do centro.

Vida noturna

Há inúmeros eventos à escolha – com a dança no topo da lista! Outras atividades: meditação ao luar, sob as estrelas, *shows* variados, música ao vivo e meditações para a vida diária. Você pode também frequentar o Plaza Café ou gozar a tranquilidade da noite passeando pelos jardins desse ambiente de contos de fadas.

Lojas

Você pode adquirir seus produtos de primeira necessidade na Galeria. A OSHO Multimedia Gallery vende uma ampla variedade de produtos de mídia OSHO. Há também um banco, uma agência de viagens e um cyber café no *campus*. Para quem gosta de compras, Puna atende a todos os gostos, desde produtos tradicionais e étnicos da Índia até redes de lojas internacionais.

Acomodações

Você pode se hospedar nos quartos elegantes da OSHO Guesthouse ou, para estadias mais longas, no próprio *campus*, escolhendo um dos pacotes do programa OSHO Living-in. Há além disso, nas imediações, há inúmeros hotéis e *flats*.

http://www.osho.com/meditationresort
http://www.osho.com/guesthouse
http://www.osho.com/livingin

Para mais informações: http://www.OSHO.com

Um *site* abrangente, disponível em vários idiomas, que disponibiliza uma revista, os livros de Osho, palestras em áudio e vídeo, OSHO biblioteca *on-line* e informações extensivas sobre a OSHO Meditação. Você também encontrará o calendário de programas da OSHO Multiversity e informações sobre o OSHO International Meditation Resort.

Websites:

http://OSHO.com/AllAboutOSHO
http://OSHO.com/Resort
http://OSHO.com/Shop

http://www.youtube.com/OSHOinternational
http://www.Twitter.com/OSHO
http://www.facebook.com/pages/OSHO.International

Para entrar em contato com a OSHO International Foundation:
http://www.osho.com/oshointernational
E-mail: oshointernational@oshointernational.com